# COLOMBIA Y VENEZUELA:
## APUNTES DE UN OBSERVADOR COMPROMETIDO

LEANDRO AREA PEREIRA

# COLOMBIA Y VENEZUELA: APUNTES DE UN OBSERVADOR COMPROMETIDO

PRÓLOGO:
JUAN CARLOS SAINZ BORGO

ACADEMIA DE CIENCIAS POLÍTICAS Y SOCIALES
Colección Estudios N° 133

Editorial Jurídica Venezolana International
2021

A7
Area Pereira, Leandro

Colombia y Venezuela: Apuntos de un Observador Comprometido; prólogo Juan Carlos Sainz Borgo. -- Caracas: Academia de Ciencias Políticas y Sociales; Editorial Jurídica Venezolana International, 2021.

240 p.

Serie Estudios, 133

ISBN: 978-980-416-036-3

Depósito legal: DC2021001432

1. RELACIONES COLOMBO-VENEZOLANAS  2. POLÍTICA EXTERIOR  3. RELACIONES BILATERALES  4. RELACIONES FRONTERIZAS
I. Título II. Sainz Borgo, Juan Carlos




Academia de Ciencias Políticas y Sociales
Avenida Universidad, Bolsa a San Francisco
Palacio de las Academias
Caracas 1010-Venezuela
Teléfonos: (058) (02) 483-2674/482-8634
Fax:        (058) (02) 482-8845/481-6035
www.acienpoli@cantv.net
academiadecienciaspoliticas@gmail.com

Editado por: Editorial Jurídica Venezolana
Avda. Francisco Solano López, Torre Oasis, P.B.,
Local 4, Sabana Grande,
Apartado 17.598 - Caracas, 1015, Venezuela
Teléfonos: (058) (02) 762-25-53/762-38-42
Fax:        (058) (02) 763-5239
http://www.editorialjuridicavenezolana.com.ve
Email fejv@cantv.net

Impreso por: Lightning Source, an INGRAM Content company
para: Editorial Jurídica Venezolana International Inc.
Panamá, República de Panamá.
Email: ejvinternational@gmail.com

Diagramación, composición y montaje
por: Mirna Pinto, en letra Times New Roman, 12,
Interlineado: 13, Mancha 13 x 19,5

*Dedicado a Monika Rug*

# CONTENIDO

## PARTE II

## A VUELO DE PÁJARO: LA DELIMITACIÓN DE LAS ÁREAS MARINAS Y SUBMARINAS CON LA REPÚBLICA DE COLOMBIA AL NORTE DEL GOLFO DE VENEZUELA



## VENEZUELA Y COLOMBIA: UNA RELACIÓN INCONCLUSA

## LAS COMISIONES PRESIDENCIALES COLOMBO-VENEZOLANAS DE ASUNTOS FRONTERIZOS (COPAF) Y DE NEGOCIACIÓN (CONEG) EN MARZO DE 1989: UNA EXPERIENCIA INÉDITA, PRODUCTIVA Y TRUNCADA

# PRESENTACIÓN DEL AUTOR

La vocación y la receptividad del Profesor Allan R. Brewer Carías, el coraje del prologuista Juan Carlos Sainz Borgo, los riesgos de los editores y la insistencia mía han hecho posible la aparición, dentro de las publicaciones de la Academia de Ciencias Políticas y Sociales de Venezuela y de la Editorial Jurídica Venezolana de la presente recopilación temática de apuntes sobre las relaciones entre Venezuela y Colombia. Coinciden artículos de opinión y tres ensayos, material grueso de lo pensado y escrito sobre la materia durante los tan complejos y difíciles últimos 16 años.

Y también es verdad que ya en su mayoría han aparecido puntualmente, aunque por separado y dispersos en distintos medios, pero nunca antes se me había otorgado la magnífica oportunidad de reunirlos y presentarlos al lector en un solo volumen, cuando ya se acumula tanto sostenido esfuerzo personal sobre un mismo tema. Tal y como ahora se muestran, en conjunto, podrían ayudar a conocer desde la perspectiva del autor, el hilo conductor, especie de electrocardiograma histórico, de lo que ha sido ese vínculo vital entre nuestros países, siempre complejo, tenso, disperso, cíclico y frágil. Además, sea dicho, es tiempo propicio para recoger velas, mirar en perspectiva lo andado y sacar conclusiones acerca del porvenir.

Durante el periodo mencionado y desde mucho antes, diría que desde el año 1975 a esta parte, he mantenido una relación intensa y constante con el tema colombiano, bien sea como investigador y profesor universitario; autor de libros, solo o en compañía; articulista de opinión en distintos medios de comunicación; expositor en foros de la vida política e institucional de Venezuela y de Colombia; en el desempeño de responsabilidades en el Ministerio de Relaciones Exteriores de la República de Venezuela; como miembro negociador de organismos y mecanismos de gestión y decisión vinculados a distintos aspectos de nuestras relaciones con el vecino, como lo fueron las Comisiones Presidenciales de Negociación de Venezuela, en la cual me desempeñé como Secretario Ejecutivo durante diez años, y la de

Asuntos fronterizos con Colombia; y además, en mis funciones como Director del Instituto de Altos Estudios Diplomáticos "Pedro Gual", Academia Diplomática del Estado Venezolano.

Así mismo, en ejercicio de memoria deseo compartir en público, y con qué entrañable afecto, que mi primer contacto con el vecino país se estableció entre los años 1953 y 1955 cuando mi madre, Emma Pereira de Area, funcionaria de por vida de la cancillería venezolana, es enviada a Bogotá a cumplir con responsabilidades administrativas en nuestra Misión Diplomática, cuyo Embajador era para la época el doctor Leonardo Altuve Carrillo. Allá vivimos, mi madre, mi abuela Victoria y mi tía Esther, mientras el General Marcos Pérez Jiménez era el presidente de Venezuela y el también General Gustavo Rojas Pinilla, el de Colombia. De esa estadía guardo infantiles y maravillosos recuerdos que me han acompañado con amor persistente.

De allí a esta parte, como ya mencioné, bien por curiosidad, placer, vocación, obligación, pasión académica, o en el ejercicio entusiasta de la función pública, he abordado los temas de la relación colombo venezolana tanto en el aula universitaria, como publicando libros, investigando sobre nuestra relaciones bilaterales, dictando conferencias en distintos foros, entregando artículos a los medios de comunicación y proponiendo temas para el debate y para la acción, puente frente a los conflictos y las crisis, siempre defendiendo la paz, la democracia y los intereses de Venezuela.

Encuentro al releer lo meditado, escrito y recogido en estas páginas, la presencia de quien necesita y quiere ser escuchado, dejar huella, participar activamente en y desde varios escenarios en la cimentación de una visión de país desde la cual comprender a un vecino raigal de tal significación como la que tiene Colombia para Venezuela y viceversa. Vecinos internos; ni más ni menos.

En ese andar o trayecto he acompañado y aprendido de cientos de personas en distintos ámbitos y circunstancias que me han enseñado, y tanto lo agradezco, a observar, a oír con atención y respeto, y a tomar en cuenta la multiplicidad de opiniones, sentimientos y sensaciones, que existen sobre la materia en cuestión.

Al presentar lo escrito ahora, he preferido el simple y de sentido común orden cronológico que es el que, a mi manera de ver en este particular caso, mejor permite hacer un seguimiento sustancial no solo de la narrativa de los eventos ocurridos, en este caso reflejados en los tan subjetivos textos específicos, sino también de los contextos que incluyen al autor, país, actores, coyunturas, preocupaciones, situación internacional y más aún. ¿Qué estaba ocurriendo mientras se escribía lo que se describía? ¿Qué sucede ahora que en el pasado ya se anunciaba? ¿Qué podemos hacer mirando el porvenir para rescatar la esperanza?

En ningún momento pretendí la objetividad; no perseguí tampoco eso que llaman la verdad, y testifico preferir las dudas que alumbran y asombran nuestra búsqueda; nunca me dedique tampoco a falsear los hechos, aunque acepto haber trastabillado en el resbaloso mundo de las equivocaciones. Se puede estar de acuerdo o no con lo expresado, pero siempre quise ser honesto y respetuoso del debate, en el sentido de aceptar un cambio en mis opiniones cuando soy convencido mediante argumentos de peso.

Espero que estas páginas en las que a veces se reiteran o repiten con insistencia mis preocupaciones centrales, sirvan de motivación para que otros sigan estudiando, escribiendo, opinando e interviniendo en el complejo mundo de las relaciones entre dos países vecinos que con tanta historia en común tienen mucho que dar de provechoso en el futuro.

Leandro AREA PEREIRA

Caracas, 2021

# PRÓLOGO

Conocí a Leandro AREA PEREIRA en el Palacio Federal Legislativo, en Caracas, hace varias décadas. Yo tenía 19 años, él algunos más que yo, aunque en esa época parecía que ya había vivido varias vidas. Vestía un pantalón beige, chaqueta de cuadros pequeños verdes y marrones; probablemente una corbata vino tinto. No estoy seguro de los zapatos, pero casi que podría afirmar que eran unos mocasines, color vino tinto también, que le hacían juego con la corbata.

Nos encontramos en el pasillo que era la antesala del despacho de Ramón Jota VELÁZQUEZ, Senador y Director de la Oficina de Investigaciones Históricas y Políticas del Congreso de la República de Venezuela. Por allí desfilaban docenas de personas al día, aunque algunos tenían el privilegio de entrar por la puerta de acceso directo, evitando así a su leal secretaria Deisy BRACHO y a quienes esperaban su turno en la agenda. En varias ocasiones al encuentro casual le siguió una buena conversación.

Desde esa época, en los años ochenta del siglo XX, lo conozco de cerca. En esa larga amistad y conocimiento he sido testigo y participe de su vida académica, profesional y personal. Toda una experiencia. Porque su vida es especial, exagerada, intensa. Alfredo BRICE ECHENIQUE me robó el título de las memorias de Leandro cuando años antes el peruano escribió *La Vida Exagerada de Martin Romaña*. Lo que pasa es que, a diferencia de Martin, no necesitó solo dos cuadernos, sino que nuestro autor ha ido narrando su vida por entregas, por capítulos, por libros. En otras ocasiones en una buena conversación, en una clase en la Universidad, en un artículo de prensa o en un libro.

En esa visión exagerada que lo caracteriza, es muchas cosas al mismo tiempo. Multifacético o polifacético, sería un tecnicismo apropiado. Pero sin duda no le haría justicia. Como podrá apreciar quien lea las páginas que siguen a este texto, es un personaje que transita por la historia, las ciencias sociales, la poesía y las clarividencias. En gran medida, cuando uno lo conoce le recuerda a aquel protagonista de la novela de Daniel Wallace, Edward Bloom, que luego se convirtió en la gran película Big Fish, dirigida por Tim Burton. Quien es testigo de los capítulos de la vida de Leandro, no puede creer lo que narra hasta que esos personajes se sientan a la mesa, comparten comida y vino, aportando incluso detalles adicionales a la historia que se había iniciado.

Los textos que Leandro AREA P. presenta en esta oportunidad son un testimonio de esa vida exagerada. En ellos se muestran sus pasiones, pero en especial el tema que ha sido transversal en su vida: Colombia. Desde los años 80 del siglo XX, cuando se dedicó a sistematizar con su amiga Elke los documentos que nutrían la controversia por el Golfo de Venezuela, se intuía ese compromiso por las causas difíciles. Pasados algunos años, cuando ya se habían publicado otros volúmenes sobre el mismo tema de Colombia y su nombre se barajó para designarlo como Secretario Ejecutivo de la Comisión Presidencial Negociadora de Venezuela, oí decir en los pasillos del poder: "es que ese hombre es el único que se hace campaña para trabajar en el tema del Golfo de Venezuela".

Es que en el Golfo de Venezuela se refleja en gran medida su vida: el golfo es controversia, negociación, comienzo y fin; es mujer como dice el autor, pero sobre todas las cosas es Caribe. Esa exageración, hipérbole e intensidad del responsable de los textos que tengo la honra de presentar, es al mismo tiempo bolero y danzón; guaracha y balada.

El Caribe resume y explica a Leandro AREA y las pasiones reflejadas en estos textos. Algún purista, algún integrista rechazará mis calificativos y quizás con algo de "tirritis" mire las opiniones del autor sobre la negociación fronteriza y limítrofe con Colombia con la ceja levantada. Pero con este prólogo lo invito a leer los textos que lo integran. Podrá encontrar en los primeros artículos, verdaderos cursos intensivos y comprimidos sobre la historia de Colombia y Venezuela; sobre la poca documentada confrontación entre los dos países bajo Hugo CHÁVEZ y Álvaro URIBE; los permanentes cierres de la frontera y la presencia del tema Colombia en la vida venezolana.

Este análisis de la realidad colombiana, lo hace desde la fraternidad, desde el cariño, desde la costa colombiana o como bien se aclara en la Presentación con la "curiosidad, placer, vocación, obligación, pasión académica, o en el ejercicio entusiasta de la función pública". Sin embargo, esta pasión académica, este compromiso con la paz y la integración, no inquieta su compromiso venezolano. Para muestra, el artículo del 01-03-2018 titulado "Respuesta al ex-canciller de Colombia Julio LONDOÑO PAREDES".

Valga la pena en estas líneas destacar que durante los años posteriores a nuestro primer encuentro y hasta la fecha, el autor de esta obra que hoy se presenta desarrolló, como todos esperábamos, algunas empresas que ahora menciono en apretada síntesis, a saber: 1°) En el campo académico y teórico: planteó y propuso un nuevo lenguaje y metodología para entender y nombrar la relación entre Colombia y Venezuela, a fin de romper con viejos juicios y prejuicios para entendernos; 2°) En su labor dentro de la Cancillería venezolana dejó profunda huella y merece pleno reconocimiento. Nada más recordar su personal responsabilidad en la creación de la Unidad Colombia como centro coordinador del esfuerzo institucional venezolano en nuestras relaciones con el vecino; 3°) En las Comisiones Presidenciales de Negociación y la de Asuntos Fronterizos, donde su liderazgo, pasión por el trabajo, el peso de su voz y la confiabilidad de sus actos, son motivo de afecto y respeto para los que trabajamos con él, y; 4°) En su desempeño como Director del Instituto de Altos Estudios Diplomáticos "Pedro Gual", donde a contra corriente logró elevar los niveles académicos y de conocimiento con pensamiento plural para funcionarios diplomáticos y otros que llegaban a esa casa. Además, tiene el mérito de haber liderado la construcción, al lado de la Santa Capilla de Caracas, de la nueva sede de la Academia Diplomática del Estado Venezolano.

La Academia de Ciencias Políticas y Sociales de Venezuela conjuntamente con la Editorial Jurídica Venezolana presentan este libro con gran acierto como lo hizo de una forma quizás más arriesgada en 1984, cuando el apreciado Profesor BREWER CARÍAS publicó del autor el libro *Los Procesos de decisión política*. Todo un clásico en las aulas de los estudios políticos en Venezuela.

Querido lector, tiene usted en las manos una película de los últimos años de Venezuela, Colombia y el Caribe. Volverá a vivir, con otros ojos, con otros ritmos, capítulos de nuestras vidas comunes. "El destino cumplido como un vicio", tanto en la política, como en la vida, la lucha, el exilio, los amores y las pasiones.

Bertrand RUSSELL, inicia su autobiografía con las siguientes frases: "Tres pasiones, simples, pero abrumadoramente intensas, han gobernado mi vida: el ansia de amor, la búsqueda del conocimiento y una insoportable piedad por el sufrimiento de la humanidad. Estas tres pasiones, como grandes vendavales, me han llevado de acá para allá, por una ruta cambiante, sobre un profundo océano de angustia, hasta el borde mismo de la desesperación. (…) Ésta ha sido mi vida. La he hallado digna de vivirse, y con gusto volvería a vivirla si se me ofreciese la oportunidad".

En gran medida esa trilogía que plantea RUSSELL resume las claves de la intensidad y el compromiso que se reflejan en estos textos y en la vida de su autor.

Estimado lector, acepte usted pues la invitación de Leandro AREA PEREIRA a repasar la contemporaneidad y a mirar hacia el futuro en las próximas páginas.

Dr. Juan Carlos SAINZ BORGO
*Investigador del Instituto de Derecho Público*
*Universidad Central de Venezuela.*
Caracas, 20-21

*Profesor y Decano de la Universidad para la Paz*
*Organización de las Naciones Unidas. ONU.*
San José, Costa Rica
Escazú, 20-21

# PARTE I

## Silencio General ante El Golfo de Venezuela (18.08.2005)

¿Por qué razón ya no se discute el tema? Podríamos enumerar una larga e incompleta lista de respuestas. Veamos.

Primero está la posibilidad de que ambos gobiernos, de mutuo acuerdo, hayan decidido que el manejo de la situación se haga exclusivamente a través de Comisiones Presidenciales encargadas a tal efecto que vienen conversando formalmente desde 1990. En segundo término, podría suponerse también que, por separado, hayan escogido el camino del "no se hable más del asunto" mientras las condiciones políticas internas de cada país, o las relaciones entre ambos, o el marco geopolítico, así lo determinen. En tercer lugar, pudiese ser que al morir o envejecer en Venezuela y en Colombia buena parte de la generación de los que creaban opinión "radical" y espacio periodístico, ya el tema no se discute públicamente. O pudiera ser también, cuarto, que entre la Venezuela y Colombia de hoy ha surgido una nueva agenda "desgolfizada" en la que la delimitación de las áreas marinas y submarinas ocupa un lugar distante. O es que, quinto, ventilar ese tema en los momentos actuales sería perjudicial para una relación ya contaminada de desconfianza mutua. O será que, sexto, cada gobierno por su parte calcula el momento preciso para introducir el asunto en el debate. En todo caso hay un silencio generalizado.

I

Y para la muestra un botón. En agosto de 2004 el ex presidente colombiano Alfonso López Michelsen afirmaba en artículo publicado en El Tiempo de Bogotá: "La reciente consolidación de Hugo Chávez en la Presidencia por una respetable mayoría, divulgada a los cuatro vientos, no menos que su propia idiosincrasia como hombre de mano dura, pareciera indicarnos que contamos con un vocero de Venezuela que, eventualmente, estaría en condiciones de imponer una solución negociada".

Esta "simple" declaración habría traído en otros tiempos un conjunto de reacciones aquí y allá. Se habría alborotado el avispero. Pero, ¿qué pasó?: Nada.

Lejanos están los tiempos del Proyecto de Tratado de Amistad, Alianza, Comercio, Navegación y Límites entre Venezuela y Nueva Granada del 14-12-1833, que en su artículo 27 rezaba: "...la línea limítrofe entre las dos repúblicas comenzará en el cabo de Chichivacoa...", que el Congreso de Venezuela rechazó definitivamente el 28-02-1839. Lejano también el Laudo Arbitral sobre la cuestión de límites entre Venezuela y Colombia (16-03-1891). Lejana el Acta de Castilletes del 29-09-1900. Lejano el Tratado de No Agresión, Conciliación, Arbitraje y Arreglo Judicial entre Venezuela y Colombia, firmado en Bogotá el 17-12-1939, en el que se excluyen taxativamente los "intereses vitales, a la independencia o la integridad de los Estados Contratantes" de los procedimientos de solución pacífica.

Prehistórico también el Tratado entre Venezuela y Colombia sobre Demarcación de Fronteras y Navegación firmado en Cúcuta el 5 de abril de 1941, donde se declara que la frontera entre las dos naciones está en todas sus partes definida. Lejano el "Intercambio de Notas Diplomáticas entre los Gobiernos de Venezuela y Colombia referentes a la Soberanía de Venezuela sobre los Monjes" (22-11-1952).

II

Igual de lejana la denuncia del senador Claudio Bozo el 03-11-1966 ante el Senado de Venezuela, en la que sostenía, pruebas en mano, que "...el Gobierno de Colombia, haciendo caso omiso de convenios internacionales, ha dado concesiones petroleras en jurisdicción territorial nuestra".

Distante la posición del doctor Pedro José Lara Peña en relación con el reinicio de las discusiones para "resolver" el problema de la delimitación durante el período de Luis Herrera Campíns.

Lejana la época de esos años 1980-1981 en la que los remitidos y opiniones aparecían por doquier, hasta que el 12 de marzo de 1981 el presidente Luis Herrera Campíns informó al país que no iba a firmar acuerdo alguno sobre "...materia tan delicada debe ser tratada en ambiente de máxima racionalidad". Lejana (?) también la declaración del canciller colombiano para la época Carlos Lemos Simmons, en la que expresó: "la época de la negociación o de las conversaciones bilaterales está virtualmente descartada por Colombia, porque el problema llegó a un punto que parece ser el de un diálogo de sordos".

## III

Tiempo de tensiones, de naves pesqueras colombianas que son interceptadas en el golfo de Venezuela, de helicópteros, de presiones, de mapas truncados, de ruidos, de tinta. Lusinchi y Belisario Betancur firman la Declaración del Arauca (14-06-85). Es electo Virgilio Barco presidente de Colombia (1986). Nombra a Julio Londoño Paredes Canciller y el 6 de mayo de 1987, este último se dirige a su homólogo venezolano, Simón Alberto Consalvi, solicitando la integración de la Comisión de Conciliación prevista en el Tratado de No Agresión de 1939. Muertes en el Arauca, en la sierra de Perijá. La Corbeta Caldas se introduce en el golfo de Venezuela. Reinaldo Leandro Mora, presidente del Congreso de la República, afirma que "lo del Caldas es una equivocada política del Gobierno colombiano". El presidente Lusinchi el 19 de agosto habla a la Nación "Compatriotas: ...para finalizar quiero destacar y reconocer la unidad de solidaridad de todos los sectores de la vida pública y privada en Venezuela con la actitud asumida por el Gobierno Nacional en defensa de nuestra soberanía y nuestra integridad territorial y nuestros intereses vitales".

## IV

Aparecen las denuncias sobre el Condominio según las cuales el presidente Carlos Andrés Pérez y el presidente Alfonso López Michelsen el 18-12-1976 habrían acordado repartir el Golfo en un proyecto que incluía formas de exploración y explotación petrolera conjunta. Lejano asimismo el 28-03-1989, día en el que los presidentes de Venezuela y Colombia Carlos Andrés Pérez y Virgilio Barco firman la Declaración de Ureña para iniciar, según se afirma, un nuevo esquema de negociación que incluye todos los temas de la bilateralidad, desgolfizando así las relaciones colombo-venezolanas y construyendo un nuevo esquema de integración.

## V

Cercano el 27 de febrero de 1989, día del "Caracazo": Reacción popular explosiva ante las medidas económicas de Carlos Andrés Pérez en su segundo mandato. Se firma el Acta de San Pedro Alejandrino, el 27 de junio de 1990, en el cual se incluye el tema de la delimitación de áreas marinas y submarinas. Distante el día en que el embajador de Colombia en Venezuela, Gustavo Vasco Muñoz, sostiene en conferencia que dicta en la Secretaría del Consejo Nacional de Seguridad y Defensa que "el Golfo es vital para Venezuela no así para Colombia", declaración que aparece en la prensa venezolana y le acarrea que la Asociación Nacional de Abogados Litigantes de Colombia presente una denuncia por traición a la patria que es recibida en julio de 1990 por la Corte Suprema de Justicia.

En Venezuela, Pompeyo Márquez, miembro por entonces de la Comisión Negociadora y de la Comisión de Asuntos Fronterizos, afirma que "el embajador de Colombia en Venezuela, Gustavo Vasco Muñoz, no ha hecho sino reconocer una realidad, porque ciertamente el Golfo es vital para los venezolanos". El 19 de junio Vasco Muñoz presenta su renuncia. En 1991 el doctor Ramón J. Velásquez, presidente de la Comisión de Asuntos Fronterizos, opina que "Venezuela es un país epiléptico en su política internacional de fronteras; en efecto esta política cambia con cada presidente de la República e incluso con cada canciller". Cercano el día en que el teniente coronel Hugo Chávez Frías realiza un intento fallido de golpe de Estado contra el gobierno constitucional de Carlos Andrés Pérez. El mismo Chávez y otros representantes del MVR 200 el 28-03-1992 en un comunicado de prensa desde la cárcel expresan: "En nuestra condición de ciudadanos y soldados venezolanos, exigimos la paralización de todas las negociaciones con Colombia durante el resto del período de Carlos Andrés Pérez". Y poco después en "Las razones que nos obligaron a insurgir", los mismos integrantes del MVR 200 afirman, "sin embargo, lo primero que hizo el presidente al asumir el poder, el 3-02-1989, fue poner en funcionamiento un marco de negociación con Colombia, que no sólo busca vulnerar nuestra integridad territorial, sino también el ejercicio de la soberanía sobre éste. Un conjunto de hechos de una gravedad tal, que nos vimos obligados a denunciarlos".

En plena crisis se comienza a hablar de congelamiento, de llevar el tema a referendo nacional. El presidente de Colombia, César Gaviria Trujillo, desde Cúcuta el 4 de marzo declara que, si "las conversaciones directas no fueran a producir ningún fruto, apelaríamos a alguno de los sistemas previstos en el derecho internacional".

El 10 de junio el fiscal del Consejo de Estado de Colombia pide a la Sala Plena que anule la nota diplomática colombiana en la que reconoce los derechos de Venezuela sobre el archipiélago de Los Monjes. En agosto de ese mismo año, el Consejo de Estado anula el acta administrativa por medio de la cual el canciller Uribe Holguín, en 1952, reconocía la soberanía de Venezuela sobre el archipiélago de Los Monjes.

En Venezuela se solicita la suspensión de las conversaciones con Colombia. En Colombia se propone la intervención papal. El 20 de mayo la Corte Suprema de Justicia de Venezuela declara la suspensión de funciones como presidente de la República de Carlos Andrés Pérez. En junio de 1993, el Congreso venezolano designa como presidente interino de la República a Ramón J. Velásquez, quien afirma que las negociaciones limítrofes entre

Venezuela y Colombia deben esperar al próximo gobierno en febrero de 1994. A César Gaviria le parece "razonable" la tesis de Ramón Velásquez. En diciembre de 1993 es electo Rafael Caldera presidente. El esquema de negociación es ratificado durante todo ese período. Más bulla.

En diciembre de 1998 es electo Hugo Chávez presidente de Venezuela. El 8 de diciembre de ese año aparece una declaración suya en la que afirma "el diferendo no es una bomba de tiempo". Después de esto, mutis en el foro.

## DON PEDRO GUAL
### (22.10.2005)

No ha sido figura con suerte. La expresión corporal y fisonomía no lo ayudan. Aparece siempre como era costumbre en los retratos de la época que de él se conservan, con cara larga, sin mínima sonrisa que delate su interior o que se comunique con el que lo observa. Vierte distancia y no la esconde. No hizo de la simpatía virtud o don. El pintor que lo fotografía lo construye así y creo deja de enseñar lo que nos emparenta con este venezolano especial.

Su vida da más que para una biografía. Exige una novela aún por escribir que ponga al descubierto esa aventura vital y conducta sabia. Secretario privado de Francisco de Miranda, presidente de la Junta Patriótica, gobernador de Cartagena y Santa Marta, ministro de Hacienda, primer canciller de la Gran Colombia, organizador del Congreso Anfictiónico de Panamá, presidente de la República en tres oportunidades (1858, 1859, 1861), amigo del Libertador, con quien mantiene permanente comunicación personal y epistolar, son algunos detalles de su pasión vital: el servicio público.

Sólida figura civil y civilista en tiempos de compulsión militar, se levanta por entre los pantanales de la guerra, que es sinónimo de tristeza humana, y construye ejemplo de respeto y honor que se conoce y reconoce, cuándo no, más allá de los egoísmos parroquiales del país de costumbre. No por casualidad es consultado y puesto a servir por gobiernos de otras latitudes en difíciles labores diplomáticas o en asuntos privados.

Pedro Gual nace en Caracas el 17 de enero de 1783 y muere en Guayaquil, Ecuador, el 6 de mayo de 1862. Dedica la vida a construir instituciones que den solidez a la República, no sólo de Venezuela, sino de la Gran Colombia y de América. Deja huellas que no se sienten. Un latir del cual nos nutrimos sin comprender. Eso quiero que sea Pedro Gual. Eso quiso ser él, eso fue. Una sombra de luz que nos acompaña, despierta y previene de las ambiciones mezquinas.

Para los venezolanos de hoy es menos que un desconocido. A decir de su biógrafo más relevante, Harold Bierck, "No obtuvo recompensa por sus servicios a Venezuela. Murió en la miseria". No extraña. Como Bolívar, Miranda, Bello, Simón Rodríguez y tantos otros, fue rechazado y castigado con la incomprensión y el silencio, pagando con exilio y olvido. Entró en desgracia política y vital cuando se opuso sin éxito a las ambiciones de Páez por tomar por asalto constitucional la Presidencia de la República en 1861. Los treinta y tantos años que mediaron entre su retiro y muerte fueron melancólicos. Sin duda alguna su mayor habilidad fue la del ejercicio diplomático entendido como búsqueda de la solución cotidiana del conflicto para lograr la paz y los intereses de la República.

Siempre fue hombre de concilio. No sabemos lo que llegó a pensar cuando él, ciudadano de instituciones, recibió el 3 de mayo de 1823 una carta del Libertador que, desde Sabaneta, Estado Barinas, le decía: "El hemisferio del sur necesita un hombre de peso y que tenga muchos medios a su disposición". La Academia Diplomática de Venezuela lleva su nombre. Es un privilegio y una responsabilidad decir que fue el primer diplomático de la América española. Sus restos descansan con cuidado en la Catedral Primada de Bogotá. Allá no sobra. Aquí nos falta.

## URIBE Y CHÁVEZ EN CAMPAÑA
### (16.02.2006)

Una agenda es una lista inconclusa de temas a los que se les asigna prioridad. Los individuos tenemos agendas, las empresas las suyas, los Estados las declaran, las inventan, las esconden o las pierden. Entre Venezuela y Colombia hay un conjunto de asuntos pendientes que por razones políticas no se han querido o no se ha podido atender. Las condiciones objetivas y subjetivas así lo determinan. Y creo lo han entendido ambos gobiernos, que han preferido mantener las apariencias de que hay unas conversaciones en curso, cuando en verdad no las hay. Cómo vamos a pensar que el presidente Chávez va a aceptar y darle continuidad a un esquema de integración binacional que fue acordado durante el gobierno de Carlos Andrés Pérez, su archienemigo histórico, en 1989, año del "Caracazo".

Sí, es verdad que dicho mecanismo de negociación ha sido ratificado formalmente por los presidentes Hugo Chávez y Álvaro Uribe, quienes, en varias oportunidades, entre pleito y pleito, se han reunido y hecho las paces como corresponde y firmado documentos en los que expresan la voluntad de ambos países de llevar adelante obras y proyectos. Pero sólo es el cálculo político sobre los costos y los beneficios el que ha evitado el naufragio definitivo del esquema y de la relación misma entre las partes. Por eso es que Colombia no ha denunciado el sistema de negociación como inoperante. ¿Por qué no ha declarado el fin del período de las conversaciones directas y del diálogo? ¿Por qué Venezuela sigue la comedia?

Además, existe otro abismo, y es que los objetivos generales de cada Estado en materia de política exterior ya no coinciden. Colombia tiene, hoy más que nunca, a Estados Unidos como su aliado, y Venezuela a Cuba y a todo aquél que se proclame antiimperialista. Nunca Venezuela y Colombia perdieron tanta soberanía como en los tiempos que hoy transcurren. Dependemos cada día más de fuerzas externas a nosotros mismos. Más que biografías, las biologías de Bush o de Fidel Castro se sobreponen y manejan un ajedrez de sombras y luces, de subsidiarios como Chávez y Uribe, donde aparecen fantasmas tales como Blair, Rodríguez Zapatero, Lula o Insulza.

A la vista está que no son los Estados los que organizan, hasta dónde es posible, el transcurso de los acontecimientos nacionales o internacionales, sino las intenciones, pretensiones y apetitos más descarnados y evidentes de los jefes de Estado que hoy por hoy se concentran en el tema de su reelección presidencial. No hay aspecto más significativo, incluso por encima de pueblo, Estado y Nación, que el de repetir en el poder. Es dentro de ese marco que deben leerse las declaraciones de la canciller colombiana Carolina Barco, cuando afirmó hace poco, en Santo Domingo, que las relaciones entre Venezuela y Colombia son "excelentes", que Chávez y Uribe "nunca han tenido inconvenientes en plantearse las dificultades". La verdad es que en un escenario donde existen tantos temas controversiales como ALBA, ALCA, Mercosur, CAN, Estados Unidos, Cuba, la guerrilla, la carrera armamentista, el narcotráfico, Carmona, y demás, sólo la ambición reeleccionista de ambos permite que no se llegue a situaciones de tensión extrema. El primer y único tema de la agenda de ambos presidentes es su reelección, el resto es reciclable.

## LA CANCILLERÍA VENEZOLANA
### (23.03.2006)

Aun hoy, lejano y jubilado, suelo pisar semanalmente el territorio inconcluso y arisco al que la gente teme ir porque, dicen, se ha convertido en zona de intolerancia. Soy adicto a la Cancillería y a todo lo que representa el viejo casco caraqueño, donde funciona buena parte de las instituciones públicas del país. La ciudad no sería la misma sin ese "ombligo del mundo" que para muchos de nosotros representa la cocina o laboratorio, como usted guste llamar, de la política exterior de Venezuela.

A todas estas, pienso que nací allí y no donde reza mi partida de nacimiento. Y casi fue de esa manera pues mi madre comenzó a laborar frente a la Plaza Bolívar, en la Casa Amarilla, en el año 1949. Por esas casualidades de la vida, esperando un hijo y con el marido extraviado por el mundo, le pareció prudente ir y solicitar información sobre el viajero que terminó por nunca regresar. Alguien que la veía diariamente como alma en pena por esas latitudes, se le acercó y propuso entrara a trabajar a la Cancillería y así seguir, sentada, administrando el infortunio y manteniendo a la familia con decoro. Comenzó una pasión que no terminó nunca. El hijo, que hoy les habla con orgullo se contagió de ese destino y del amor por la Casa Amarilla, comió en ella, pudo educarse y tantas cosas más.

Siempre lo fue, un hogar. Y no creo que sea monopolio nuestro. En mis vivencias, estudios y curiosidad he encontrado ese mismo sentimiento en otros países, que no percibo de igual forma hacia otras entidades de la administración pública. Hay quienes lo explican diciendo que el ejercicio de la diplomacia tiene el atractivo de ser una actividad remunerada en dólares, además de una serie de beneficios que rodean al hecho de convivir con la pompa del poder. En la mayoría de los casos no pienso que sea así. La satisfacción que brinda pertenecer a ese cuerpo y representar al país, supera cualquier remuneración económica.

Pero también con el tiempo y las circunstancias se ha perdido el encanto y ha ganado la ambición. El romántico es un enfermo que disfruta de su mal. Por ello quiero creer y solicito aún, que los mejores sin distingo de pequeñez, puedan ingresar al servicio exterior del país, con un alto sentido de profesionalización, pero más aún de sabiduría. Con consciencia del papel social que debe cumplir la política exterior del país. Así construiríamos un termómetro para evaluar la acción de la Cancillería, desde la sociedad y desde la misma institución, sin amos ni miedos. Democráticamente.

Es extraño que nadie en Venezuela se haya atrevido a decir o escribir sobre su experiencia diplomática. Saldría más de una novela. Hay mucho "secretismo", que es el complejo que se instala en los que pasan por allí y piensan que cualquier comentario que se haga puede ser considerado como "traición a la patria" o certificado de invalidez para el retorno. Un canciller extremadamente celoso y manipulador decía que el futuro de los diplomáticos dependía de su silencio. Otro ministro expresaba su preocupación por la falta de memoria histórica en materia de política exterior como resultado del miedo manifiesto de los funcionarios por escribir sobre los temas de su competencia sin que ello implicara profanación alguna. Ambos tenían razón.

## "MATARON A GAITÁN"
### (08.06.2006)

No hay agua sin sed. De vez en cuando aparece la figura de Jorge Eliécer Gaitán por las calles de América Latina. A veces vivo, a veces muerto, a veces como olvido. Asesinado por un loco o una conjura, yace proscrito en un billete de mil pesos en el que reza, tal epitafio, una de sus frases lapidarias: "Yo no soy un hombre, soy un pueblo. El pueblo es superior a sus dirigentes". Resucita y vuelve a morir.

Para 1948 se había convertido en el más importante dirigente del hoy venido a menos Partido Liberal Colombiano. Era caudillo de inmenso poder sobre la masa urbana de su natal Bogotá, bella, friolenta y lloviznosa. Su asesinato fue vivido cual trágica frustración que trajo consigo un mar de violencia que aún dura y que cambió la historia de Colombia como él no lo hubiera deseado. A los sucesos que ocurrieron seguidamente se les conoce con el nombre de "El Bogotazo". No hay inferencia histórica entre uno y otro, aunque sí relación secuencial.

Se han escrito cientos de páginas para recrear esos dos eventos, uno solo en el tiempo, que ameritan ser estudiados por separado. Me quedo entre tanta tinta escrita con "Mataron a Gaitán", libro de Herbert Braun, publicado en 1987 en edición de la Universidad Nacional de Colombia, en el que se desnuda, a partir de un hecho "accidental e impredecible" el complejo social tejido alrededor de un instante crucial.

En lo de "circunstancial" coincide con Braun, por ejemplo, Alejandro Vallejo, quien estuvo con Gaitán en el momento en que le dieron los balazos que acabaron con su vida y que publicó "Hombres de Colombia", texto en el que califica los hechos como "la más súbita y fantástica revuelta que ha estallado en el mundo y la más espontánea". El mismo Gaitán afirmaba en el "Discurso-programa de su candidatura presidencial" en 1945 lo siguiente: "Casi todos los movimientos sociales y políticos que han transformado a un país o alterado la historia del mundo han aparecido en forma sorpresiva". Por su parte, Fidel Castro, quien se encontraba en Bogotá ese 9 de abril, da su versión de los hechos en entrevista concedida a Arturo Alape: "Yo te puedo asegurar que lo del 9 de abril no lo organizó nadie... Te puedo asegurar que fue una explosión espontánea completa, que ni lo organizó nadie ni lo podía organizar nadie. Únicamente los que organizaron el asesinato de Gaitán podían imaginarse lo que podía ocurrir".

Para los que observamos los procesos políticos, es cómodo pensar en términos de causa y efecto, tal vez por imitación o costumbre de lo que heredamos de las ciencias exactas. Ha sido ilusión la quimera de predecir el porvenir a partir de los hechos o datos con los que contamos y que se expresan en la práctica en forma de estadística. Lente para reducir nuestra perplejidad y domar la subjetividad desde la que cada quien interpreta lo vivido para encontrarle sentido a lo que ocurre y amaestrar los acontecimientos encerrándolos en la jaula de la comprensión de la que casi siempre escapa la fiera hosca de la realidad. Por eso a veces acudimos al látigo de la quiromancia. Así, por lo que vemos, nada está escrito. Si no la esperanza o la casualidad serían absurdas. Su fuerza sería inválida frente al destino escrito cual un vicio. Como la suerte trágica de Gaitán.

## DE LA CORBETA CALDAS A ALIAS R. REYES
### (03.04.2008)

Propongo como puntos de referencia dos eventos que con una distancia de veinte años permiten acercarnos comparativamente a la relación colombo-venezolana, que aún no logra encontrar un núcleo permanente de acuerdo; hace posible observar el comportamiento de cada país en lo que a su política interna concierne; y finalmente ayuda a mirar el escenario internacional que nos rodea. En extenso, estas afirmaciones darían para una investigación académica cargada de detalles que aquí no caben, es decir, sobran.

*LOS HECHOS*

El primero de los sucesos es el conocido como la crisis de la "Corbeta Caldas", ocurrida en agosto de 1987, cuando ese barco de guerra colombiano, incursionó en aguas territoriales e históricas venezolanas produciendo una sucesión de acontecimientos que llevaron a ambos países al borde de la guerra. El segundo acontecimiento es el de la muerte de "alias" Raúl Reyes, segundo hombre de las Fuerzas Armadas Revolucionarias de Colombia (FARC), quien fue abatido el 1 de marzo de 2008, junto con otros, por el Ejército colombiano, dicen que, con apoyo militar de los Estados Unidos, en territorio ecuatoriano, con el consentimiento o desconocimiento del gobierno de ese país. Versiones siempre existen.

Estos hechos condujeron a una crisis militar y política cuyas consecuencias en el corto y mediano plazo se desconocen. Sorprende, es un decir, la actitud beligerante del gobierno de Venezuela ante unos sucesos ocurridos fuera de su territorio que desencadenaron la decisión del jefe de Estado venezolano, Hugo Chávez, de desplegar una ofensiva militar hacia la frontera terrestre colombo-venezolana, que tiene una extensión de 2.219 kilómetros. Para acompañar ese dislate, el presidente de Nicaragua, Daniel Ortega, y el de Bolivia, Evo Morales, acompañaron a Chávez en su aventura estrafalaria. El de Ecuador, Rafael Correo, ni qué decir.

Después de días de tensión, el 5 de marzo de 2008 se reúne el Consejo Permanente de la Organización de Estados Americanos (OEA). El 7 de marzo se celebra en República Dominicana la Cumbre Presidencial del Grupo de Río, en la que los presidentes de América Latina y del Caribe deciden, de manera sorpresiva, echar para atrás, menos mal, lo que hasta minutos antes era una crisis descomunal. Entre abrazos, risas descompuestas, taimados, teatrales y patéticos, los presidentes de Colombia, Ecuador y Venezuela, ejes del conflicto, y Nicaragua, agregado al convite a última hora por el tema del fallo de la Corte de la Haya sobre la soberanía sobre el Archipiélago de San Andrés y Providencia, ponen fin bajo el babalao tropical de Leonel Fernández a las diferencias que son evidentemente irreconciliables.

Veinte años antes, en agosto de 1987, el incidente de la corbeta "Caldas" demostraba que en Colombia existe una visión guerrerista y de animadversión hacia Venezuela, que no era nueva, pero que tomó curso concreto a través de las acciones del canciller colombiano de la época, coronel Julio Londoño Paredes, quien aún juega papel destacado en las relaciones internacionales de Colombia. Destapó las intenciones beligerantes de un sector de la élite política, militar, y económica de ese país que insiste aún en sus apetencias retro históricas por reclamar lo que no es suyo. En Venezuela, en Nicaragua, en Panamá.

Mostró además que, a pesar de lo dicho, el gobierno de Virgilio Barco, para la época presidente de la República, ante la postura firme de Venezuela, frente a la presión interna de sectores democráticos, y con el concurso del juicio internacional, actuó como un "Estado serio", dando marcha atrás en sus objetivos geoestratégicos. Digo "Estado serio", en la medida en que supo calcular los impactos y desenlace de sus ambiciones. Dos años más tarde, en 1989, veríamos al mismo Julio Londoño en Caracas, como si nada, hablando de integración y de hermandad bolivariana, en la oportunidad en que le tocó participar, en su condición de Canciller de la República, en la instalación de la Primera Reunión Binacional de las Comisiones de

Integración y Asuntos Fronterizos Colombo-Venezolanas, que iniciaron sus tareas dentro de un ambiente delicado e inestable, luego de que ocurrieran en Venezuela los sucesos de esa protesta social conocida como "el Caracazo", durante los primeros días del Gobierno de Carlos Andrés Pérez.

Así, en 1987, durante la aludida crisis del "Caldas", Venezuela y el presidente de la República, Jaime Lusinchi, tuvieron posición firme y sólida; contaron con el respaldo nacional innegable de partidos políticos, Fuerzas Armadas, Congreso de la República, entes públicos y privados, gremios profesionales y otros distintos sectores del país, que dieron apoyo firme al presidente venezolano en su decisión de no permitir el abuso flagrante cometido por Colombia. La nación respondió como un todo. Funcionaron los mecanismos democráticos.

Pero a pesar de lo tenso e intenso de la situación nos encontrábamos en presencia de dos Estados representados por instituciones legítimas que atravesaban por situaciones coyunturales de conflicto no ideológico y que dadas unas circunstancias especiales se animaron apetitos guerreristas contra Venezuela que estaban, están, incubados en ciertos sectores de la sociedad colombiana, pero que fueron descartados por inviables y por la fuerza de las acciones de Venezuela. La diplomacia jugó su papel, la comunidad internacional el suyo, y los factores de poder, incluyendo el económico y el de la opinión pública, determinaron que la situación no pasara a mayores. El estamento militar en Venezuela actuó como ser y parte del poder civil, como debe serlo en una sociedad realmente democrática. En Colombia el poder militar de esa época, en cuyas manos reposaba en parte la política exterior, operó con evidente independencia del poder político que por acción u omisión dejó que transcurriera esa demencia.

## *ALIAS RAÚL REYES*

Ahora bien, con el caso de "alias" Reyes la olla que se destapa es otra. Claro que se trata de eventos de distinta factura y circunstancias, pero es interesante subrayar que la realidad es otra. Obvio. Han pasado veinte años y la facilidad comprensiva con la que percibíamos y todavía entendemos aquél pasado-presente de 1987 no es posible hoy. Porque los eventos que en este momento ocurren, poseen una híper dimensionalidad que hace muy confusa su comprensión y análisis. Tal vez por ello vivamos pegados de la televisión, o de la radio, o de los periódicos, como si a través de la noticia se pudiera encontrar la verdad. Y es posible, pues estamos en presencia de hechos inmediatos, mediáticos y mediatizados, dotados de tan altos niveles de truculencia que el único radar disponible y a la mano para comprenderlos sea el que brindan los medios de comunicación.

Palabra aparte, este contexto nos hace llegar a la conclusión que los esquemas comprensivos ya no comprenden y los explicativos no explican. Para los académicos esto es un reto. Para la diplomacia también lo es. Y no se diga para los políticos en Venezuela, cuyas opiniones no tienen la más mínima repercusión sobre las decisiones del gobierno. ¿Y las instituciones? ¿Balance y contrapeso? Eso no funciona, simplemente porque no existe democracia normal en la que los partidos políticos e instituciones del Estados tendrían que jugar un papel. En Venezuela, el presidente movilizó a "sus" Fuerzas Armadas, a "su" Asamblea Nacional, a "su" Tribunal Supremo de Justicia, a "sus" medios de comunicación. Suyos propios: "Señor ministro de la Defensa, muévame diez batallones hacia la frontera con Colombia, de inmediato, batallones de tanques; la aviación militar que se despliegue...", y punto. (Aló Presidente 02/03/08)

En Colombia, en cambio, como en los tiempos del Caldas, pero al revés, fue el presidente Álvaro Uribe Vélez, quien recibió el apoyo de toda la institucionalidad. Hasta el "Polo Democrático Alternativo" (P.D.A.) le brindó su respaldo. Incluso la oposición venezolana apoyó a Uribe frente a Chávez y tal vez se decepcionó cuando el presidente venezolano dio marcha atrás en su delirio de atacar a Colombia, porque en el caso nuestro la locura llega a que perdamos la visión de los grandes objetivos nacionales por la minúscula fruición de derrocar a Chávez. Las encuestas de esos días daban a las acciones de Uribe un respaldo del 84 por ciento mientras que en Venezuela las encuestas decían todo lo contrario, a saber, que el 89 por ciento de la población estaba en contra de la movilización de tropas hacia la frontera colombiana. Quizá esta circunstancia hizo a Chávez retroceder en su impulsividad.

Además, el gobierno venezolano está imbuido por una ideología que posiciona a Uribe como enemigo estratégico del proyecto bolivariano latinoamericano y, por qué no, mundial. Uribe es un aliado del imperialismo y él no lo oculta. Así que Venezuela, según este nuevo mapa ideológico, queda ahora más cerca de Teherán que de Bogotá, y Cúcuta más cerca de Washington que de San Antonio del Táchira. Nunca antes habíamos perdido tanta soberanía para decidir sobre nuestro destino común como en estos tiempos descocados.

Lo que muestra también la olla podrida de "alias" Reyes, sin que aún se conozcan a ciencia cierta los resultados de la investigación sobre la información contenida en las computadoras que se encontraban en su poder, es que la política, si es de ella de la que hablamos, no se deja entender con los conceptos clásicos. Aquella interrogante de si la política es arte o ciencia dejó de tener sentido frente a los hechos que se miran sin tapujos, que no tienen pena, que desean expresarse. Ahora la política es lo más parecido a la complicidad y al chantaje abierto, al espectáculo. Lo que se dejó ver por televisión en la Cumbre Presidencial del Grupo de Río, fue una sociedad política de cómplices sin la menor pizca de remordimiento en la que es difícil distinguir entre un narcotraficante, un Canciller, un guerrillero, un presidente de la República, un ciudadano común o un terrorista disfrazado de monja. Un día amenazan con enviar a Chávez a la Corte Penal Internacional y al día siguiente lo exculpan de cargos. Políticos mafiosos es lo más parecido a la realidad. Los demás son modelos beatificados y fuera de tiempo, que ahora estorban por su nobleza.

Por eso es que, en esa pantomima de guerra, que pudo llegar a ser de verdad, quedó en evidencia también lo ilegitimo de los sistemas políticos latinoamericanos cuyas contadas excepciones no hacen sino confirmar la regla. Una red visible de componendas, corrupción y connivencia, han dejado muy atrás las nociones de valentía, democracia, confianza, lealtad, honestidad y orgullo.

## ¿CONCLUSIÓN?

Nuestra responsabilidad es ética y es política. Es necesario recobrar e inventar ideales y valores. Los venezolanos, y me imagino que otros también, necesitamos rescatar la dimensión ética de la acción. Para que los jóvenes no se conviertan en clientelistas prematuros o demagogos de oficio, o los políticos más experimentados, en aspirantes a conserjes del alcantarillado y la luz pública. El poder, pienso, es otra cosa.

Hace veinte años señalábamos que las relaciones colombo venezolanas se caracterizaban por ser complejas, tensas, cíclicas y frágiles. Hoy tenemos que decir que esas mismas relaciones son: ideológicamente contrapuestas, no cooperativas, distantes, conflictivas, de desconfianza mutua, con pérdida de soberanía para ambas partes, de amenazas y extorsión bilateral, y en las que las fronteras siguen absolutamente abandonadas.

## FRONTERAS MARCIANAS
### (26.03.2009)

Póngase usted a ver dónde hemos venido a llegar, pero en estos días marcianos mirando el firmamento me acordé sin exigencia voluntaria, como quien se acuerda del cumpleaños de alguien, del hecho cierto de la sentencia emanada del Consejo Federal Suizo del 24 de marzo de 1922, a solicitud de Colombia y Venezuela, para que ese ilustre jurado internacional se pronunciara sobre la siguiente duda: "¿La ejecución del Laudo puede hacerse parcialmente, como lo sostiene Colombia, o tiene que hacerse íntegramente, como lo sostiene Venezuela, para que puedan ocuparse los territorios reconocidos a cada una de las dos Naciones y que no estaban ocupados por ellas antes del Laudo de 1891?"

En medio de tales cavilaciones, por supuesto y por carambola, me topé con el Laudo original, el español, también dictado en otro marzo, pero de 1891, solicitado para que el árbitro resolviera sobre la controversia ya cincuentenaria de límites que había comenzado en 1830, con la separación de la Gran Colombia. Tres años después, en 1833, ambas naciones, a través de los plenipotenciarios Lino de Pombo, colombiano él, sabio y cartagenero para más señas, y Santos Michelena, erudito también y maracayero para mayores precisiones territoriales, prepararon y presentaron un proyecto de "Tratado de Amistad, Alianza, Comercio, Navegación y Límites", que fue aprobado al año siguiente por el Congreso de Colombia y rechazado por el Congreso de Venezuela ya tarde, en 1840.

Estos pasos llevaron a un tercero, más grave todavía, que fue el de la firma del Tratado entre Venezuela y Colombia sobre Demarcación de Fronteras, firmado en Cúcuta, ya no en marzo sino en abril y de 1941, en el que ambas naciones declaran que la frontera está "en todas sus partes" definida y que "todas las diferencias" sobre materias de límites "quedan terminadas" y que reconocen como "definitivos e irrevocables", los trabajos de demarcación hechos por las "Comisiones Demarcadoras" en 1901 y que se reconocen recíprocamente y "a perpetuidad y de la manera más amplia" el derecho a la libre navegación.

Si usted se pone a ver, el lenguaje no engaña. Es una muestra de sangre de la acción y del pensamiento, de la mentira, de la verdad o del encubrimiento. Y en el excesivo tono de ese Tratado de 1941, que acabamos de citar, se puede descifrar la desmedida ambición de uno y la enmascarada irresponsabilidad del otro. Excesos y defectos juntos a la vez como la luna que es redonda.

Tanta erudición vertida para que casi todos sigamos sin saber dónde están nuestras fronteras. Porque en eso de alcabalas, los límites han tenido sus capataces. Desde la época colonial, mientras Miguel Ángel levitaba pintando los frescos de la Capilla Sixtina, aquí militares y curas, espada y cruz, se adueñaban de esas tierras de nadie, que eran como el descubrimiento del paraíso terrenal. Luego vinieron los historiadores, los políticos o los diplomáticos, a meterle diente a ese mundo estrambótico para tratar de comprenderlo y dominarlo al mismo tiempo.

# EL GOLFO DE VENEZUELA I
## (16.04.2009)

La lectura de los eventos que hoy ocurren con motivo de la visita del presidente de Colombia y de la posibilidad de un acuerdo de delimitación de áreas marinas y submarinas, debe hacerse dentro de una gramática que se ha escrito a lo largo del tiempo histórico de las relaciones colombo-venezolanas. Estos lodos coyunturales que hoy vivimos aparecen y desaparecen. Formas fantasmagóricas expresadas en mapas, que pudieran enseñarse al revés sin que el que las observa repare en sus connotaciones geográficas, tienen sí la particularidad de despertar en Venezuela un sentimiento de suspicacia que atiende al bongó que resuena en las selvas saladas de nuestra más preciada, frágil y vital frontera marítima, a saber, el Golfo de Venezuela.

Y digo salada porque el origen de las distancias territoriales con Colombia, se inicia en tierra firme, cuando en 1833 negociadores de ambos países proponen un acuerdo de solución que, aprobado por el Senado de Colombia, rechazado luego de varios años de discusión y letargo, por el Senado de Venezuela. A partir de allí se teje una madeja de hechos, dilaciones, omisiones y decisiones que se concretan en tres momentos claves de nuestra historia bilateral: primero, el Laudo Español de 1891; segundo, el Laudo Suizo de 1922; y tercero, el Tratado sobre Límites de 1941.

Veinticinco años después, en 1966, el Gobierno de Venezuela invita al Gobierno de Colombia a discutir soberanía sobre territorios marinos en los cuales Venezuela ha ejercido históricos derechos. Luego, en 1970 en lo que se conoce como las "Conversaciones de Roma", se busca sin éxito, una solución ventajosa para ambos países. Posteriormente, en 1974 se concibe una propuesta de explotación conjunta de los recursos naturales del Golfo de Venezuela que, evidentemente, no pudo concretarse. Más tarde, en 1981 se propone la "Hipótesis de Caraballeda", rechazada por el país. En 1987, con la incursión de la Corbeta ARC Caldas se intenta forzar a Venezuela a aceptar la designación de una Comisión de Conciliación, especie de árbitro, dispuesta en el Tratado de 1939, que no aplica para cuestiones atinentes a intereses vitales, como los que representa el Golfo de Venezuela. Después de un largo silencio, en 1989, Colombia y Venezuela deciden un nuevo esquema de negociación, bajo los principios del diálogo directo y global, "desgolfizando" así un proceso de integración que se había visto frenado por la existencia de esas diferencias territoriales. Ahora, Chávez y Uribe, luego de tantos desencuentros, aparecen sin decir que no, con este nuevo y controversial globo de ensayo que se resume en una propuesta de negociación en la que se expresa la tesis más excluyente presentada por Colombia, que es la de la línea media, confeccionada por el geógrafo norteamericano W. Boggs, en 1951.

Toda esta situación preocupa y llama a la reflexión de la opinión pública, incluyendo a la Fuerza Armada Nacional, para que discuta estos temas que son vitales para Venezuela.

## EL GOLFO DE VENEZUELA II
### (29.04.2009)

Parece haber descendido de lugar en el rating de los escándalos domésticos. Se encuentra en aparente curvatura descendente después de haber sido banalizado y convertido en bagazo conspirativo bajo el remoquete de "Plan Golfo Turbio" (ver Aporrea.com). Tanto así, que mientras escribo me entero de la designación de una nueva Comisión Negociadora Venezolana. ¡El detalle que faltaba! En paralelo, el tema es incorporado a la agenda de debates de la Asamblea Nacional. Allí se denuncia que el zaperoco armado alrededor del Golfo fue urdido desde Bogotá por mano aviesa de Enrique Santos Calderón, director del diario El Tiempo y presidente de la Sociedad Interamericana de Prensa, SIP, quien habría instruido al director de Tal Cual, Teodoro Petkoff, a que arruinase la visita de Uribe a Venezuela aprovechando el polvorín del Golfo. "Bueno Catire, ahí te dejo eso, respóndeme pronto, Enrique".

Lo cierto es que la publicación del zutano memorándum "secreto" del Comisionado Nieves-Croes acabó con la posibilidad de firmar ese negociado en el que se reúnen los argumentos más lesivos a los intereses de Venezuela. Pero aún flotan dudas en el ambiente. ¿Por qué tardó diecinueve meses Nieves-Croes en consignar el fulano oficio de disidencia? ¿Por qué la información aparecida inmediatamente después de la reunión de "Hato Grande" (31-08-07), en la que se describen los términos aproximados de la negociación, incluyendo el Aló presidente 292, ¿no produce ninguna reacción en la opinión pública? Véanse por ejemplo a tal fin, la entrevista realizada por Yamid Amat al presidente de la Comisión Negociadora de Colombia el (08-09-07); o "Los tratos secretos del diferendo" de Valentina Lares publicado por El Tiempo de Bogotá (09-09-07); o "Las Verdades de Miguel" (La confidencia de Giovanna de Michelle), "El Golfo está negociado" (12-10-07).

El único político que reaccionó ante tales eventos fue José Vicente Rangel, ex Canciller, ex ministro de la Defensa y ex vicepresidente de la

República, quien en su programa de Televen del 31-09-07 y al día siguiente en su columna "El Espejo" de Ultimas Noticias, afirmó: "Cautela en el Golfo… Reconozco la habilidad política de Chávez y su intuición… Pero me parece que mezclar "acuerdo humanitario" con "delimitación de áreas marinas y submarinas" en una zona vital para el país como es el Golfo, constituye un plato fuerte".

Con la abrupta salida de Chávez como facilitador del acuerdo humanitario, el juego había cambiado. El Golfo ya no era canjeable por protagonismo pacificador. Ahora había dos chantajes caminando en las sombras. Información presunta contenida en las computadoras de alias Raúl Reyes a cambio de territorio. El oscuro objeto del deseo había sufrido una metamorfosis preocupante que debía interrumpirse. Una salida era abortarlo. ¿Pero cómo? Simple. A través de una aparente filtración. El resto es historia. ¿Qué quién lo hizo? No tiene importancia. En alguna esfera del poder se decidió impedir la misión Golfo. Chávez, la armada venezolana o la colombiana; Uribe o enemigos de él; el imperio. ¿Qué importa?

## EL GOLFO ES MUJER (Y III)
### (07.05.2009)

El Golfo de Venezuela es mujer, bahía histórica. Lleva el nombre masculino de un accidente geográfico pero su más profundo contenido es femenino. Por eso debe ser que los venezolanos lo queremos tanto. Allí nació nuestro nombre y buscamos origen y razón. Todo lo que hemos sido, hecho o dejado de ser, está vinculado a ese hito en el que encontramos orientación en el universo. Y así como cada pueblo, aldea o vecindario halla entidad en una mínima parcela de territorio, que es también historia, tradición y cultura, asimismo esa suma de partes consigue y multiplica su ser en una connotación mayor que es la de la patria, donde todo las demás consigue sentido y pertenencia.

No es por casualidad entonces que nuestra más cercana verdad y respiro se halle en ese refugio amniótico y radar simbólico de lo venezolano. No hay gloria, personaje o batalla, riqueza o geografía que se compare en intimidad con lo que los venezolanos sentimos de cariño por dicho cuerpo de agua que constituye una sola entidad simbiótica con el Lago de Maracaibo. Entrada además de oscuros aprecios y miedos, placeres y vejámenes; himen virginal; frontera en la que se reúnen desconfianzas atávicas ligadas al despojo o a la entrega. Recinto del corazón del pueblo errante que hemos sido en busca de espejo, el Golfo de Venezuela nos escala, tantea y reclama. Los que están más allá, vecinos próximos o lejanos, no llegan a entender exactamente porqué reaccionamos con tanta pasión cuando intentan traspasar esa piel húmeda y maternal que nos arropa. Somos capaces de todo cuando de cualquier agresión se trata a esa oquedad salina que se interna a en lo más oculto de nuestros órganos vitales.

Puede que, paradójicamente, en otras tareas seamos dados al festín y a la regalía en razón de carácter orientado al petróleo. Pueblo minero que no siembra ni suda, que no produce sino grandes imágenes, que es dominado por un gran apetito por cambiar el futuro en un golpe de suerte; instantáneo y sin perspectiva tiene emergencia colectiva de pesadas anclas que orienten su cinética y ventisca historicidad: héroes, victorias patrias, distancias. Uno de esos recursos simbólicos es el Golfo de Venezuela. Más que el Orinoco, el Pico del Águila, el Churúm Merú, el Ávila o cualquier otra de esas maravillas, no existe otro rincón del país que concite tan altivo fervor de los venezolanos, como ese Golfo: madre, padre, mito, quimera y amor, distancia dilecta del terruño que queda.

Y por sentimientos de culpa, tal vez, seamos tan vehementes con esa latitud. Parece desplazáramos todas las frustraciones, colectivas e íntimas, a la defensa de genitales orígenes para buscar una cierta constancia interior que, al conjurar pecados, perdone y cicatrice. El Golfo de Venezuela es para los venezolanos, religión, adicción, agua bautismal; valores estos en los que se rescata el sueño de lo que queremos ser y no hemos sido. Una vez dicho esto lo que Usted quiera amigo, pero con el Golfo de Venezuela ni con el pétalo de una rosa.

## CHÁVEZ Y URIBE: MENÚ BANANERO
### (31.07.2009)

Venezuela y Colombia atraviesan, otra vez, un mar crispado. Es el océano de la desconfianza plagado de insensatez. Vuelven peligrosamente a la tensión desmesurada luego de que se echara por tierra la posibilidad de negociar las áreas marinas y submarinas del Golfo de Venezuela. Por capítulos, en horario anunciado, se va entregando lo que el libreto de estos tiempos grises dicta y que nosotros, ciudadanos fijos, miramos con vergüenza. Porque no hay voluntad popular que los respalde. Ni aquí ni allá existe vocación alguna para ir a la guerra. Una encuesta sencilla diría que no, rotundamente no, a esa comparsa que pone en vilo la paz y la convivencia de dos países hartos de conflicto. ¡Hasta la coronilla! Cada pueblo en su estilo, allá o acá de la frontera, ha soportado el duelo de no poder avanzar hacia metas soñadas de progreso y mejor vida por las culpas de pocos que han querido y logrado llevarnos por despeñaderos de barbarie. Nunca perdimos tanta soberanía como hoy cuando no somos capaces, ni siquiera, de resolver nuestros más domésticos asuntos por las vías de la política y de la diplomacia. Más aún cuando los organismos internacionales están de capa caída. ¿Quién pudiera mediar en este nuevo conflicto? ¿La OEA? Ni se diga.

Todo, y cuando digo todo no exagero, parece estar en manos de las fuerzas oscuras que nos gobiernan aquí y allá. Da igual. Ni siquiera la distancia ideológica que hoy separa a ambos gobiernos sería razón para no perseguir la concordia. Pero así andamos, en manos de unos líderes, eso dicen ellos que son, que no piensan más allá de sus ombligos y de sus egos, que es donde descansan sus ambiciones.

Esta es la cuarta vez que Chávez sin consultar a nadie, "democráticamente", ordena congelar las relaciones entre los dos países. La primera fue el 14 de enero de 2005; la segunda el 22 de noviembre de 2007; la tercera el 2 de marzo de 2008; y la cuarta, la actual, el 28 de julio de 2009. Haciendo uso y abuso de su poder, trata el tema otra vez con el desparpajo de quien maneja su propia hacienda. Y no es que se lo crea, sino que lamentablemente es así. Por su parte, Uribe, el otro niño de pecho que lo complementa, tira la piedra y esconde la mano, juega con Santos, su pieza clave, y Santos se deja porque es enemigo de Chávez y por otras ambiciones que buscan concretarse en la Presidencia de la República. Dos presidentes latinoamericanos electos y reelectos por sus pueblos. ¡Cómo para ponerse a llorar! Andamos mal, es evidente. Un tema como el del armamento sueco comprado por Venezuela y encontrado en manos de las FARC pudo, en condiciones normales, haber seguido una averiguación formal a través de canales preestablecidos, pero fue utilizado como arma política para debilitar, al contrario. La razón de esta última andanada congeladora que hoy vivimos, debemos buscarla en los apetitos desmesurados y la consecuente indigestión que provoca en dos presidentes, que son la expresión más acabada del tercermundismo bananero, el desmesurado poder y la falta de control institucional y ciudadano sobre sus acciones sin límites.

## SOCIEDAD CONTRA EL CHANTAJE
*A LA MEMORIA DEL CUCUTEÑO DON JAIME PÉREZ LÓPEZ*
### (13.08.2009)

No recuerdo haber visto mayor despilfarro de energía que el que observo en la relación entre Colombia y Venezuela. Ha faltado coherencia social, democracia y diplomacia, para enfrentar los desmanes presidenciales que hoy padecemos tanto aquí y allá. Ha sobrado micrófono, ego y petulancia. Por ahí han salido algunos a hablar de dignidad como si en Roma estuviéramos y pudiéramos apelar a los principios de *dignitas* y *autoritas*. Nada más lejano a nuestros tiempos en los que el presente ahoga el porvenir y se aferra, boqueando, al salvavidas del pasado. Nada más trillado que la apolillada hermandad, cuando de lo que se trata es de vecinos, que es un concepto y una realidad mucho más real para decirlo excesivamente. Porque es en esa vecindad, no sólo fronteriza, donde se realizan en la práctica diaria las necesidades de la gente. No exclusivamente las cuentas que producen las importaciones o el tililín gastado del socio comercial, sino sobre todo el apetito, el hambre vital de millones y millones de seres humanos que comen con el estómago y con el espíritu en la misma mesa de esa relación vital que hay entre Colombia y Venezuela y que hoy se ve socavada por el sinvergüenza chantaje bilateral, si así pudiera llamarse en abultadas enciclopedias a lo que está ocurriendo.

No es sobre dólares, inversiones y otros menesteres estadísticos de lo que se trata nada más. Es otra dimensión y sensibilidad a las que quiero referirme. Es a la connotación ética que debería guiar el fuero interno de dos jefes de Estado, que eso son por si lo han olvidado, que están presos en la corrosiva dimensión de la geopolítica, la geoestrategia, las salas situacionales y de toda esa parafernalia militarizada e incivilizada con la que se nos quiere justificar un modelo de acción política desprovisto de dimensión humana y social. Enchufados a ese aparataje calculador, pierden de vista lo sustantivo y sustancioso que sería dar un paso al frente, en lenguaje civil, humildemente, y mirar lo que el destino sugiere que es la ambición de andar juntos, como toca.

Por eso es necesario que desde donde se pueda levantemos la voz y organicemos la voluntad para poner freno a una carrera violenta que está en marcha y que no sabemos dónde puede llegar. Los gobernadores fronterizos venezolanos, elegidos a voto limpio, han dado un ejemplo en este sentido que debe ser acompañado por otros: universidades, gremios, empresarios, iglesias, asociaciones culturales, comunicadores sociales, políticos, gente común de Colombia y Venezuela, y todo lo demás que se ha dado en llamar tejido social. Debemos exigir conjuntamente a los gobiernos de turno se respete el sentimiento profundo de las mayorías que es el de la paz sin la cual es impensable su complemento que es el bien común.

# UN FANTASMA RECORRE EL CONTINENTE
## (19.08.2009)

A todo Chávez le toca su Uribe. Y viceversa. Y Así como a Zelaya se le plantó Micheletti, al Socialismo del Siglo XXI le salió la Sayona en Honduras. No hay de qué extrañarse pues es cosa de equilibrios y repelencias complementarias. El personaje que por ejemplo representa a Piedad Córdoba, para no detenernos en mayores ejemplos científicos, es el producto más genuino de esa relación atormentada en la que Álvaro es el progenitor y Hugo ha prestado el vientre de su revolución para parir esa joya única y familia íntegra de la Lina Ron vernácula la cual pertenece, con sus peculiaridades y tintes, a ese mismo sistema de fecundación in vitro al que las FARC han prestado su tecnología y quirófano. Turbante o casco motorizado no constituyen gran diferencia si te pones a ver. ¡Total!

Porque entre ambos dos que son uno, gemelos más que homólogos, Hugo y Álvaro, hay un sistema de referencias y energías, una química que los construye y al mismo tiempo es capaz de aniquilarlos. Imán y criptonita guardados en el mismo frasco. Se dan pila y se la gastan mientras otros derrochan en el control de la imagen. Se aman y se dejan como en la canción de Sandro. Uribe y Chávez: la pareja. Batman y Robin bailando pegaos, pero ni piensen que bolero o vallenato sino tango que es más dramático. A la luz de un farol, "un pensamiento triste que se baila" al decir del maestro Discépolo y que refleja, como ninguna otra danza quizás, el carácter y tema de ese drama. ¿Sin final? Sombras nada entre tu vida y mi vida, con la presencia de los Kirchner melifluos con todos los gastos pagos. ¡Cómo si los necesitaran! Uribe y Chávez parecen querer separarse, sobre todo en público, pero no pueden, porque se necesitan a morir, y porque son títeres, sin mal decir, de fuerzas externas que deciden sobre ellos y los ejecutan. ¡Viagra!

A todas estas, Colombia y Venezuela, una sola ficción, se desgañitan e insultan mientras colombianos y venezolanos, los de hueso y carne, los de verdad, vivimos en el patio común en tanto vecinos íntimos que somos. Ya no podemos ser tema de la grandilocuente política exterior sino de la turbia, cotidiana e intensa política interna que moldea vidas y sueños. Lamentablemente estos destinos penden en buena medida de los apetitos, cálculos e insatisfacciones de los mandatarios que nos gastamos. Por cierto: ¿Los elegimos para ser lo que son y hacer lo que hacen? ¿Qué hay que transformar en nosotros para que ya sea suficiente?

Pero es que el ritmo de los tiempos, del cual somos acompañantes más que protagonistas, nos desdibuja y teje. Así a las FARC, al narcotráfico y a los vecinos, se les instalan un sistema de bases militares colombo-estadounidenses, un neologismo, que no irritaba a nadie mientras estaba en Ecuador; y a Miami le molesta a morir el concierto de Juanes, el de la camisa negra, en La Habana; Chávez prefiere, a qué dudarlo, la reelección de Uribe en Colombia que a Juan Manuel Santos como presidente de la República. Mientras tanto, Obama juega en el laberinto de su imagen; Putin se relame con su mirada de KGB.; Fidel revive en el spa de la guerra fría y apoya el bloqueo a Honduras como para vengarse de lo que a él le hicieron desde la OEA; Lula se lava las manos en su arco iris carioca como Pilatos enjabonó las de él; Evo, Correa y Ortega pendientes en subida del amo. Suecos, además iraníes e israelíes cerca de la frontera Wayúu. ¡Cosa más grande!

"Globalización en salsa de conflicto ideológico" podría ser una ilustración culinaria de estas ocurrencias que no son mías sino de la realidad que aparece en las noticias. A menos que ellas también sean falsas o erróneas o manipuladas, como suelen ser. Chávez sin duda quiere ser el muchacho de la película como el jamaicano o jamaiquino, que da igual para lo rápido que es, Usain Bolt. Y Uribe por su parte aspira imponerse, circunspectito él, como juez de pista que dicta las reglas del juego. Ninguno de los dos acepta la servidumbre del otro y por eso se enganchan a terceros y pelean entre ellos como muchachos siempre frente a planetario público, solos jamás. ¿Para qué? Son relamidos y se conocen como a su sombra. No se dan tregua. Viven inacabados y ocupan territorios significativos de espacio y tiempo de su gestión y digestión en calcular la próxima jugada del oponente. Sueñan que son el otro y por ende no duermen. Y mientras todo ocurre y nada pasa, un fantasma recorre el continente: las computadoras de alias Raúl Reyes cual curare en el aire buscando presa.

## MACONDO SIAMO TUTTI
### (23.04.2010)

Espeso está el chocolate electoral colombiano, hierve el ajiaco político y servida está la mesa para que los candidatos presidenciales ofrezcan sus propuestas a los ciudadanos que los observan aún desconcertados ante el fallo de la Corte Constitucional del 26 de febrero último que declaró "inexequible" el proyecto de referendo para habilitar a una segunda reelección al presidente Álvaro Uribe Vélez. Se quedó con los crespos hechos, parece que deshojó durante demasiado tiempo la margarita; se pasó de horno. Su popularidad rondaba para esas fechas el setenta por ciento. De hecho, ya había recogido cinco millones de firmas en su apoyo, pero definitivamente la Corte dio al traste con sus aspiraciones alegando vicios de procedimiento y fondo.

Si no hubiera sido así, por tantas razones, Uribe habría triunfado nuevamente. Crisis en los partidos tradicionales que sin que nadie los empuje parecen extinguirse validando aquella afirmación, no sólo efectiva para ellos, de que "históricamente en Colombia el espíritu de facción ha sido una constante". Habría triunfado porque para los colombianos Uribe lo había hecho bien en lo fundamental, que para ellos más que el crecimiento económico, que lo tienen, radica en el tema de vencer a ese enemigo gemelo que los socava que son la guerrilla y el narcotráfico. Habría ganado porque su estilo y acción estaban, están, en concordancia con una actitud de contención, concertada en los Estados Unidos y apoyada por la "democracia internacional", a las aspiraciones de Castro-Chávez-Morales-Correa-Ortega. Habría ganado, pero eso ya es imposible. Aunque óigase bien: Uribe se va para quedarse.

Pero eso es historia. Lo de ahora es campaña electoral para que el 30 de mayo se realice la primera vuelta electoral en la que participarán aproximadamente 30 millones de electores que eligen presidente y vicepresidente para un período de cuatro años, siendo los principales candidatos Juan Manuel Santos, del Partido Social de Unidad Nacional; Noemí Sanín, del Partido Conservador; Antanas Mockus, del Partido Verde; Rafael Pardo, del Partido Liberal; Gustavo Petro del Polo Democrático, y Germán Vargas de Cambio Radical.

¿Qué le conviene al gobierno venezolano? Depende. Porque si el objetivo del chavismo es el de concretar su proyecto de Socialismo del Siglo XXI, tal vez sea mejor para Chávez Juan Manuel Santos, del mismo talante de Uribe, antagonista, cívico-militar, lo que les daría a ambos algo que los fascina: público y ring. ¿Noemí? Mujer, diplomática, dialogante, persistente, sutil, convencedora. Con ella se mejoraría estéticamente la relación bilateral, aunque subterráneamente persistirían tanto o más los problemas de hoy. ¿Y a todas estas cuáles son los cálculos de la guerrilla? ¿A qué apuestan los factores de poder en los Estados Unidos? ¿Y la Unión Europea? ¿Y etcétera?

Una de las características de la globalización es que ya no hay política exterior. Todos somos vecinos internos. ¡Macondo siamo tutti!

# MOCKUS Y COLOMBIA
## (07.05.2010)

Antanas Mockus se ha convertido en un artista de lo inesperado y tanto es así que estoy seguro que a él no le extrañaría llegar a ser presidente de la República de Colombia. No es el destape de su trasero pálido el primer ensayo exitoso de llamar la atención si tomamos por cierto lo que él mismo narra en el bello libro "Gracias Maestra" de la Fundación Compartir. Cuenta allí: "El profesor Restrepo me animó sin quererlo a cometer mi primer sacrilegio: en una izada de banderas, aburrido con la actitud displicente de mis compañeros, insulté al pabellón patrio y ante el silencio absoluto que siguió al improperio, insulté a los presentes por haber dejado insultar a la bandera".

Y así le ha ido bien. El listado de ejemplos sería, oh gloria, inmarcesible, y por ello no patinaré en esa tinta pintada de elefantes, disfraces, vasos de agua vaciados sobre el rostro del oponente político. Pero nada en privado; todo en público. Preparado con cálculo matemático, que para eso también sirven los números. Imágenes, escenarios, resultados. Y a los colombianos les ha agradado ese espectáculo, pues hasta su propio mal de Parkinson ha consolidado a su electorado.

Esa combinación de "mono" (catire), sin pasado partidista, eficiente, en ambiente circense, ha calado en un país aburrido de las fórmulas partidistas que no han hecho sino revalidar el pasado: azules y rojos, liberales y conservadores, cachacos y corronchos, godos y cachiporros, pájaros, chulavitas, uribistas. Sociedad cansada además de líderes, gamonales, barones de la guerra, caudillos barrigones, también de estilos de hacer política. Paralelamente se ha registrado un cambio en la agenda de temas que preocupan a la gente, tanto así que la seguridad, por ejemplo, ya no es prioridad en ese menú del desasosiego ciudadano, como sí lo son ahora la educación, la legalidad, el medio ambiente, los derechos humanos y otros valores post materialistas, dicen.

Los "Cien Años de Soledad" de Gabriel García Márquez, y la cultura que allí se idealiza, pareciera desvanecerse frente a un hiperrealismo neurálgico que ha encontrado en la Ola Verde una alternativa existencial, psiquiátrica más que política, en el país que fuera de Aureliano Buendía, Tiro Fijo, Raúl Reyes, Pablo Escobar, Gaitán y tantos otros, que son parte de un pasado mitológico y atávico. Cual cadáveres insepultos son una sola sombra larga que aún vaga por Colombia causando terror y horror sobre una población que les teme pero que ni los respeta ni los sigue. Es otra dimensión. Dos Colombias, dos países a la vez: uno en el papel y otro en la realidad. Uno en el pecado y otro en la redención.

Recuerdo que Mockus estuvo en Caracas en 1997, ya siendo aspirante presidencial de su país para las elecciones que se celebrarían en 1998 y que llevaron a la Presidencia a Andrés Pastrana, último presidente antes de Uribe, el gemelo de Chávez, que abrió, sin maquinarlo, las puertas para que se convirtiera en el fenómeno que es hoy.

## LAS ELECCIONES COLOMBIANAS VISTAS DESDE VENE-ZUELA
### (16.05.2010)

I

Que yo recuerde, que no fuese una propia, nunca había causado en Venezuela tanto vuelo y revuelo una elección presidencial como la que ahora se desarrolla en Colombia. La cantidad de artículos de opinión que aparecen a diario, el tiempo que se dedica en televisión y radio a comentar sus intríngulis, el hormigueo permanente en Internet, Twitter y demás, hablan de un fenómeno comunicacional sin precedentes. Pero no sólo es eso, sino que además la intensidad del mensaje o comentario es inusual en el venezolano frente a este tipo de experiencias. Ni siquiera en la campaña que llevó a Obama a la Presidencia de los Estados Unidos se había sentido tanta efervescencia e inquietud.

Sé que esta impresión que tengo daría pie para una investigación de mayor rigor, pero a ojo de buen cubero parece ser cierto lo que observo y es que, reitero, jamás una contienda política electoral en Colombia había despertado tanto nuestros sentidos como la de ahora, máxime cuando además de Mockus, Santos, Sanín, Petro y otros, destaca, oh sorpresa, la candidatura del presidente Chávez.

¿Pero cuál es la razón o razones más bien que explicarían dicho fenómeno? La primera observación es que pareciera ser una elección que se está viviendo simultáneamente en Colombia y en Venezuela. No conozco a ciencia cierta si en Ecuador esté ocurriendo lo mismo, o en Bolivia, o en Perú, o en Lituania, Cuba o los Estados Unidos. Pero lo cierto es que aquí se ha producido, tanto en cantidad como en intensidad, y no discutiré la calidad argumental, una situación que calificamos ya como inusual.

Comparemos como ejemplo con el mismo período durante el Uribato I o el Uribato II o el intento fallido del Uribato III (y no incluyo a Chávez que constituye clase aparte, sino a la opinión pública en general, y sobre todo a la opinión que miembros de la oposición han generado en los medios de comunicación social) y encontraremos que hoy hay más militancia que análisis, más hígado que razón e intereses eventuales o politizados circunscritos más a Chávez que a otra cosa, cuestión esta que no podía ser de otra manera dadas las circunstancias políticas críticas por las que atraviesan el país y la relación binacional.

Pero más interesante aún es que esta situación no se percibe nada más en los medios. El tema abarca tal emotividad psico-política, que en los territorios sociales en los que suelo desplazarme compuesto por académicos, estudiantes, políticos, diplomáticos, periodistas, artistas, escritores, profesionales varios que consigo cuando está en el tapete el tema electoral colombiano, y no es raro que sea así, las opiniones son eminentemente bipolares, el uno o el otro, tal o cual, cargadas de mucha adrenalina y belicosidad que no encuentro expresen así los colombianos a los que sí les toca votar por su, de ellos, Presidente de la República.

II

Esa adrenalina excesiva observada pienso que no es sino el síntoma en el que se expresan causas más profundas que son de carácter psicosocial que, sin la menor intención de ser exhaustivo, enumero a continuación:

1. Justificación histórica (demasiado romántica y formal a veces), según la cual, somos y seremos hermanos, estamos unidos por la historia, la geografía y lo sentimos sinceramente así; somos entidades interdependientes y lo que ocurre en Colombia, material, espiritual y políticamente, repercute en Venezuela, y viceversa.

2. Razones económicas o pragmáticas, según las cuales aquí y allá, sobre todo allá, se espera que las relaciones diplomáticas, comerciales y políticas se normalicen para que el intercambio vuelva a fluir y los negocios sigan su marcha con su propia dinámica a pesar, sin mencionarlo claro está, de que otras áreas tan o más importantes que las económico-financieras, permanezcan estancadas como la educación binacional, el medio ambiente, la seguridad y el desarrollo fronterizo, la integración en suma.

3. Intereses políticos.

3.1 Los de Chávez. Ya lo ha dicho él mismo: "De ganar Santos tendríamos que cerrar totalmente el comercio con Colombia. Tenemos al lado a Brasil, Argentina, Bolivia, Ecuador, China, Rusia y el Caribe. Somos amigos de todo el mundo". "Este señor -Santos- es un mafioso. Si Santos por desgracia es electo presidente de Colombia, bueno eso se convierte en una amenaza no sólo para Venezuela sino para medio continente".

Chávez afirma que opiniones de este tenor no constituyen entrometimiento alguno en asuntos internos. ¿Entonces qué son? Es a nuestros ojos no sólo injerencia en los asuntos internos de otro país sino neo imperialismo descarado y burdo. Ya, por cierto, el candidato social demócrata brasileño José Serra, posible sucesor de Lula afirmó en entrevista de radio (CBN) "… meterse en asuntos de otros países como Venezuela acostumbra hacer. Chávez lo hace, interfiere en otros países y eso Brasil no lo puede apoyar de ninguna manera". Por su parte, el secretario general de la Organización de Estados Americanos, José Miguel Insulza afirmó en Washington que le parecía una "mala práctica" esa de Chávez a lo que el presidente venezolano respondió: "Insulza se mete conmigo para que lo aplaudan en Washington"

3.2  Los de la oposición. El argumento es, dicen y creo resumir: "Santos es el duro de la partida, el que puede seguir frenando y golpeando a la guerrilla y al narcotráfico; el seguidor de la política de seguridad democrática, el arquitecto del Plan Colombia; el supervisor de la puesta en funcionamiento de las siete bases militares estadounidenses; el cancerbero del Tratado de Libre Comercio; el candidato con mayor ascendencia militar en Colombia; el ex ministro de la Defensa que ingreso joven y voluntariamente a la Armada de su país; el sobrino nieto del ex presidente Eduardo Santos; el miembro de la oligarquía cachaca; el mejor visto por los gringos militares; el más interesante para los perros de la guerra y vendedores de armas incluyendo a Rusia; su presencia confirma el gasto y la inversión militar; él asegura la continuación de la guerra.

Es más, si nos ponemos a ver siguiendo con este razonamiento, Santos puede ser al mismo tiempo es candidato de Uribe y de las FARC, de Putin, del narcotráfico, de ciertos sectores dentro de los Estados Unidos y de Europa, pero, además, en esta historia de contradicciones, la que más nos interesa como venezolanos es la que dice que: "Santos se puede enfrentar a Chávez y a su proyecto expansionista del Socialismo del Siglo XXI". Toda una desmesura argumental, pero con una lógica interna indudable que lleva a la conclusión de que Santos aparece como representante de la oposición venezolana, aunque en verdad poco o nada tengan que ver una cosa con la otra.

3.3 Los de los ni-ni. También en este aspecto hay una visión y posición "ni-ni", que va desde la falta de interés más absoluta, respetable y absurda, hasta posiciones que rayan en la militancia, si es que la categoría de "ni-ni" puede ser considerada no cómo indiferencia o indecisión sino como la militancia en la no militancia. Y así resumo de nuevo: "¿Y a mí quién me obliga a ir a alguien? Yo soy independiente y por lo tanto libre, además ese es un problema de los colombianos". O, "Me abstengo de opinar porque no tengo opinión al respecto". O, "Bueno, a lo mejor Mockus conviene más a Venezuela, es mejor torero. En sus declaraciones ha sido "guabinoso" con Chávez, menos confrontacional que Santos, lo que no quiere decir que pro chavista. ¡Y por qué tiene él que buscarse enemigos aquí si él no tiene velas en este entierro! Dijo apreciar a Chávez, aunque luego reculó (lo de enseñar el trasero fue antes), corrigió en público. Dijo también que si la justicia ecuatoriana lo requería él entregaría a Uribe y a Santos, pero días después filosofó y dijo que lo había pensado mejor y que estaba equivocado; se retractó y siguió subiendo en las encuestas. A lo mejor ahora sale a decir que no tiene Parkinson".

"A Mockus -sigue el "ni-ni"- lo que le interesa es ganar sus elecciones y ser presidente de Colombia y si le va bien no peleándose a fondo con Chávez pues no se pelea tal y como le van diciendo las encuestas, las tendencias y sus asesores, y como él sí es inteligente, los oye y hace caso pues olfato personal posee, qué duda cabe".

III

## CONCLUSIONES

1. Evasión-desplazamiento. Pareciera existir en la sociedad venezolana, en principio en la llamada no-chavista, una necesidad de referentes personales y simbólicos que la realidad, el tiempo, el chavismo y ellos mismos se han dado a la tarea de destruir. En una democracia restringida como la nuestra, en razón de Chávez y de la propia oposición, es normal que ante la ausencia de vínculos políticos o afectivos propios y duraderos, esa orfandad de raíz se evada o se desplace hacia situaciones, conflictos o liderazgos externos, no necesariamente políticos, al territorio y al momento histórico que se vive y que teniendo menor o mayor impacto sobre la política doméstica, resultan psicológicamente atractivos como mecanismos de defensa del yo individual y colectivo. Y el caso de Colombia pudiera tener algo de eso.

2. Rabia. Chávez y su proyecto son invasivos. Sus cadenas, las visibles y las invisibles, son expresión de esas carencias que lo llevan a tratar de controlarlo todo. Debilidades internas que necesitan satisfacción externa, lo que constituye el oxígeno, la dosis personal, razón de ser, su enfermedad obsesiva por querer ser tomado en cuenta por los demás, y ya no solamente en lo nacional, sino en todo episodio en el que exista

público. Solo se moriría de soledad. Requiere de escenario, bulla, tensión, compañía, reflectores, artistas, sudor, tarima, micrófono, y, sobre todo, público.

Y esa energía es negativa y destructora cuando el sujeto colectivo no se deja absorber por la vorágine de la ambición personalista que lo convierte en objeto congelado como lo ha sido, por largos períodos, de la oposición en el país. Es una fuerza castradora e invasiva de la libertad de los demás. Que además tiene los bolsillos llenos de petrodólares lo que al mismo tiempo le genera secuaces y complicidades; engendra enemigos y odios. En política interna y exterior ha sido igual. No hay lugar del planeta donde no haya querido meter la mano, y mire usted que la ha metido: Cuba, Ecuador, Bolivia, Nicaragua, Argentina, Honduras (¡ah malaya!), Paraguay, Inglaterra, los Estados Unidos, Irán, Rusia, dónde no.

Pero Colombia es caso aparte, constituye su éxtasis, su coronación. Todo su conflicto interior y existencial se expresa allí, se resume allí, y allí alucina. ¡Tan cercana y tan esquiva; tan próxima y tan ajena! Bolívar es el padre; la patria la madre; la gesta libertadora el sacrificio y la hermandad. América, la patria América, la sangre y luego la traición, el engaño, la soledad, la crucifixión y la muerte asesinada (¿envenenado, fusilado?). Más tarde vino el Laudo Arbitral español, (el Imperio otra vez), el despojo; el "Caldas" invasivo en el golfo de Venezuela (entrada vaginal de la nación); Carlos Andrés Pérez, la "entregación"; Carmona, el golpista acunado por la oligarquía colombiana y sus compinches de cuarenta años de cúpulas podridas en Venezuela; las muertes de Tiro Fijo y alias Raúl Reyes, hermanos revolucionarios, minutos de silencio, estatuas, el miedo a las computadoras, y el insomnio que le produce haber sido evacuado de la intermediación; su posibilidad de rescatar rehenes, Ingrid por Piedad, Piedad por Ingrid, ¡qué más da!, el fin justifica los medios y los reales, la paz en Colombia, el héroe, Simón Bolívar otra vez; resucitado.

Lo que hay en Chávez en verdad es que él se siente representante del bien contra el eje del mal que conforman Uribe y Santos. Colombia es su delirio sobre el Chimborazo. Su despecho, su síndrome de hijo abandonado. La epopeya de Bolívar contra el mundo con textos de José Martí, acompañada con música de Richard Wagner.

3. Hipersensibilidad. Las elecciones en Colombia parecen, para el sector de los venezolanos incluidos en este artículo, asunto personal y catarsis que a veces lleva a la sobreactuación sincera o a la histeria o a la canalización de la rabia, al drenaje, a la proyección, y a la agresividad o frustración desplazada; la economía del odio.

4. Radicalización, simplificación o banalización. Al menos en el debate venezolano sobre lo colombiano se observa un chantaje o un mal planteamiento del asunto en el cual todo pasa por Chávez. Las posibilidades de ser objetivos no están de moda. No podemos sino ser subjetivos, contenidamente agresivos, porque la sociedad venezolana está escindida y arrinconada por un ejercicio permanente de dictadura progresiva. En ese marco, los "ni-ni", que constituyen un porcentaje importante de la población, no son sino los ciudadanos que recurrieron a las cuevas para esconderse de una realidad que los afecta y de la que no quieren saber nada. Hay, digo pues, un chantaje porque supuestamente el que va a Santos es porque le gusta Uribe, los militares o la marihuana o los gringos, y es de derecha. Y en cambio, el que va a Mockus, como si uno tuviera que ir a alguien, es porque es izquierdista, universitario, exhibicionista porque enseñó las vísceras en público recinto, o calculador porque practica las matemáticas, o estúpido porque gusta de la filosofía.

No hay término medio ni pluralidad, matiz, discusión abierta que busque la certeza y el bien. Se es macho o se es hembra, blanco o negro definitivamente, como si los venezolanos votáramos allá como los colombianos votan aquí. ¿O es que Colombia queda aquí adentro? Y a todas estas para finalizar: ¿Qué libro le regalará Chávez a Mockus en la toma de posesión presidencial? ¿Será un ejemplar de las "Venas abiertas de América Latina"? ¿Y si gana Santos? Baja y sube el telón. Esperemos el próximo capítulo.

## ENEMISTADES OPORTUNAS
### (30.07.2010)

Ya otros antes que yo han amellado su bisturí tratando de ofrecer al lector claves para entender el desarrollo de esta nueva alharaca entre Colombia y Venezuela. Seguiré en esas. En suma, se trata de un enfermo en permanente estado de coma. Lo sorprendente es que si los médicos no intervinieran el paciente se curaría solo, pero parecen no querer su recuperación. Porque esta crisis no puede entenderse sin la presencia garrafal y calculada de dos personajes mesiánicos, Chávez y Uribe, que creen representar en vida, y después de ella, cuando sean exhumados cual Bolívar, los designios de dioses confrontados.

Pero es que la soberanía se ha abreviado y ahora aquí se dice, mas nunca se sabe a ciencia cierta, que hay 1500 guerrilleros colombianos haciendo de las suyas con el visto bueno, se presume otra vez, de las autoridades venezolanas, tal y como hacía alias Raúl Reyes en territorio ecuatoriano, con la diferencia de que, por ahora, Colombia no ha embestido a esas joyas que pastorean en el lado de acá. "Que ni se les ocurra" brama el Júpiter de Barinas. "Ahí te dejo esa vaina antes de irme", goza en sus fueros el Medellín de Antioquia, que sabiéndolo o no, en su ajedrez paisa, le regala beneficios electorales al Socialismo del Siglo XXI. Es una decisión que aprovecha el de Venezuela para organizar el miedo que lo atormenta de perder las elecciones parlamentarias del próximo 26 de septiembre. Los Estados Unidos, por su parte, los de Obama o cualquiera que fuese el presidente, responden con el miope manual de sus intereses, y afirman que mientras exista una relación energética mutuamente beneficiosa, su gobierno no ha pensado en atacar a Venezuela o prestarse a cualquier acción de guerra frente a un gobierno "democráticamente constituido". Enemistades oportunas diríase, para tapar a "Pudreval".

Lo cierto es que en esta licuadora de conjeturas nos encontramos sin saber a dónde vamos a parar. El reciente electo presidente de Colombia, Santos Calderón, anda de "yo no-fui" y en su peregrinaje de presentación dice que "la mejor contribución que podemos hacer es no pronunciarnos". Y esa declaración cachaca no está mal pues deja una rendija abierta al restablecimiento de relaciones. Pero, ¿cuáles? La presión de los interese económicos es muy alta; lo que deja de ganar Colombia es una cifra de demasiados ceros a la derecha. ¿Serán pragmáticos? ¿Cambiarán la dignidad de los encendidos discursos por los intereses económicos? ¿La balanza comercial pesará más que los principios de la política de seguridad democrática uribeña?

A lo mejor Chávez decide ir a la posesión de Santos. Yo siendo él correría y pondría a parir a todo el mundo. ¿Qué haría Santos? ¿Cómo quedaría Uribe? Los Estados Unidos se pondrían bizcos y los demás asistentes sudarían frío. El mundo pagaría por ver en vivo y en directo el encuentro del siglo, en el que Chávez impone la banda presidencial al nuevo mandatario colombiano, escoltado por Piedad Córdoba e Ingrid Betancourt como madrinas de postín.

## MARIACHIS
### (13.08.2010)

¿Quién pudiera estar en desacuerdo con la normalización de las relaciones entre Venezuela y Colombia recién acordada por los presidentes Chávez y Santos? ¿Acaso la guerrilla? ¿Quién en América Latina no puso su granito de arena para recomponer una ruptura que de manera unilateral decretara el presidente Chávez frente a las acusaciones del hoy ex presidente Uribe en el seno de la OEA?

Santos y Chávez han decidido pasar la página como si de un libro sin principio ni fin se tratara. "Comencemos de nuevo, desde cero, bajo el espíritu del perdón infinito del padre común". Ni siquiera se creen ese cuento que incluye una serenata mariachi ofrecida entre las parejas de enamorados en vías de reconciliación. Pero también, quién ha de negar que dadas las circunstancias actuales era lo mejor que podía hacerse, pues la disyuntiva estaba, está, entre le honor y el duelo, y esa es una solución ya desusada que pertenece al mundo de los caballeros. Y los políticos que no son necesariamente hidalgos prefieren el interés al honor. El diplomático y los políticos que a veces aparentan serlo, "deben aceptar el hecho de que sus antagonistas no vacilarán en falsificar los hechos y no sentirán vergüenza si su falsía queda descubierta", como lo afirma Harold Nicolson en su clásico libro *La Diplomacia*.

En Santa Marta, donde murió Bolívar, dijo Chávez "llegamos a tierra sagrada", y con un retraso protocolario de dos horas aterrizó regalando rosas rojas en estética de juegos olímpicos y afán donjuanesco. Una vez concluida la reunión, aparecieron ambos presidentes para escuchar el resumen de sus deliberaciones. Si alguien aspiraba ver humo blanco era un iluso, pues la montaña dio a luz un ratón que era lo único que podía hacer. Se decidió que a través de las cancillerías se pondrían a funcionar mecanismos que hicieran el milagro de restablecer la mutua confianza. Se creó una comisión encargada de revisar y pagar las deudas que el gobierno venezolano tiene con empresarios colombianos. Lo demás es más de lo mismo y no me imagino cómo se van a crear unas comisiones si ya existen, que quedan rezagadas de la existencia de las Comisiones de Negociación y de Asuntos Fronterizos, acordadas en la misma histórica Quinta de San Pedro Alejandrino, el día 6 de marzo de 1990, pero ¡qué ironía!, por los presidentes Carlos Andrés Pérez de Venezuela y Virgilio Barco de Colombia.

Y aquella decisión entre Pérez y Barco de reactivar las relaciones binacionales, en todos sus frentes, se tomaba dos años después de la crisis militar más grave que hayan vivido ambas repúblicas a lo largo de su historia, que ocurrió a causa de la incursión de la corbeta ARC Caldas en aguas históricas y soberanas de Venezuela en agosto de 1987. En todo caso, como la verdad es una fantasma que se esconde en el patio más oscuro de la casa de los intereses, miramos este intercambio de facturas con optimismo realista, moderado, donde epilepsia y sorpresa nos pueden despertar cualquier día de estos.

# LAS RELACIONES COLOMBO-VENEZOLANAS: FRÁGILES "PERO" VIGOROSAS (20.08.2010)

## *LAS CIRCUNSTANCIAS*

Los eventos que se desarrollaron durante los gobiernos de Hugo Chávez y Álvaro Uribe, cuya previsión a corto plazo queda a riesgo de lo circunstancial y que ahora recién incluye además la denuncia ante la Corte Penal Internacional por parte de Jaime Granados abogado del ex presidente colombiano, amén de otra demanda contra la República Bolivariana de Venezuela ante la Comisión Interamericana de Derechos Humanos, no pueden hacernos perder la perspectiva del largo plazo pues las relaciones profundas entre Venezuela y Colombia están signadas por una distancia fundamental que ha sido amortiguada por las vivencias fronterizas, por los intereses comerciales y por las decisiones políticas que han sabido tomar ambos gobiernos a lo largo del tiempo.

Y esa enfermedad motora padecida principalmente por las élites políticas y los cuerpos burocráticos del Estado, incluyendo por supuesto a las Fuerzas Armadas, ha sido la constante que cual telón de fondo ha acompañado todos los esfuerzos truncos de integración emprendidos hasta ahora por ambas naciones que, como se repite en los libros de texto, poseen una frontera común de 2219 kilómetros, una historia compartida que tiene maternidad y paternidad conocidas, una idéntica lengua que en el caso venezolano es realidad única en cuanto a vecinos continentales se refiere (Brasil-Guyana), y que además practicamos cultura y costumbres que los aliños regionales particulares alimentan en un mismo fogón.

Pero por debajo de estos pilares que son el comercio y la cotidianidad fronteriza, críticamente estables, corre un mar de fondo entre ambas naciones que es el de la desconfianza mutua que se esconde en el melifluo y romántico discurso de la hermandad. Parece mentira, pero las circunstancias que nos separan pudieran tener mayor repercusión sobre nuestras vidas que las que nos unen. Y esta afirmación que está a contrapelo con lo que comúnmente se señala, tiene raíces históricas con fecha y lugar conocido de nacimiento; se haya documentada *in extenso,* y para intentar desactivar su mecanismo destructivo no hay nada mejor que conocer sus elementos y rutinas de funcionamiento para predecir, hasta donde el intelecto humano lo permite, su desarrollo, y así evitar o controlar sus impactos que se ubican en tres niveles de la realidad: el cotidiano, el coyuntural y el estructural.

La confirmación y constatación de esa tensa realidad nos permitirá establecer con cierto grado de certeza prudente, una hoja de ruta con control de las variables que constantemente hacen perder los equilibrios políticos, económicos y culturales, con base en los cuales hemos logrado sobrevivir sin guerras durante casi dos siglos.

## LOS HECHOS

El origen de nuestro distanciamiento se expresa, en principio, en lo territorial, pero posee otra fuente explicativa que es la presencia invasiva de Bolívar en Colombia quien, paradójicamente, la independizó de España. Para más datos, Colombia y Venezuela conjuntamente con Ecuador conformaron en 1821 La Gran Colombia, proyecto que murió en 1831, poco después de la desaparición física del Libertador. Razones históricas y personales explican el nacimiento y consolidación de un sentimiento anti bolivariano primero y anti venezolano después, que se encarna en la figura de Francisco de Paula Santander quien conspira por carácter y concepción política, contra el proyecto y estilo del caraqueño universal.

Pienso que esa diferencia ancestral no sería razón suficiente si no se viera acompañada de una actitud "terrófaga" y expansionista de la dirigencia colombiana a través de la historia frente a Venezuela. No es por echar leña al fuego sino para comprender los orígenes del mal que nos agobia permanentemente pues resulta evidente que, para Venezuela, Colombia ha sido un vecino invasivo e ingrato. Pudiéramos en este sentido recordar algunas fechas emblemáticas que no son sino las puntas del iceberg de una política calculada y ejecutada a conciencia y permanentemente desde Bogotá.

## TIERRA, RÍOS, COMERCIO, MAR Y ESPACIO AÉREO

Tal ha sido históricamente la evolución de los intereses colombianos hacia Venezuela. Si nos acercamos a la documentación y a los hechos, veremos que esos objetivos geopolíticos, a saber, territorio, navegación fluvial (que incluye comercio y transporte de personas), y espacios marítimos y aéreos constituyen los rasgos característicos del desarrollo de una ambición no satisfecha aún del todo.

Primero la separación de la Gran Colombia (1831); luego el proyecto de Tratado Pombo-Michelena (1833); después el Laudo Español (1871); posteriormente el Acta de Castilletes (1900); de seguida el Laudo Suizo (1922); más tarde el Tratado de Límites (1941); también la intentona fallida sobre el Archipiélago de los Monjes (1952), hasta llegar a la incursión de la Corbeta ARC Caldas (1987) en aguas históricas y soberanas de Venezuela.

Baste hasta allí. Estos eventos sumados nos hablan claramente de una constante presión política sobre Venezuela. Esa postura de Colombia, junto a razones de debilidad institucional y política, aunada a nuestro creciente complejo de orfandad y despojo, han conformado más que un prejuicio, que sería una verdad construida a partir de un hecho incierto, una hipersensibilidad, una premisa desde la cual se mira de reojo y con desconfianza nuestro contacto con el vecino occidental. Allá rurales, aquí mineros. Aquí bajo las garras de la corrupción y del hampa. Allá librando una guerra en serio, pero, paradójicamente con menos muertos que aquí y con la misma enfermedad campante de la corrupción, pero sin el petróleo que aquí brota, aunque con la droga y la guerrilla que allá destila.

## *DOS SOCIEDADES MILITARIZADAS*

Agreguemos otro detalle: desde sus orígenes ambas naciones, ya sea juntas o por separado, han padecido de un mal compartido, a saber, la presencia excesiva del elemento militar, bien en su forma de caudillo levantisco y redentor que se erige por sobre la sociedad civil, como es el caso venezolano, o de forma institucionalizada de poder que comparte subordinada pero activamente las actividades del Estado como es el caso colombiano. Esa realidad militarizada en ambos casos de la vida civil, a pesar de las diferencias a las que ya se ha hecho mención, explica también en buena medida el concepto que tenemos de las fronteras y de nuestros vecinos puesto que como ya es bien sabido, un primer y exclusivo territorio que se abrogan para sí las Fuerzas Armadas conjuntamente con la Iglesia Católica y otras "misiones" religiosas, es el de las fronteras y los límites, conformando un poder casi autónomo, supranacional, un Tercer Estado como lo definió en su momento Arturo Uslar Pietri.

En el caso venezolano esto es evidente, y no más que como ejemplo acotemos que los espacios de la vida democrática desde 1830 a esta parte han sido casi estados de provisionalidad. En el ejemplo colombiano ha sido distinto pues desde la misma fecha a esta parte la institucionalidad ha prevalecido frente a la aparición de regímenes de fuerza, como lo constituye el caso muy puntual en el siglo XX del General Rojas Pinilla entre 1953 y 1957. Existe allí una realidad histórica específica que explicaría la presencia militar de la que hablamos, pero de otra manera, y es fundamentalmente por la existencia del conflicto armado interno y el mega negocio de la comercialización de la droga.

En el caso colombiano primero habría que resaltar las luchas intestinas entre liberales y conservadores que encuentra su punto más álgido en la Guerra de los Mil Días entre 1899 y 1902; la pérdida de Panamá en 1903;

la guerra contra el Perú entre 1932 y 1933; la época de "La Violencia" que se enciende en 1948 con el asesinato de Jorge Eliécer Gaitán y que aún persiste con la presencia de guerrillas (FARC, ELN), autodefensas, y el narcotráfico que constituye un ejército *sui géneris* paralelo al de la guerrilla o al institucional pero interrelacionado con ambos así como también con la clase política gobernante y con la sociedad colombiana como un todo. Este fenómeno, el de la guerra en todos sus frentes, ha dado al estamento militar una importancia decisiva y decisoria en la vida política colombiana cuyo epicentro actual, aunque no nuevo, lo constituye la repetida presencia de intereses militares estadounidenses en bases colombianas o el ataque a puestos guerrilleros en países vecinos como es el caso de la operación en territorio ecuatoriano donde cayó entre otros alias Raúl Reyes, Canciller de las FARC, violándose así el principio fundamental de la soberanía de los Estados, o como en su momento ocurrió con la llamada política de "persecución en caliente".

En conclusión, tanto en Colombia como en Venezuela, por las razones ya expuestas, los militares se han constituido en una casta política que se autodefine como "custodia de la soberanía nacional" con las consabidas consecuencias sobre el gasto militar, las violaciones a los derechos humanos, la presión sobre las instituciones democráticas, la corrupción administrativa, y en suma sobre la cultura política de ambos países.

## *VECINOS DESCONFIADOS*

No podía ser entonces para menos que dos Estados vecinos, desconfiados el uno del otro y además con una exacerbada presencia militar en las actividades políticas cotidianas, llegaran al punto de la escalada del conflicto en el que se encuentran hoy. Hasta ahora no va más allá de los escarceos de sombra que realizaron Chávez y Uribe, con la ruptura de relaciones políticas, económicas y diplomáticas, decidida unilateralmente por el gobierno venezolano frente a las denuncias presentadas por Colombia, mas no aclaradas por el gobierno de Venezuela en la Organización de Estados Americanos. Falta aún una respuesta sobre la presunta existencia de 87 campamentos guerrilleros con un aproximado de 1500 hombres que, cobijados con el visto bueno, la vista gorda o el desconocimiento del gobierno venezolano, rompe a todas luces con los acuerdos internacionales vigentes.

A estas alturas de la confrontación lo que viene está por verse. Los analistas políticos y los intereses en juego, que son muchos, mantienen una prudente perspectiva en relación a la posesión y ejercicio del nuevo presidente de Colombia Juan Manuel Santos Calderón y al restablecimiento y funcionamiento de las relaciones entre ambos países. La distancia que separará a ambos mandatarios, Chávez-Santos, está lejos de resolverse a través de paños calientes por más provechosos que la necesidad cotidiana y la coyuntura hagan parecer. Mientras el presidente Chávez permanezca en el poder, todo seguirá pendiendo de un hilo inestable que incluye, además de las diferencias profundas esbozadas en este artículo, un abismo ideológico y conceptual acerca de la naturaleza del Estado y de las relaciones internacionales, y unos aspectos de su comportamiento que lo obligan a pasar del odio a los amapuches en menos de lo que canta un gallo, por puras razones de calculillo político o electoral.

Mientras que para Colombia el acento está puesto en el progreso, en la política de seguridad democrática y en sus vínculos de dependencia con los Estados Unidos (*respice polum*), en Venezuela, en cambio, el interés del gobierno está a contrapelo de la historia pues se ubica al lado del socialismo trasnochado de la vieja Rusia o de la Cuba actual y del mausoleo de Lenin y del Ché Guevara, conformando así un novedoso estilo tropical de ejercer la dictadura constitucionalmente y con petróleo para repartir a granel, sobre todo en escenarios foráneos para comprar silencios, apoyos y lealtades, como acontece con los Estados Unidos, Rusia, Irán, Argentina, Bolivia, Nicaragua, y un largo etcétera multipolar.

En suma, dos países hermanos, enemistados y en estado de guerra latente, con pérdida brutal de soberanía y de respeto internacional más allá de los beneficios inmediatos que pueda dejar la geopolítica del socialismo petrolero o los intereses que se obtienen a través de la facilitación de territorio para instalar y poner en funcionamiento bases extranjeras.

## *EL RESORTE SOCIAL*

No se deje engañar el lector por las bruscas evidencias expresadas a lo largo de este ensayo. Hay otra realidad que en paralelo corre por estas arterias del conflicto y que, sin borrar esos orígenes de desconfianza, los atenúa y pone en un segundo plano, y es el de los intereses económicos, la integración cultural, la hermandad fronteriza y las decisiones de Estado. La economía, la cultura y el afecto no obedecen órdenes militares y burocratizadas y por eso es que se explica, como afirmábamos en líneas anteriores, que entre Venezuela y Colombia no ha haya habido guerra en doscientos años de vida republicana. Y es que, por distintas razones, pero sobre todo por los resortes sociales, que, así como amortiguan también impulsan, la relación binacional ha tenido sus gendarmes civiles en los intereses económicos y el afecto integrador en donde las leyes de la cotidianidad y de la necesidad imperan.

Porque lo cierto es que mientras las élites políticas colombo venezolanas funcionan con sus mutuas prevenciones, las burocracias con sus gramáticos libretos escritos, y los militares con sus hipótesis de guerra, las fronteras y su gente poseen sus clientes, amigos, familias y emergencias concretas. A ello agréguese el ir y porvenir migratorio que ya no es tan sólo "aguas abajo" tanto de mano de obra no calificada como especializada, sino que también por razones políticas y económicas, gente de aquí ha tenido que emigrar a Colombia a trabajar y a buscar el oxígeno que aquí le falta.

Todo esto habría que agregarlo para la comprensión profunda de una relación frágil pero vigorosa que, a pesar de los pesares, y por encima de las huellas dejadas por el pasado, ha sabido construir puentes de entendimiento, colaboración y afecto, y así ha ayudado a sobreponernos a las voluntades biliares y espasmódicas de ciertos personajes que firman documentos a presuntuoso título de dignatarios de Estado.

El futuro es un reto y no un destino. Poner la mirada y la acción en un porvenir común de paz y prosperidad debe ser responsabilidad de los que creemos en la democracia y la integración como centro de un sueño imposible de lograr sin el concurso colectivo de ambas naciones, es decir de cada ciudadano.

## BICENTENARIO SIN RUMBO
### (21.10.2010)

Quien decida aproximarse a la comprensión histórica de la realidad política de la Venezuela actual y también de América Latina en sus rasgos predominantemente personalistas, pudiera probar suerte en el conocimiento e interpretación de los datos que arroja el estudio de la vida de tres hombres notables de este continente: militares, que compartieron tiempo, espacio, sueño y ambiciones de poder, por integrar en un solo bloque vigoroso al continente hispano americano.

Me refiero a Simón Bolívar, "El Libertador" (1783-1830); Francisco de Paula Santander, "El Hombre de las Leyes" (1792-1840); y José Antonio Páez, "El Centauro de los Llanos" (1790-1873). Sus acciones militares y políticas comienzan a tener peso específico en los años posteriores a la Independencia, es decir alrededor de 1810, y marcan, sin duda alguna, la historia larga de la ambición ya tan manoseada por construir un continente libre y provechoso. La relación entre ellos, que puede ser considerada en su conjunción como paradigma para comprender el vértigo histórico que nos acompaña desde el siglo XIX, traza pistas cruciales que cobran sentido en el período comprendido entre 1819 y 1830, tiempo de "La Gran Colombia".

Juntos parecen estar de acuerdo en lo básico, como son los principios sobre libertad, justicia, emancipación del "yugo español" y la constitución de un Estado común que concrete esas aspiraciones compartidas. Sin embargo, siendo caudillos, cada uno tiene una visión distinta de su papel en ese proyecto, lo que al final y dadas las circunstancias, nos condujo al fracaso.

América Latina desde el siglo XIX hasta hoy, desde México hasta la Patagonia incluyendo al Caribe y excluyendo a Brasil en razón de sus orígenes distintos y tan particulares, se encuentra todavía en una fase azarosa de constitución de sus proyectos nacionales. Afirmar que estamos anclados en la Colonia sería una impertinencia desleal, pero, aun así, a doscientos años luz, seguimos con el "Acta de la Independencia" en la mano sin saber qué hacer con la libertad allí supuesta. Hemos saltado de la experimentación de regímenes autoritarios a paréntesis democráticos o a ensayos "a la cubana", tan compartidos espiritualmente en su fracaso; hemos también brincado del golpe militar básico y cuartelario o el cívico-militar, a la aplicación de teorías cepalinas o del Banco Interamericano de Desarrollo, o a la explicación de lo nuestro a través de especulaciones vernáculas como la teoría del subdesarrollo, pero sin haber encontrado una forma de vida política, social y económica con la que estemos de acuerdo en forma sostenida.

Esa lucha por encontrar destino común y promisorio se enfrentó al muro de la realidad que aún persiste. Es ese fracaso político el que dejó marcado el camino para comprender lo que hasta ahora no es sino la historia de una frustración a la que no se ha podido encontrar respuesta después de doscientos años de emancipación.

## APUNTES DE UN OBSERVADOR PREVENIDO SOBRE LAS RELACIONES COLOMBO VENEZOLANAS
### (25.02.2011)

### El cuento del hacernos creer

Las relaciones entre Venezuela y Colombia pasan, ocurren, drenan, por un "momento interesante". Adjetivarlas de esa forma las saca inmediatamente del foco de atención de las ciencias sociales o de los estudios universitarios en sentido estricto para ubicarlas más bien en un contexto cuasi banal, tal vez más cercano al de las revistas de folletón o a las publicaciones del gusto y fuelle de los fisicoculturistas o de las modas o, *in extremis*, a los avatares por los que pasan los coleccionistas de chapitas de refrescos ya fuera de mercado. Esta afirmación no las minimiza ni apela al desplante. Sólo pretende contextualizarlas en el plano que las circunstancias del presente conceden.

Catalogarlas de "interesantes", he dicho, no implica descalificación, así como tampoco demérito o sarcasmo. Quiero sugerir, sí, que el péndulo normal entre las que ellas oscilaban, a saber, la cooperación y el conflicto, tan típico de nuestra larga historia común, ya no marca las horas, ni enfría ni calienta el termómetro de nuestra cotidianidad para ser más rotundos. Ahora más que nunca cambiamos tan fácilmente del amor al odio como quien muda de camisa, por lo que es importante darle un giro radical a los esquemas que la costumbre, el hastío, el tedio histórico, la falta de creatividad o la sorpresa implantan, para entender lo que tanto nos importa y convoca.

A diferencia de otros tiempos, ahora Venezuela y Colombia andan en una fase de inusual reposo, ocio o tregua, que en años de nuestras escuelas llamábamos "recreo", en el que el puntual transcurrir de las clases se interrumpía para abrirse la puerta anhelada de una realidad o irrealidad, como usted guste llamar, suspendida y feliz que duraba, lamentablemente, apenas quince minutos.

Así pues, no se trata ahora para comprender, dadas las circunstancias anotadas con Santos y Chávez presidentes de ambas naciones, de conocer fechas, narrar episodios, evaluar sesudamente tendencias políticas o económicas mundiales o regionales, revisar estadísticas, hacerse el ilustre o peor aún, darse golpes de pecho y rezar letanías ante temas como la soberanía nacional, o los límites. ¡Qué cursilería! Se trata ahora de la época de "mi mejor nuevo amigo", especie de Disneylandia o "honey moon" sin puertas ni ventanas, en donde ambos presidentes y sus pueblos, faltaba más, viven felices y contentos; los cancilleres retozan jubilosos en cámara lenta cual gacelas, sobre finos y cálidos bosques tan bien tenidos; las fuerzas armadas ahora se escriben con minúscula y declaman poemas o componen canciones, en clave de Morse, para auto arrullarse en las noches siderales del plenilunio caribeño mientras, no muy a la calladita, se arman y rearman indecorosamente, dilapidándose la plata de los tan sumisos contribuyentes que solemos ser.

Y es tal el supuesto estado de despreocupación reinante que rige en ambas partes de una frontera visiblemente inexistente de 2.219 kilómetros, a partir de este momento glorioso, que el presidente Santos expresó sin más y con razones de por medio, el 15 de enero de 2011: "Con el presidente Chávez tenemos profundas diferencias, pero si nos respetamos podemos tener unas muy buenas relaciones".[1] Está bien, qué bueno que sea así, un tono de sensatez y concordia hacía falta, pero me pregunto con Usted, querido lector, qué significa eso de "respetarnos", hasta dónde llega el respeto, quién lo define, administra, cómo se reconoce el respeto, dónde se le ubica, cuándo se termina. Lo que si se lee en la letra pequeña del contrato es: "Hasta que el irrespeto nos separe", y valla usted a saber, querido amigo, lo que eso significa

Y lo dejo hasta allí porque esta narración va enseñando, cada vez más, que los asuntos entre Venezuela y Colombia dependen exclusivamente de las pasiones, intereses y humores de ambos mandatarios. Pareciera entonces que no hay Estado, instituciones, historia. La realidad, la verdad, obedece a ellos dos por encima de todos y de todo. La racionalidad de las acciones estriba en sus hígados, meandros políticos, ideológicos, biológicos, qué sé yo, hasta del sol que les hace fruncir el ceño. El cero catatónico pues. El "complejo de Adán".

"Interesantes" entonces insisto, estas relaciones que miran sólo el futuro, donde se han olvidado insultos, agravios y desplantes que hasta ayer no más eran la comidilla de chismes y preocupaciones diarias, y que hoy flotan en una burbuja enmariguanada de paz y amor que, para bien de todos debo decir, ha bajado la tensión, pero cuya duración guinda, pende, del mal humor o puntada de hígado que una mañana cualquiera puede hacer aparecer al lobo feroz.

Este pronunciado giro de 180 grados se inició públicamente el martes 10 de agosto de 2010 en la histórica Quinta de San Pedro Alejandrino en Santa Marta, día en que Santos cumplía 59 años y hacía sólo tres había asumido formalmente la Presidencia de la República de Colombia por el periodo 2010-2014, acto al que Chávez, debe decirse, no asistió. Pero ello no fue óbice para que ambos presidentes se reunieran y suscribieran días después la Declaración de Principios que puede considerarse cual fe de bautismo del relanzamiento de las relaciones colombo-venezolanas divorciadas hasta ese santiamén.

### La teoría o el bastón de los ciegos

Las teorías políticas y otras del mismo vecindario ya no tienen dientes o los han perdido casi todos para masticar y ayudar a digerir una realidad cada día más confusa, sofisticada y cruda. "Allí donde coexisten un país comunista -ya no sólo uno-, modernas ciudades capitalistas,

---

[1]	*El Nacional*, Caracas, 15 de enero de 2011, pp. 1-12.

campos de explotación feudal, cuando no esclavistas y selvas donde la historia se ha detenido en la época de las cavernas, detectives europeos no sirven para nada".[2]

Así es. Toda esa parafernalia teórico-universitaria del conocimiento científico para evaluar situaciones como las que hoy prevalecen entre Colombia y Venezuela parece inútil y sin sentido. Nosotros, nuestros profesores y alumnos las repetimos como si de una verdad revelada se tratara. En este caso, en materia de solidez científica, andamos en pañales y gateando. ¿Pero será que esas teorías, estimado colega, si sirven para comprender y analizar relaciones entre otros Estados?

Tendría la predisposición a responderle en principio que sí y que bastante bien. La precisión del objeto de estudio, los métodos cualitativos o cuantitativos que decido utilizar, las variables intervinientes que voy a incluir, admitirán ellas de seguro extraer determinadas conclusiones que me permitirán afirmar que, si las condiciones se mantienen constantes o estables, se producirán efectos o resultados, que pueden ser esperados, predichos, calculados, contrastados, dentro de cierto margen de error, claro está, pero que tienen una cierta, real y fundamentada probabilidad de ocurrencia. Es decir, alcanzo a predecir, hasta donde es posible conductas, y de allí uno decide o no, cambiar, mejorar, evitar e incidir, asesorando, el curso siempre resbaladizo de los acontecimientos. Ese es sin más el objeto de las ciencias sociales. Pero si todo depende de "La princesa está triste, qué tendrá la princesa", como cantaba el vate nicaragüense Rubén Darío en su "Sonatina", entonces sí que nos encontramos en Babia.

En el caso de las actuales relaciones colombo-venezolanas no vale la pena perder el tiempo por ese camino "científico" en el que ni un ciego con bastón logra orientarse. ¿O será que la subjetividad nos impide ver? ¿O será que la intensidad del proceso produce una miopía investigativa? ¿O será la presencia de Chávez que todo lo invade? ¿Dónde estriba la diferencia? ¿Será el subdesarrollo? En todo caso, pienso que ni siquiera un asesor externo estaría en mejores condiciones de "objetividad" que un investigador colombiano o venezolano sobre esta trascendental materia, y como somos sujetos, seamos pues subjetivos.

### ¿La economía o los intereses de mora?

La economía, si se utiliza como ciencia, si es que ella lo es, tampoco es que sirva de mucho en este caso. El estudio de las presiones y los

---

2    Roberto Ampuero, *El Caso Neruda*, Editorial La Otra Orilla, 2008, p. 194.

intereses de los sectores económicos ejercidos sobre Santos candidato y Santos presidente, eso sí. Fueron y son tantos y de tal magnitud dichas exigencias que, poniendo las cartas sobre la mesa, obligaron al presidente colombiano a "forzar" y "convencer" a Chávez a comprometerse, aún con todas las dudas que la palabra de nuestro "comandante presidente" suscita, al desembolso de las deudas pendientes y otros detallitos sobre los cuales es necesario andar ojo avizor.

Se le solicitaba cancelar un mono, que él represaba a voluntad de emperador, de aproximadamente 800.000.000 de dólares a inversionistas y comerciantes colombianos a cambio de la Disneylandia que hoy vivimos, por ahora, en la que las denuncias de Colombia en el seno de la OEA, expresadas a sala plena, días antes del prodigio, por intermedio de su embajador Luis Alfonso Hoyos, sobre la presencia documentada de mil y tantos guerrilleros acampados y haciendo turismo en Venezuela, con el visto bueno de este país supongo, y divididos en no sé cuántos campamentos, ahora se encuentran engavetadas. Se ha "extraviado" también, por ahora, la memoria del disco duro de las computadoras encontradas al finado alias Raúl Reyes en territorio ecuatoriano. Se han "traspapelado" también los informes supuestamente encriptados en las computadoras del "Mono" Jojoy. Se le ha dado largas a la entrega del "peligroso empresario venezolano" Walid Makled, acusado de narcotraficante y solicitado por las autoridades de Estados Unidos y de Venezuela, y ofrecido al gobierno venezolano en acto de buena vecindad del presidente colombiano, para que sea juzgado por nuestros "órganos jurisdiccionales", "claro que, sin pasar por alto, expresó el cachaco, la independencia del poder judicial de mi país". Y mientras tanto, ¡Canta que te canta el pajarito!

Por cierto, me han llamado profundamente la atención algunos aspectos de la llamada Declaración de Miraflores firmada en Caracas el 3 de noviembre de 2010 por Chávez y Santos, en las que se toman decisiones trascendentales para ambas naciones en distintas materias de nuestra bilateralidad lo cual no deja de ser natural y saludable. Pero no dejan de sorprender algunas concesiones exageradas, a cambio de qué, en temas y áreas vitales para Venezuela que hacen pensar en el famoso proyecto de "condominio" colombo-venezolano en el Golfo de Venezuela de la época de los presidentes López Michelsen de Colombia y Carlos Andrés Pérez de Venezuela que se propuso en 1975 y que fue abortado sin más por las presiones políticas, militares y civiles de aquel país de entonces tan distante que éramos.

Veamos más de cerca. En la citada Declaración de Miraflores se expresa que en lo atinente a las actividades que debe realizar la Comisión de Energía recientemente creada, ambos gobiernos: "Acordaron dar inicio a la evaluación técnica, económica y ambiental que permita el desarrollo del trabajo conjunto de exploración y producción, entre PDVSA y ECOPETROL, en los campos maduros de Occidente, actividad de exploración y producción en la Cuenca Apure-Barinas y la posibilidad de participación de ECOPETROL en la Faja Petrolífera del Orinoco". ¿Qué es esto de la evaluación técnica, económica y ambiental que permita el desarrollo del trabajo conjunto de exploración y producción, etc., etc., etc.?

Lo que es a mí me huele a Golfo de Venezuela dados los históricamente persistentes intereses geopolíticos de la hermana República, sin pasar por alto el dato de que hacía apenas un año mal contado ya se hablaba de una "solución" con mapa y todo, que fue denunciada ante la opinión pública por uno de los Negociadores Presidenciales venezolanos, como lesiva a los intereses del país. También por allí anda los tres fantasmas: culpa, miedo y expediente, que no dejan dormir a quien sabemos, y lo convierten en presa fácil, frágil, manejable y dadivosa. Por eso nada más, ¡Guillo!

Cambalache, amigo lector, dejémonos de vainas, del más puro y descarnado. A nivel de tango y arrabal amargo. Todo por un puñado de dólares o de silencio o de territorio, en el más puro estilo del *El Padrino* de M. Puzzo cuya trama se queda corta frente a la realidad actual. No es pues entonces querido Marx que la violencia sea la partera de la historia, como decías en el lejano 1848 en tu *Manifiesto Comunista*, sino el chantaje diáfano y voraz como un bisturí de diamante. Mientras tanto, todo reposa en el expediente con el que pudieran encontrase en la bajadita, que no es una comarca, sino la Corte Penal Internacional de La Haya. "¡Cumpla, pues! ¡Sea varón!".

## Lo institucional y las torres de papel

¿Son las instituciones las que coordinan u organizan este asombroso momento de nuestra relación bilateral? ¡Ni se diga! Con todo el respeto que me merecen las teorías del teutón Max Weber sobre la burocracia y con las diferencias ya de viejo establecidas entre la solidez de las instituciones colombianas y la fragilidad de las venezolanas, el papel que ellas juegan en estos momentos "interesantes", es irrelevante; agencias de festejos puras y simples no más, pues el Estado, en concreto, no consta sino como cascarón de proa, cual entelequia jurídica. Solo existe el "máximo líder. Al menos lo es así y en mayúscula, en el caso venezolano. Más aún, hermano, en Venezuela nos hemos quitado la careta y llenado la Cancillería de balseros, damnificados, pobrecitos, convirtiendo a nuestros respetables funcionarios en vacíos existenciales, (a quienes por cierto les han quitado sin permiso el 10 por ciento de sus escuálidos sueldos para "colaborar" con tan digna gesta), pues ya no tienen ni taburete dónde sentarse. Y total qué importa, si la política exterior está en manos del jefe supremo y él no acostumbra, digámoslo bajito, a consultar nada con nadie, menos, claro está, con San Fidel. Pero ya que éste es un asunto atinente a la mitología, lo mejor es no entrometerse en él, así como tampoco debe hacerse en cuestiones del amor que no sea el de uno, pues se corre el riesgo de rematar crucificado.

En Colombia, imagino que, al no existir contraparte, los dedicados funcionarios del tema de Venezuela, su ex segundo socio comercial, no tienen qué hacer más que leer los periódicos y seguirle las pistas, cual entrenados sabuesos, a las extravagancias del comandante presidente de por aquí, a ver qué carambola explicativa consiguen así sea de dos bandas. Porque pensar en la exquisita ciencia o arte del ajedrez para entender la acción política y concebir al diplomático como una especie de Capa Blanca en la especialidad, es gastar horas mirando las fichas de marfil o de plástico, qué más da, como quien observa una jirafa en mitad de una autopista, es decir, con la boca abierta, nariz tupida y pañuelo en la mano, en las tardes lluviosas y frías de la tan querida y encumbrada Santa Fe de Bogotá.

### La ética o la inmersión en el océano de los sargazos

"El amor y el interés se fueron al campo un día y más pudo el interés que el amor que le tenía". Ya quedó dicho. En el ritmo que Usted quiera ponerle, joropo o ballenato, a este estribillo tan popular. Su verdad es la que mejor dibuja la conducta política, no sólo de nuestros mandatarios bananeros, cafeteros, cocaleros o petrolíferos, sino también y cómo, a toda la dirigencia mundial que nos gobierna y que nos tiene al borde de un precipicio. Excepciones habrá, pero a usted toca encontrarlas con lupa.

La ética, los principios, los valores, se han ido cariando en estos tiempos postmodernos y cuando uno quiere apoyarse en ellos, o no los encuentra o se resbala, y si no acérquese al libro *La Era del Vacío* para que se dé cuenta de lo que le digo.[3] Y no es que crea que los humanos seamos malos por naturaleza, como algunos sostienen, Thomas Hobbes el más aplaudido entre ellos con la imperativa afirmación de que "el hombre es el lobo del hombre", sino que aquella ética de nuestros abuelos o padres, ya no es

---

[3]    Gilles Lipovetsky, *La Era del Vacío, Ensayos sobre el Individualismo Contemporáneo*, Barcelona, Anagrama, Colección Argumentos, 1986.

práctica ni sólida ni útil para nadie, ni siquiera para los monjes ortodoxos que viven enclaustrados en los conventos griegos del Monte Athos, cerca del puerto del Pireo, donde Platón solía ilustrar con sus locuras a los iniciados bajo la sombra asombrada de un olivo. Porque el mundo cambió, no así la historia que nació anciana y será eterna si así se lo permiten los líderes mundiales y las amenazas de destrucción ambiental o nuclear que flotan en el aire.

Además, la ética ha perdido entendimiento, filo, utilidad y eco colectivo. Si Usted dice justicia, o libertad o igualdad, con qué versión se queda, quién se la compra, sino es capaz de ver la mercancía. Y por favor no incluyamos aquí el tema de la "guerra entre civilizaciones" pues correríamos el placentero pero perverso riesgo de perdernos interminablemente, a lo Borges, en los jardines de La Alhambra. El diccionario de la ética anda descocado e inmerso en el mar de lo desconocido; es un artículo para coleccionistas o dueños de galería de objetos raros como los unicornios; comercio de iniciados románticos, tipos estrambóticos que visten de escafandra y descienden en batiscafo a los bajos fondos submarinos, y pertenecen a clubes secretos que duermen en las simas del mar. Julio Verne conoce su dirección y demás detalles. Si se tropiezan con él favor me avisan.

### La política o la selva de los monos

Podríamos coincidir a estas alturas en que la pobreza, la desigualdad, la corrupción, el narcotráfico, la violencia, el escupitajo diario a los derechos humanos, el irrespeto suicida al medio ambiente, animales incluidos, o a la libertad de expresión, son algunos de los problemas claves con los que tiene que lidiar la política y por ende los políticos. Esos son los enemigos comunes de los objetivos que toda política debe perseguir, que son en principio, la paz, la justicia y la prosperidad, no de uno, ojo, sino la de los demás, pero lamentablemente el zoológico político no da muestras de entenderlo, ponerse de acuerdo, dejar el "yo-ismo", que por razones tan variadas y profundas su discusión no cabe en este espacio.

Pero con todo, la política es, ha sido y será el barco de nuestro destino. En él andamos, y de cada uno depende que lleguemos a buen puerto. Por eso tan deleznable y aborrecible es la actitud de los que quieren echar a los otros por la borda para convertirlos en alimento de pirañas, o en balseros del espíritu, o en náufragos del destino, creando las condiciones para multiplicar, más aún, la pobreza, la violencia, la desigualdad, la corrupción, la injusticia y la ira. El fin de la política será el epitafio de la humanidad que nadie podrá leer. Y la política, apreciado lector, se cocina con discusión, salivita, tolerancia, paciencia respeto, acuerdo, humildad y alternancia en el ejercicio del poder. Porque el poder es la droga preferida de los políticos, y de otros, que como simios enloquecidos saltan entre los árboles en su búsqueda. Por eso es que el poder mal habido o eternizado y sin control, provoca locura y dependencia, y ésta tiene un nombre específico: Dictadura.

## El caballo de Troya o la fiesta de los locos

Parece mentira pero es verdad que dándole un giro a la frase de Marx y Engels, autores tan sonados y poco leídos en Venezuela, (ellos mismos deben estarse muriendo otra vez pero de la risa en sus tumbas), escrita en "La Ideología Alemana", en 1845-1846, según la cual, y cito de memoria, "que son las condiciones reales de existencia las que determinan el comportamiento humano", afirmación con la que tratan de explicar que lo económico es, en última instancia, la razón y causa de todas las conductas humanas, puede uno asomarse a conclusiones diferentes y entender el comportamiento de las relaciones colombo-venezolanas que hemos indefinido, sí, indefinido para provocar atención de "interesantes". Aquí habría que emparentar al austriaco Freud, sin su permiso y disgusto tal vez, a los viejos marxistas antes aludidos, para darle significación relevante al papel de los individuos en la historia más que a las condiciones que los rodean y obligan.

Cuando analizamos en perspectiva histórica, frase grandilocuente ésta, las relaciones entre Venezuela y Colombia, podemos palpar que los elementos personales, las sintonías o cortocircuitos entre mandatarios, marcan la pauta de la relación entre las naciones por encima, a veces, de otros elementos tan importantes como la economía o el estado de las relaciones internacionales o hasta de las propias ideologías. En tal sentido y para no ir muy lejos en nuestra historia común, se hace evidente una mayor presencia del carácter y de la personalidad de los jefes de Estado en el efecto que sobre las relaciones se generan. Esto es obvio. Pero utilicemos un microscopio y miremos esa realidad en dos momentos precisos de nuestra historia común, que son un caso, un sinsabor y una enseñanza al mismo tiempo.

El 17 de noviembre de 1986, siendo presidente de la República Jaime Lusinchi (Clarines, Edo. Anzoátegui), "el Gobierno de Venezuela decide conferir la "Orden del Libertador en el Grado de Gran Cordón", al Excelentísimo Señor Julio Londoño Paredes, ministro de Relaciones Exteriores de Colombia".[4] Era normal, había sido recién nombrado Canciller por el entrante presidente de la República de Colombia, el cucuteño Virgilio Barco Vargas. ¡Honrar honra! Es verdad también que desde hacía unos meses largos el ambiente se había caldeado, existía un plan, una ofensiva calculada contra la soberanía de Venezuela que se destapó definitivamente el 6 de mayo de 1987, seis meses después de la condecoración de marras, cuando el Canciller Londoño informa por escrito y sin más a su par venezolano, el merideño Simón Alberto Consalvi, de la designación, inconsulta a todas luces, de dos de los cinco miembros de la bendita Comisión de Conciliación prevista en el "Tratado de No Agresión, Conciliación, Arbitraje y Arreglo Judicial" que ambos países suscribieran el 17 de diciembre de 1939.[5] No está demás repetir que en el Capítulo Segundo del fulano Tratado se expresa: "...exceptuando solamente las que atañen a los intereses vitales, a la independencia o a la integridad territorial de los Estados Contratantes"[6], y ¿el Golfo de Venezuela no está inscrito dentro de las excepciones allí estipuladas? Por ende, la zutana Comisión de Conciliación no tenía ni tiene vela en ese entierro.

Pero no todo quedó allí. Esto trajo como consecuencia que frente a la categórica respuesta del gobierno venezolano ante tal desaguisado, en comunicación suscrita por el Canciller venezolano Simón Alberto Consalvi, el 6 de Agosto del mismísimo año[7], y como reacción a su frustración, tres días después, el 9 de agosto, el condecorado militar en representación de su país, debemos suponer, mala paga él, introdujo naves de guerra colombianas en territorio marítimo soberano de Venezuela, en un peligroso ensayo, *"brinkmanship"*, para medir fuerzas o llevar a Venezuela a la Corte de Justicia de la Haya a fin de discutir lo indiscutible. La respuesta de

---

[4] República de Venezuela, Imprenta Nacional, Gaceta Oficial No. 33.603 de fecha 21 de noviembre de 1986.

[5] Ver Leandro Area y Elke de Stockhausen, *El Golfo de Venezuela: Documentación y Cronología, Volumen II (1981-1989)*, Facultad de Ciencias Jurídicas y Políticas, Universidad Central de Venezuela, Caracas, 1991, pp. 250-251.

[6] Ver Leandro Area y Elke de Stockhausen, *El Golfo de Venezuela: Documentación y Cronología, Volumen I (1790-1981)*, Facultad de Ciencias Jurídicas y Políticas, Universidad Central de Venezuela, 1ª Edición, Caracas, 1984, pp. 168 y ss.

[7] Ver Leandro Area y Elke de Stockhausen, *ob.cit.* tomo II, pp. 264-266.

Venezuela, de la nación, fue terminante y estuvimos a punto de iniciar una guerra a partir de una baladronada que se conoce con el escalofriante nombre de "La crisis de la Corbeta Caldas"[8]. Pero ya el mal estaba hecho lamentablemente y quedará grabado como una "herida abierta", parafraseando al presidente colombiano Miguel Antonio Caro al referirse a las implicaciones históricas que tendría para ambos pueblos el malhadado fallo judicial sobre límites comunes dictado en el Laudo Español del 16 de marzo de 1891.

A partir de esa ofensa se inicia un período de estéril silencio y menoscabo para ambos pueblos que duró dos años hasta que en 1989, con un nuevo presidente en Venezuela, colombiano o venezolano, ya que más da, Carlos Andrés Pérez, aquellos mismos que urdieron la agresión tuvieron que sentarse a conversar creándose un nuevo esquema exitoso de integración global entre ambos países que la historia recordará, tal y como la actual Ministra de Relaciones Exteriores de Colombia, María Ángela Holguín Cuellar, en representación de su gobierno, ha reconocido en Miami frente a los restos mortuorios de Carlos Andrés Pérez. ¡Cosas vederes, querido Sancho!

Pasado el tiempo y llegado Chávez, oriundo de Sabaneta, Estado Barinas, al poder por vía electoral, luego de haber ensayado sin éxito un golpe de estado contra la institucionalidad democrática, las cosas se volvieron a complicar a pesar de que el presidente Andrés Pastrana Arango, bogotano él, supo capear el temporal. Con la llegada de Álvaro Uribe Vélez, antioqueño, a la Presidencia en el vecino país (2002-2006 y 2006-2010), todo empeoró. Estos dos personajes pasaban del amor al odio con infinita franqueza o hipocresía, e irresponsable histrionismo metafísico, llevando a los países a romper, vía micrófono, en varias oportunidades, sus relaciones en todos los ámbitos y a militarizar, Chávez, la frontera de manera unilateral peligrosa e iracunda. Habría que recordar que en esos días habían dado de baja a alias Raúl Reyes, "canciller" de las FARC, en la frontera colombo-ecuatoriana creándose así un conflicto militar, binacional y regional complicado, más aún, ya no sólo por la presencia de diferencias políticas o económicas, sino sobre todo y sustancialmente ideológicas entre el pseudo marxismo inoculado desde Cuba a Chávez y exportado por éste cual franquicia a sus aliados Ecuador, Bolivia y Nica-

---

[8]     Ver Edgar C. Otálvora, *La Crisis de la Corbeta Caldas*, Rayuela Taller de Ediciones, Caracas, 2003, pp. 105 y ss.

ragua y a otros países de la región a través del chantaje, otra vez, de los petrodólares, y el estado democrático liberal y en crisis que impera en Colombia, que tiene como aliado indispensable a los Estados Unidos.

Pero saliendo muy a su pesar Uribe del poder, en un fallido intento por reelegirse por segunda vez, de la noche a la mañana, para sorpresa de todos, el martes 10 de agosto de 2010, en la Quinta de San Pedro Alejandrino, Santa Marta, donde murió El Libertador Simón Bolívar el 17 de diciembre de 1830, desterrado de Venezuela, acuerdan Santos y Chávez pasar la página, mirar hacia el futuro y "respetarse" mutuamente. Mes y pico después, dentro de ese mismo espíritu mágico-conciliador, Santos afirma, refiriéndose al mandatario venezolano: "He encontrado a mi nuevo mejor amigo".[9] Chávez recibe esta agua bautismal alborozado y la aplaude feliz en cadena nacional. Razón tiene García Márquez: vivimos bajo el imperio del realismo mágico.

Y llegamos a hoy. Venezuela ha pagado, parece, ya buena parte de la deuda comercial y sigue haciéndolo. Colombia ha dejado por ahora de mirar en las computadoras de Raúl Reyes, del Mono Jojoy y demás; en apariencia ha desestimado las denuncias concretas de Walid Makled, los refugios de las FARC en territorio venezolano, el supuesto compinche triángulo ETA-FARC-Gobierno de Venezuela. Todo está tranquilo en la superficie, aunque el volcán no duerma. Hace la siesta mas no reposa. Colombia además juega hábilmente al ya crónico distanciamiento entre el gobierno de los Estados Unidos y el de Venezuela, tensión de la cual, de pasar a más, pudiera verse ella favorecida comercialmente, pues Venezuela tendría que aumentar sus importaciones desde Colombia como es natural geográficamente y como las circunstancias políticas y económicas actuales lo consienten y estimulan.

*LA PROCESIÓN DE LOS DISFRACES*

Ante esta realidad, que hemos dado en llamar de "apariencia interesante", es bueno estar pendientes todos, en todos y con todos los sentidos. Venezuela entra en una etapa preelectoral compleja en la cual Chávez, según sus propias palabras, desea perpetuarse en el poder, y ha recibido en tal sentido poderes a través de Leyes habilitantes de la Asamblea Nacional saliente, ya en las últimas horas de su larga agonía, para que gobierne por decreto, aunque ahora éste recule y contra recule con una economía en

---

9    *El Tiempo*, Bogotá, 7 de noviembre de 2010.

crisis a pesar o por lo mismo de los altos precios del petróleo; con una política reiterativa y antidemocrática de expropiaciones, ocupaciones e intolerancia que tiene dividido al país; y con unas instituciones públicas "ordene Ud. Mi comandante", "Patria, Socialismo o Muerte".

Pero agregue que en la calle de enfrente se ve el empuje de una oposición con una ambición más estructurada, unida hasta donde se puede, con conflictos sociales permanentes, con un voto opositor de un 52 por ciento de la población, y un gobierno cerrado al diálogo, cansado, ineficiente, sordo mudo y militar, que puede utilizar el tema de Colombia y del Golfo de Venezuela como excusa, de la cual asirse a falta de oxígeno político, para lograr, de la manera que sea, sino por la vía de la reelección legal o fraudulenta, su mantenimiento en el poder por caminos más expeditos y no del todo imprevisibles.

Insertemos aquí unos datos de última hora que nos pueden dar una perspectiva de hasta dónde llega la desmesura y falta de control de nuestro mandatario. El citado presidente, el 20 de enero de 2011, en su mensaje de rendición y cuenta ante la nueva Asamblea Nacional, durante las 7 horas que duró su intervención, se refirió a sí mismo 489 veces, lo que quiere decir que se aludió "yo" 69,86 veces por hora o lo que es lo mismo 1,16 veces por minuto, lo que creo constituye de por sí un récord mundial que debe ser incluido en el libro Guinness, pero además vale de radiografía para entender las ambiciones enfermizas de poder que tiñen al personaje.[10]

Por el momento y para terminar, recordemos mejor aquellos viejos tiempos en los que el brevísimo Presidente de Colombia, Francisco Javier Zaldúa, bogotano, condenado a muerte a punta de frío y altura, daba instrucciones al curtido diplomático Aníbal Galindo, el 26 de mayo de 1882, a través de su Canciller J.M. Quijano Wallis para que se encargara de los asuntos atinentes a la aplicación en el terreno de lo estipulado en el desdichado Laudo Español de 1871 sobre los límites entre Colombia y Venezuela, en las que le trasmitía el siguiente mensaje: "Finalmente, desea el Presidente que usted ponga especial cuidado en que el estilo brille por su sencillez. La elocuencia debe consistir aquí en la pulcritud de la dicción y de las formas, y en la rígida demostración de la verdad. En suma, el presidente, como jefe de la Nación, sentiría menos por su parte la pérdida total

---

[10]    *El Universal*, Caracas, 20 de enero de 2011, pp. 1-2.

o parcial del pleito, que el sonrojo de que la República se viera expuesta a rectificaciones y confrontaciones que pusieran en duda la lealtad de su palabra y de su proceder".[11]

¡Otro mundo mi querido Don Quijote, otro mundo!

# MI NUEVO PEOR ENEMIGO
## (08.04.2011)

Sépase que, sin ser isla, Cartagena de Indias es lo que más se parece al insomnio. Más aún si se espera recibir un premio, desatar una conjura, encender un incendio de amor. Por eso es que Walid Mackled no los deja dormir. Deshojan mientras tanto la margarita en la página de sucesos que es donde se lee la verdad. Policías y ladrones, detectives, falsos positivos, perseguidores y perseguidos, cultura forense con ese mar pirata de fondo. "Para triunfar en El Caribe lo mejor es decirle hermano al bucanero". Mientras tanto el océano viene que va.

Imagino al Comandante Presidente releyendo "El General en su Laberinto", que usted sabe de quién, y encontrarse entre un pensamiento y otro, con un paréntesis que lo subyuga y que tal vez, a pesar de haberlo caminado cien veces, es la primera que lo fustiga de manera tan honda: "El no habernos compuesto con Santander nos ha perdido a todos". El reloj sigue marcando la hora y la ruleta vuelta que vuelta. Es verdad, y sonríe, nadie nos descarrilará. Son los tiempos de mi mejor nuevo amigo. No voy a dar entrevistas. Suspéndeme la cadena, que hablen los demás. Fue Santos el que me pidió una semana, lo de la falla mecánica fue un invento de los dos. Dame tiempo me dijo, que ese hombre va para Venezuela. ¿Pero de dónde saldría ese permiso para que Mackled diera una entrevista por televisión? Calma, se dice, espera, respira.

Santos, él, anda nervioso. Sabe y no sabe. O sabe y se hace el que no sabe. Dio su palabra, pero París bien vale una misa. ¿Valdrá el TLC la enemistad con Chávez? ¿Mi nuevo peor enemigo? Que no es de honor el asunto, Juan Manuel, le dice su conciencia. Yo di mi palabra y entregaré a Mackled… de no existir inconveniente jurídico… a menos que los abogados y el ministro del Interior digan que no será entregado a Venezuela… si

---

[11]  Aníbal Galindo, *Alegato presentado por parte de Colombia en el Arbitramento de Límites con Venezuela, 1882*, Ministerio de Relaciones Exteriores, Bogotá, 1990, pp. 9-10.

es así se echará para atrás la extradición, yo dije, pero…yo no soy yo. El presidente Santos anda sofocado. Fíjese usted en el título de esta conferencia de esta semana en Nueva York: "Porque América Latina sí importa más que un comino". ¡Qué título! Voy a hablar de la importancia no tanto para América Latina sino para Estados Unidos de mirar al Sur y de pararnos bolas. También se dice, se supone, nadie niega que va a hablar con Obama sobre la resurrección del tan cacareado TLC y califica de suicida y de hipermetrópica a la política exterior de los Estados Unidos, que ve bien lo que está lejos y mal lo que está cerca. El hombre anda, como se ve, sudando la gota fría.

El tercero en juego es Mackled, que denuncia, que escupe. Muy seguro de sí, se le ve en la pantalla, como con la rabia del que fue parte y comparte, y ya no. Acuérdate -dice sentado detrás de una morisqueta- que yo era de ellos, mientras enseña un carnet importantísimo con el número 002 y faltando cinco nada más para ser 007. No ha pasado hambre "El Turco". Parece una ballena vacía. ¿Habrá cantado todo a cambio de quién sabe? Aparenta ser el jugador más frío de la partida. Todos tiemblan.

# ¡EXPRÓPIESE, EXTRADÍTESE!
## (06.05.2011)

Cuando el tiempo pase y se traduzca en memoria tendremos la oportunidad de preguntarnos y responder por las razones que llevaron al presidente Santos a torcer el rumbo de la que había sido la más exitosa de las políticas colombianas frente al narcoterrorismo interno y de cara también a la relación de éste con factores externos, como el chavismo y sus adláteres, que se reúnen bajo el epigrama petrolero de "Socialismo del Siglo XXI". Sorprende más todavía cuando se registra que Santos fue la mano ejecutora de esa "Política de Seguridad Democrática" ejerciendo a placer el cargo de Ministro de Defensa durante el Gobierno del presidente Uribe. Pero de la noche a la mañana, sin más, rompía con su pasado reciente al convertirse ahora en el mejor nuevo amigo de Chávez, con el fin de recomponer unas relaciones intoxicadas entre dos países que viven llamándose hermanos pero que no pierden oportunidad para hacerse alguna trastada o rearmarse para un posible escenario bélico.

Y no creo definitivamente que haya sido por humildad o sapiencia, sino puro realismo cómplice lo que lo llevó, en un arrebato de engreimiento, a querer demostrar que él era capaz de relacionarse "hasta" con Chávez, como si eso lo hiciera más valiente o lo bautizara de héroe o de nuevo paladín de América Latina al estilo impropio de Lula, olvidando sin más que lo que está en juego aquí adentro, en Venezuela, es dictadura o democracia. No percibo en ese cambio pues sino un acto de pedantería, de vanidad biográfica, colonialismo de supuesto servidor virtuoso de algún imperio. "Fíjese que en los Estados Unidos están muy contentos de mis relaciones con Chávez".

Llega a España y hace propaganda pública y bíblica a favor del Comandante Presidente afirmando que éste ha cumplido con su palabra, patatín patatán, se enreda él solo, que si la guerrilla ya no está dónde estaba, que está pero que no está y que a lo mejor se mudaron de piso pues el conserje les cambió la cerradura. Hasta su jefe de antes tuvo que salir a "twittearlo" para criticarlo "mal presidente, mal".

Por cierto que lo de ridiculizar a Chávez zumbándole encima al guerrillero Joaquín Pérez Becerra de nacionalidad sueca, de donde por cierto eran las armas vendidas a Venezuela y encontradas en manos de las FARC y aún sin saberse Su Merced por qué o cómo, que atravesó en su periplo no sé cuántos aeropuertos sin que se prendiera la lucecita roja de "se busca", no ha caído bien aquí ni en los radicales que quemaron monigotes de altos funcionarios chavistas, ni en los moderados, ahora neutrales y leguleyos, que han tiroteado a sus ex aliados del Partido Comunista de Venezuela, endilgándoles que eran los responsables de montar o querer hacerlo, campamentos de la guerrilla colombiana en el "sacrosanto territorio de la Patria" y que él no tenía más nada qué hacer sino "exprópiese, extradítese". Si así se destapan tantas ollas podridas, cuyo fondo es infinito, que nadie los descarrile. Bienvenido al suelo patrio Sr. Mackled.

## LA ISLA DE LOS LOROS
### (02.12.2011)

Chávez y Santos firman un tinglado de acuerdos que ellos desconocen en detalle. ¡Qué importa! El lomito está en otra parte. Mientras tanto, funcionarios encorbatados unos, enguayaberados otros, lo que los distingue de su raíz ideológica, montan el escenario del llamado "Encuentro Presidencial".

Comienza el desfile y detrás de clarinetes y granaderos se escucha: "Aquí te tengo al "Valenciano" para que no te quejes. Dile a Timochenko que no se presente por aquí. Oí decir que en Londres declaraste en público que yo te ayudaría a capturarlo y mientras mandaste a Pastrana a martillar que las ratas de la narcoguerrilla podían pasarse para acá. No nos descarrilemos; no nos pongamos emboscadas. Supongo que lo de Uribe con la oposición fue asunto de él o de alguien que mandó que grabaran.

Nunca he pensado que hayas sido tú. ¿Qué intención tendrías para hacerlo? Lo que pasa es que Uribe está celoso, rabioso, porque tú dizque lo has traicionado; dizque tú fuiste su mano ejecutora como ministro de Defensa y ahora te haces el turco. ¡Viento en popa, viento en popa! Por cierto, hablando de esto, ya te mandé comprar 50.200 animales, entre vacas y toros, para que nadie nos descarrile, porque acuérdate de Carmona que está allá asilado y nosotros no permitiremos, lo voy a decir en público, que quien como se llame vulnere la soberanía de Colombia.

Por cierto, te voy a renovar cada tres meses el acuerdo ese de Alcance Parcial de Naturaleza Comercial para las preferencias arancelarias, así no te siguen chillando los empresarios tuyos. Me debes otra. Suma. Firmemos también un convenio para la producción de formalitas y andamios industriales, y quiero construir una fábrica de artefactos electrodomésticos de línea blanca para convencer a la gente de las bondades del socialismo. Y quiero también constituir un fondo global de construcción SAS, para hacer y regalar a los nuestros, viviendas prefabricadas.

"Está bien, Su Merced. Nosotros nada más que aspiramos a la construcción de un oleoducto desde la Faja Petrolífera del Orinoco hasta Tumaco en el Pacífico e involucremos a Panamá y Ecuador, para darle visos de cooperación proletaria, internacional y socialista. Y no se le olvide lo de PDVSA y ECOPETROL para efectuar estudios conjuntos de los Campos Maduros en los bloques XIV Lama y IX (12) Lama situados en el Lago de ¿Coquivacoa? Y los campos Guafita y La Victoria en el Estado Apure. Y no se nos olvide la dimensión social. Vamos a interconectar eléctricamente a San Fernando de Atabapo y Puerto Inírida; y vamos a instalar en Guacara una fábrica de medicamentos genéricos para regalar entre militantes y votantes. Metámosle algo épico para finalizar, como eso de desarrollar y establecer relaciones de cooperación e intercambio cultural, académico y de investigación en el marco de políticas públicas de combate al hambre y a la pobreza, y a las prioridades de derecho social y cultural de ambos países". Es todo por ahora. Nos vemos en la CELAC.

## ENTRE COLIBRÍES Y ELEFANTES
### (20.04.2012)

Hoy será viernes y habrán pasado tantas cosas desde que terminó la Cumbre de Cartagena que parece mentira que en tan poco tiempo ya el Rey Don Juan Carlos haya armado un tal follón en España por andar matando elefantes en Botsuana que es un país sin litoral al sur del África; o que a la Presidenta de Kirchner se le viese salir sulfúrica y a deshora de La Heroica, supuestamente por no haber recibido suficiente apoyo en el contencioso que el país de Gardel mantiene con el Reino Unido por el territorio insular de Las Malvinas o Falkland, cuando más bien de lo que se trataba, ahora sabemos, era dar las últimas puntadas de crochet a la expropiación o nacionalización de una empresa petrolera española que en tierras de Perón y de Evita funcionó hasta ahora. ¿Populismo o soberanía?

Y les comento mi asombro al comprobar que no hemos superado en Hispanoamérica los tiempos del Descubrimiento; y es que el presidente Santos nos lo ha hecho recordar en su discurso de apertura en el que, cual Colón postizo y colibrí, afirmó: "Alrededor de esta mesa converge la enriquecedora diversidad de nuestros pueblos, culturas, idiomas, razas, ambientes, historias y caminos distintos". Ha debido, además, para ser más auténticos y congraciarnos con nuestros aborígenes ancestros, imponer en el protocolo el guayuco como traje formal, de rigor y de pompa, y no las mestizas guayaberas, que siempre se quedan por fuera cual palmeras borrachas de sol. Pues sí, tal colibríes multicolores besando flores acucá y acullá, en esplendido rito de dulzura.

Además, bautizó el anfitrión como "pragmatismo con principios" al nuevo y necesario estilo de hacer política, eslogan éste con el cual me recordó, por zanahoria, a aquel Mockus casado sobre un elefante. Y no sigo por esta vía a riesgo de acordarme que el Titanic cumple un siglo de hundido y que a pesar o en razón del óxido acumulado, sigue siendo el mito submarino más vivo de la historia. Me pareció también que los presidentes de eso que llaman "Las Américas" andaban tan necesitados de un spa, que se mostraban más bien desconectados. Hasta los del servicio secreto se fueron de rumba, distinta a la de Hillary, tal vez engarzados en la onda multicultural. Por su parte, los ultrosos de turno o no asistieron o hicieron el fó a última hora. Obama recargó su color para realzar su sonrisa tan necesaria en estos tiempos de campaña electoral. Uribe, ahora el mejor amigo de Chávez, por enemigos ambos de Santos, no quiso quedar de lado y definió la cumbre como un "derroche de opulencia". Claro, no fue él que apareció en la portada de Time, y eso se entiende.

A estas horas recuerdo aquel diálogo entre la Reina Isabel la Católica y Cristóbal Colón, recogido en el libro IV de la Historia General y Natural de las Indias, de Fernández de Oviedo, donde se cuenta que Su Majestad respondió a unas consideraciones botánicas del Almirante: "En esa tierra, que Vos detalláis, donde los árboles no se arraigan, poca verdad y menos confianza habrá en los hombres".

# SANTOS, FIDEL Y VENEZUELA
## (04.05.2012)

Un nuevo factor de inestabilidad política recorre al continente. Son las declaraciones coincidentes de dos vecinos de Venezuela. El primero, Juan Manuel Santos, presidente de Colombia, imprudente, amparado en la muletilla sibilina de la no intervención en asuntos internos de otros países, que expresa en público su preocupación por la estabilidad de la región y alerta que, si algo le sucede a Chávez, esa estabilidad podría venirse al traste. "Quién iba a pensar, agregó dirigiéndose al presidente de Venezuela, que yo estaría algún día rezando por su salud".

Horas después, aprovechando ese filón geoestratégico, Fidel Castro, vecino también, pero al norte, en el mar de la felicidad, escribió "Lo que Obama conoce", en donde apuntando con su dedo, intimida al afirmar que el gobierno de los Estados Unidos ya decidió promover el derrocamiento del gobierno bolivariano y que ese error podría ocasionar un baño de sangre en Venezuela.

De más está decir que ambos vecinos, profetas del desastre, incursionan, por razones que nosotros, niños de pecho, suponemos distintas, en la política interna de Venezuela, tomando explícitamente partido por una de las candidaturas presidenciales hoy en pugna, saltándose a la torera principios elementales de respeto a la convivencia política internacional.

Pero en verdad no esperábamos menos ni del uno ni del otro. Cuba está harta y especializada en intervenir sin tapujos en asuntos de ajenos, convirtiéndose en el país subdesarrollado más imperialista e invasor del planeta, amparado en dos cuentos de terror: primero, que siempre estuvo invadido por el imperio, y segundo, que el principio del internacionalismo proletario le permite cualquier tropelía. Del colombiano esperábamos tal vez sindéresis, neutralidad, y mire que venirnos a decir en nuestras propias narices que su candidato es Chávez; que él quiere que siga mandando en Venezuela, es decir, lo que en su panfleto de hoy titula como la estabilidad de la región, obviando en su "pragmatismo con principios", toda consideración a la violación que aquí ocurre de los fundamentos democráticos, que Su Merced conoce pero que le importan un carajo, como se sabe, y si no que lo digan el difunto alias Raúl Reyes o el presidente de Ecuador, Rafael Correa.

En definitiva, es vital para la democracia venezolana desmontar esa matriz de opinión según la cual sin Chávez sobrevendrían la incertidumbre y el caos. Petróleo, Golfo de Venezuela, Guyana, soberanía política, qué más da. Venezuela se ha convertido en mercancía barata; se ha trasmutado en cualquier cosa a cambio de apoyo, velado o expreso, al gobierno antidemocrático más rico, corrupto e ineficiente de toda la historia de América, y lo más preocupante es que el gobierno está dispuesto a vender su alma al diablo con tal de permanecer *ad infinitum* en el poder. Invito a todos a que hagan sus ofertas que pueden estar seguros de que el chavismo les quedará mal.

## MENTIRAS Y VERDADES
### (01.06.2012)

¿En qué esquina familiar o paraje recóndito se encuentra la verdad? ¿Conoce usted su paradero; pudiera darme señas de identidad? La justicia tampoco es que esté de anteojitos y si las suponía parientes, no sabe lo fuera de perol que anda apuntando. Me han ofrecido tantas direcciones que pienso que lo mejor es rechazarlas todas; pero sabueso estrafalario yo, insisto y olfateo. Me enseñaron a ello, me obligan, me castigo si no, y ante tanta necesidad, premura y desconcierto, me las invento y manipulo a conveniencia y antojo y si no que lo diga el Coronel Magistrado Aponte Aponte, que sí sabe de esto, de eso y de aquello también. Dizque anda ahora de trúa-trúa lorito.

Esta cantinela inicial viene a cuento por lo preocupados que estamos por el repunte de la violencia en Colombia y sus derivaciones o implicaciones hacia o desde Venezuela. Los concurrentes hechos del atentado contra Londoño Hoyos y el asesinato de doce militares en territorio guajiro colombiano perpetrado por grupos guerrilleros, que regresaron o se internaron en territorio venezolano, son evidencias de ello. De allí que como era natural el presidente Santos haya llamado a su mejor nuevo amigo para, apremiado además por el ruido de sables según informan, solicitarle encarecidamente apoyo y comprensión. Y cómo no, se han reunido ya los cancilleres y se han desplegado contingentes armados a la zona en cuestión, lo que no es nada nuevo ni para una cosa ni para la otra sino para todo lo contrario. Y para adobarlo más aún, el Embajador de Colombia en Caracas, Cure Cure, a cuento de qué, afirmó que Uribe es el ídolo de la oposición venezolana, desaguisado que remacharía Piedad Córdoba, que ya sabemos en lo que anda. Visto así es como para pensar que lo de "mi mejor nuevo amigo que representa la estabilidad de la región", tiene un plan y goza de acólitos, tema al cual la oposición venezolana debería prestarle mayor atención, no vaya a ser que lo estén abonando hasta en territorio del imperio.

Pero regresando a la verdad y a la justicia, la información aquella contenida en los archivos del Canciller de las FARC, Raúl Reyes obtenidos a través de la Operación Fénix, en territorio ecuatoriano, (1-03-08), se esfumó, quedó inhabilitada por la Corte de Casación Penal de la Corte Suprema de Justicia de Colombia, lo que a su vez echó por tierra (7-05-12) el juicio que adelantaba el Juez español Baltazar Garzón desde julio de 2008 por presuntos vínculos ETA-FARC y el gobierno de Venezuela.

Si es verdad lo que cuenta Antonio Navarro Wolf en su libro *Mi Guerra es la Paz*: "Ese año (1986) el M-19 tomó la determinación de fortalecer su ejército para una guerra total y yo me puse a hacer algo de lo que se sabe muy poco: buscar por todas partes cohetes tierra aire. Fui a Argelia, a Irán y a Siria, recorrí Panamá y Europa Oriental, hablé en Sri Lanka con los Tigres para la Liberación Tamil, en Libia me vi hasta con Gadafi y pensé incluso en ir a Corea del Norte". Entonces, digo yo: ¿qué quedará entonces para los inocentes?

## COLOMBIA: ¿PAZ O SOBERANÍA?
## (30.11.2012)

Las actuales conversaciones de paz en Colombia cuentan con el apoyo, entre otros, del gobierno de Venezuela, encabezado por Hugo Chávez, quien ha sido reelecto para ejercer la Presidencia entre 2013 y 2019. El análisis no descarta la posibilidad de especular sobre el hecho de que el candidato *in pectore* del gobierno colombiano en los comicios presidenciales pasados, fuera Chávez. La permanencia de este actor en el poder constituye tal vez factor determinante, en el corto y mediano plazo, para el éxito del proceso de paz en razón de los vínculos públicos y no tan santos que mantiene con la guerrilla colombiana y con el propio gobierno del vecino país.

Algunos pensaron, querubines, que el recibimiento de Henrique Capriles por parte de Santos durante la campaña electoral era una muestra de apoyo a esa candidatura y casi que un anuncio de victoria. Cohetes sonaron. Nada más distante de la verdad. Jugada concertada, ¿con quién?, y elemental del que quiere aparentar amplitud democrática pero que, por encima de esas minucias éticas retardatarias, calcula zamarro y actúa rápido y pragmático frente a lo que parecía podía ocurrir y así ocurrió. En todo caso, "para curarnos en salud y que no vayan a decir después", bienvenido sea. Chávez, él tan iracundo de costumbre, ni se dio por enterado. Qué raro.

Fue un desplante. Obedientes, nadie en su gobierno se alteró. El otrora vicepresidente Elías Jaua declaró que esta visita formaba parte de la "cultura democrática". ¡Caramba! Lo cierto es que Chávez sigue en el poder y

Santos lo considera un comodín para ser usado, entre otros tejemanejes, en su aspiración a la reelección, que es el fantasma que hoy recorre a América Latina, "ahora me toca a mí", si es capaz de manejar con inteligencia y suerte la trama de la paz, entre otros asuntos.

Pero mire Su Merced que de pronto ha caído, como balde de agua helada, el fallo "salomónico" de la Corte Internacional de Justicia de La Haya, concediéndole a Nicaragua espacios sobre los cuales Colombia ejercía histórica pero exagerada soberanía lo que mantiene al país, sobre todo a los isleños, en una situación de incertidumbre, y no se diga de los nicaragüenses que, al revés, andan brincando en una pata. El foco de atención parece pues no ser sólo la paz.

Como se sabe, el gobierno de Nicaragua es petroamigo del venezolano, con el cual comparte además de ideología, intereses geoestratégicos también en el Caribe. ¿Cuál será la posición de Venezuela si Colombia no acepta el fallo? ¿Cuál la de los Estados Unidos? ¿Y los cubanos? ¿Y los rusos? ¿Y los nicaragüenses? ¿Cuál es la sensibilidad de la Fuerza Armada colombiana ante este nuevo escenario? ¿Cómo queda la popularidad del presidente Santos? Panorama confuso. Apuestas difíciles. Uribe se asoma. Chávez se oculta. Santos baraja cartas.

Lo cierto es que hay una nueva realidad de la que hay que estar pendientes por lo que de ella nos pueda salpicar todavía más. Paz y soberanía: mezcla explosiva.

## SANTOS SIN CHÁVEZ
### (22.03.2013)

Había sido reelecto en Venezuela para el período 2013 a 2019, pero ahora Chávez está muerto y ello crea una nueva realidad en las complejas esferas del poder. Uno de esos laberintos es el de la paz en Colombia. ¿Constituía el líder bolivariano oxígeno para poner fin al conflicto en el vecino país? Sí. ¿La ausencia definitiva del caudillo ha cambiado la perspectiva del gobierno colombiano y de la guerrilla que pensaban con él, como hombre fuerte, se podía llegar a cualquier acuerdo, incluyendo el Golfo de Venezuela, como alguna vez lo pensó y promovió el ex presidente López Michelsen? También. ¿Satisface ahora Maduro esas expectativas? No lo sé.

Los vaivenes de la relación colombo-venezolana desde el año 2000 a esta parte nos han llevado del amor al odio con pasmosa facilidad. No cabe aquí hacer una cronología de esa atormentada relación en la que casi estuvimos al borde de una estúpida guerra por razones eminentemente personales. A pesar de ello, la presencia de Chávez en el poder representaba en los cálculos del gobierno de Santos un factor determinante para el éxito del proceso de paz por los vínculos públicos y otros que mantenía el presidente venezolano con la guerrilla colombiana.

Posiblemente, ahora sin Chávez en escena, a quien Santos consideraba como un as para ser usado a su favor, el "mi nuevo mejor amigo" de otrora, la solución del conflicto se aleje en el tiempo si es que en todo caso se alcanza. Frente a la nueva incertidumbre sobre el éxito de las negociaciones y sumado al descenso de su popularidad, Santos está justificando frente al espejo, el electorado y la dirigencia política, su aspiración a la reelección alegando, como lo hizo en la ciudad de Pereira recientemente, estar "empeñado en dejar el gobierno cuando pueda decir: Tenemos paz".

Si es verdad que los políticos no sienten, sino que calculan, y está visto que el pragmatismo de Santos está por encima de cualquier consideración ética o ideológica, ¿será Maduro el candidato de Santos para las próximas elecciones presidenciales de abril en Venezuela? ¿O será Capriles? ¿Cuál de los dos es el más apropiado para satisfacer sus intereses y los de las élites en Colombia? ¿Sin Lula y sin Chávez en escena, insistirá Santos en su ambición de ser el líder regional que en su momento lo llevó a ocupar la portada de la Revista Time o de aspirar y obtener finalmente el Premio Nobel de la Paz?

Porque hay varios pretendientes que anhelan llenar ese vacío. Y sin el malo de la película en escena, el casting está abierto. De paso, queda vacante el rol de líder de la izquierda en América Latina, que ahora vive entre fantasmas, sombras y petro-adicción incurable. Cuba, que también se quedó sin su mejor amigo, puede que ocupe ese lugar como madre que recibe a los hijos golpeados por la vida y el luto, y recupere su protagonismo como motor de la izquierda, o que siga dando pasos irregulares y equívocos hacia la apertura y democratización de la Isla.

Y a todas estas, ¿dónde quedó la paz?

## COLOMBIA, TIERRA QUERIDA
### (14.06.2013)

Colombia ha dejado de ser un país vecino para convertirse más bien en territorio y razón de intrigas y cuentos, en un affaire más y mercenario, propicio a nuestra volátil realidad y a los intereses del gobierno venezolano. Tiene tiempo en eso, es verdad, pero en los últimos años es cuando más se le mira. Y es ella misma, a conciencia, quien ha decidido jugar ese papel de utilería. Porque Colombia padece de una irrefrenable necesidad de reconocimiento, de lavarse la cara ante el mundo, y por ende cae en protagonismos enfermizos y efímeros. Quiere dejar de ser, de cargar con su INRI, deslastrarse de su perfil cachaco, rural, ensimismado, cafetero y leguleyo; fumigar su imagen guerrillera, cruel y violenta, narcotraficante, esmeraldera e irrespetuosa de los derechos humanos.

Para ello ha enarbolado no sé cuántas banderas por la paz junto a los concursos de belleza de la Señorita Colombia, la de sus exquisitas flores para la exportación, la de su premio Nóbel (recuerdo al Gabo diciendo "es que no quiero que me usen"), sus textiles, su capacidad para involucrarse, con razón o sin ella, en cuanto organismo internacional exista, incluso en la OTAN, en donde no podía. Pero con todo y ese esfuerzo, que no es poco, se le ve la costura al desencuentro que sostiene consigo misma como nación, que es que no halla qué hacer, se desespera por ser sin saberse estar quieta, profunda, segura y sólida en sus raíces.

Digo ahora de salto y porrazo que cuatro son las etapas de ese peregrinaje. La primera es la que va desde la Conquista a la Independencia. La segunda, de la Independencia ya dicha a la pérdida de Panamá en 1903, cuando recién finalizaba la Guerra de los Mil Días (1989-1902). La tercera, desde ese momento hasta la muerte de Jorge Eliécer Gaitán y "El Bogotazo", que ocurren ambos, sin ser lo mismo, en aquel abril de 1948. Y la cuarta etapa conocida como de "La Violencia", que comienza en aquél 1948 funesto y que aún no escampa. Para casualidades, como en 1903, Colombia acaba de perder soberanía frente a Nicaragua en el Mar Caribe.

Quinientos años y más de soledad transcurridos no son suficientes para explicar ese vicio irreprimible por estar en todo: que si la modernización, el top de la moda, la fauna, el vallenato, el exceso de exterioridad frente a las carencias y dificultades en lo interno. Colombia hace tiempo que entró al mundo del espectáculo donde cree expiar o esquiva sus sentimientos de culpa, defectos y carencias con el afán del éxito fácil, de la vorágine del futuro para tapar el presente y olvidar el pasado. A esa velocidad hiperquinética la paz se ha convertido en un mito estrambótico, en mercancía figurada.

Los últimos representantes de su élite política, hablo sin pormenores ni diferencias de estilo de los presidentes Gaviria, Samper, Pastrana, Uribe y Santos, estuvieron dispuestos a entregar lo que fuera a cambio de la Paz. En esas, como un pajarito, se les presentó Hugo Chávez, a quien debieron percibir desde las alturas de Santa Fe de Bogotá como un joker reilón, socialistoide, costeño, bananero, petrolero y manejable. De intruso pasó a ser comodín. De comodín a karma. A partir de entonces Colombia es otra y su relación con Venezuela se ha convertido en un menú de novelones fileteados por entrega con un rating que ni "Las Juanas".

Y en éstas de "mi nuevo mejor amigo" el gobierno venezolano aprendió, minero contra agricultor, a perderle el respeto y a chantajearlo, bajo la batuta del cubano. Conocidas sus carencias y su ambición por la plata, la paz, la pólvora, las exportaciones y otros vallenatos que ni la gota fría, lo maneja a su antojo, gusto y medida; lo pone a pedir cacao a cambio de dólares, lo obliga a legitimarlo, y cuando se atreve a invitar soberano al líder de la oposición venezolana, lo extorsiona histérica con el cartapacio de presuntos planes magnicidas, que si Carmona, que si los 18 aviones de guerra para atacar a Venezuela y eliminar a Maduro. Se han inventado, truculencias, a todo un ejército enemigo en suelo de mi General Santander, el Hombre de las Leyes, cuando la verdad es que la guerrilla colombiana es la que opera y descansa plácida, aliviada y buchona en territorio bolivariano.

Colombia anda desorientada en manos de la ambición del reeligiente, que se pasea ahora por Israel, muy glamoroso él, dándose bomba, mientras Garzón, el vicepresidente, solicita muy comedido que intervenga la ONU por el bien de quién sabe.

## VINO, BOSTEZÓ Y SE DEVOLVIÓ
## (25.07.2013)

Aterrizó el presidente Santos en Venezuela para consumar ritos tribales que pudieron administrarse con una barata llamada telefónica. Pero no, tenía que venir como a pedir perdón, disculpas costosas y públicas, en medio de una selva televisada, por haber recibido a Capriles Radonski en la húmeda Bogotá. ¡Oh insensatez democrática!

La reelección bien vale un Puerto Ayacucho y los matrimonios cuando llueve, tienen buena suerte. Así se dijo, entre colibríes, truenos y chubascos, mientras Nicolás henchido de gozo, miel de luna él, repetía: Que si patatín, que si patatán, que si el relanzamiento, los hermanos, la paz, la droga, el comercio, la seguridad, el contrabando de extracción, el padre común. Diccionario piche en el que se resumen los vínculos colombo-venezolanos. Hemos pasado de relaciones diplomáticas al toreo de reacciones de ira, a sonrisas melifluas de pinochos igualados por una nariz creciente de mentirillas y abigeato consentido.

Porque esta realidad entre dos países con tanto pendiente sobre la gualdrapa, da dentera. No pasa de novela policial mal narrada. No aporta, no oxigena, se cuece y aísla, se agota y satisface en trueque de capos por silencio frente a los guerrilleros que aquí duermen en territorio cinco estrellas.

Y mientras el mundo gira, estos dos personajes no despiertan. Sonámbulos firman serpentinas y papelillos, poniendo caras de yo-no-fui y se distraen en el discurso de que tan repetido y telegrafiado no requiere de periodistas; no despierta emociones sino el bostezo achinchorrado a las tres de la tarde, la hora del burro, frente al espejo turbio del inmenso Orinoco. Sí, sí, el 2 de agosto se recontra reúnen las Comisiones de Alto Nivel y con megáfono.

Ni siquiera alharaca, trueno, palabra cierta. Un gran aburrimiento más bien me imagino es lo que tenemos en frente con estos dos contenciosos del vínculo más espléndido y esperanzador, que lo fue, entre dos naciones de América Latina. Pero es que no dan para más, no pueden. Cargan golpe de biela. Ideológica y políticamente no es para menos. *Modus vivendi* es a lo que más, que es como saludar al de enfrente con una mano y la otra en la nariz. Despertémonos que eso es lo que hay. No nos pongamos sublimes. Alegrémonos de que al menos las cosas siguen en pie. Y pregunto, ¿por qué tanto complejo de hermandad? ¿Hasta cuándo Peonía?

Nicolás y Juan Manuel han grabado sus nombres en un corazón atravesado por una flecha, del cual emanan unas gotas que vaya usted a saber. Lo cierto, lo único, es que no se le pueden pedir peras al olmo y es por eso que los tórtolos se fueron a la selva, al edén, al paraíso perdido, para creer, hacer creer, creerse, que en ese nirvana terrenal donde todo es posible, se puede comenzar de nuevo como si nada. Para mi gusto, solo faltaron los tambores y los rugidos felinos, con el fondo musical de aquel himno que cantaba: "Tú lo que quieres es que me coma el tigre".

## REINALDO LEANDRO MORA Y EL GOLFO DE VENE-ZUELA
### (10.11.2013)

Lo quise como lo permite el respeto y lo admiré como supongo debe quererse a un padre. Leandro para él era apellido y para mí, nombre de pila; cumplíamos años en la misma fecha, con una distancia exacta de treinta años, los 24 de mayo geminianos, que celebrábamos regularmente como hermanos en unidad de familia y amigos. Además, los dos proveníamos del

Colegio La Salle y fuimos maestros de profesión y gusto. Nos agradaba el arte, el buen vino, las gratas compañías, la larga conversa y hasta el silencio mismo.

Lo conocí personalmente en 1989 por mano de Ramón J. Velásquez, quien ya para la fecha presidía la Comisión Presidencial para la Integración Colombo-venezolana, donde yo trabajaba y cuyo Secretario Ejecutivo era Edgar Otálvora. El doctor Leandro Mora por su parte, acababa de ser nombrado presidente de la Comisión Presidencial para la Delimitación de Áreas Marinas y Submarinas con la República de Colombia, y desde ese momento hasta el sol de hoy, no nos distanciamos jamás.

Se trataba de un esfuerzo de los Presidentes Barco y Pérez por dar a las relaciones colombo-venezolanas, maltrechas desde 1987 por el caso de la corbeta "Caldas", un nuevo y fructífero giro, mediante una globalizadora estructura de negociación, que sin dejar nada de lado, impidiera que el Golfo de Venezuela fuera prioridad o freno. Fueron designados además para a acompañar a Leandro Mora en su alta responsabilidad de Estado, Hilarión Cardozo y Pompeyo Márquez, en la convicción de CAP de que el tema del Golfo sólo podría ser resuelto a través de un consenso nacional y bajo la conducción de los partidos, no ya tan mayoritarios para la época, AD, COPEI y el MAS, de los que Leandro, Cardozo y Márquez eran presidentes o secretarios generales.

En su momento, Caldera ratificó el esquema nombrando al cordial amigo José Ángel Oropeza Ciliberto, representante de lo que se dio en llamar "el chiripero", como se autodenominó la marea que lo llevaría a los traspiés ambiciosos de su segunda Presidencia.

Pero no solo eran las áreas marinas y submarinas, sino que se incluían, bajo la responsabilidad de dicha Comisión Presidencial, otros temas como lo eran la demarcación y densificación de la frontera terrestre, las migraciones, la navegación fluvial y las cuencas hidrográficas comunes. Leandro Mora junto a sus pares venezolanos asumió, con sabiduría y mano zurda, ese berenjenal que representaba el manejo de esos temas tan técnicos bajo las circunstancias tan politizadas del momento: el llamado "Caracazo", los golpes de Estado, militares y civiles, la fractura de los partidos políticos, la crisis social que se manifestaba en todos los órdenes, el juicio a Pérez y, además, el historial atrabiliario del "Gocho" en relación a los asuntos bilaterales. En este sentido, Leandro Mora estaba convencido que adelantar en el tema del Golfo y exponerlo ante la opinión pública podía llegar a ser el pretexto que muchos esperaban para incendiar y derrumbar definitivamente el ya deteriorado esqueleto de la democracia venezolana. Y con ese convencimiento, con bajo perfil, navegó esas turbias aguas, esquivando intereses internos o agravios, y también la presión de Colombia, que pudo calcular, en nuestra debilidad coyuntural, una oportunidad propicia para satisfacer sus viejos intereses geoestratégicos.

En esas dificilísimas circunstancias, que hasta personales llegaron a ser, Leandro Mora demostró una vez más ser un venezolano cabal, negociador curtido desde sus viejos tiempos de Secretario Juvenil de Acción Democrática; torero sublime, defensor de nuestra soberanía, fiel a sus principios y amigos, y ejemplo para los que quedamos aquí navegando en la tormenta que nos dejan los dioses de la historia. Honor a quien honor merece. Agradecido de su compañía. Solitario de su afecto.

## LUSINCHI Y EL GOLFO DE VENEZUELA
*A LA MEMORIA DEL CORONEL ALBERTO CONTRAMAESTRE TORRES*
**(30.05.2014)**

Recurrido y recurrente es el tema de la valiente postura del recién fallecido presidente Jaime Lusinchi frente a la atrevida decisión belicista del gobierno de Colombia de invadir territorio marítimo de Venezuela en agosto de 1987. Próximos a cumplir 27 años de esa afrenta volvemos a ella con motivo de la muerte de quien administró los destinos y desatinos del país entre 1984 y 1989, y también porque los pueblos necesitados de recordar victorias, la más de las veces militares, para dar respiro al presente casi siempre ingrato y excesivo, se inventan muletas para atravesar la pesada realidad.

El apetito de Colombia por invadir territorio venezolano ha sido histórico, permanente y persistente, y constituye una política de Estado desde los tiempos en que en 1830 nos separamos de aquel sueño imposible que fue el de la Gran Colombia. Aún tibio el cadáver de Bolívar, los afanes colombianos de expansión territorial se disparan y comienza una historia, aún sin terminar, latente, que se expresa en tres fechas terribles para nuestra integridad territorial, a saber: el Laudo Español de 1891, el Laudo Suizo de 1922, y el Tratado de Límites entre Venezuela y Colombia de 1941.

Aunque con algunos escarceos en 1952, con los que se pretendía desconocer los legítimos derechos del país sobre el Archipiélago de Los Monjes, no es en verdad sino en la década de los 60 cuando reaparecen, aunque ahora marinas y submarinas, las ambiciones expansivas del hermano país, de agallas puestas en el Golfo de Venezuela, símbolo vital de nuestra identidad. A todas éstas las grandes potencias han puesto de moda el nuevo Derecho del Mar y se ha maximizado la importancia geo-estratégica del petróleo.

En esas circunstancias, y ya durante el gobierno de Leoni se produce un escándalo denunciado en el Congreso venezolano alrededor de los contratos otorgados por el Gobierno colombiano en áreas que Venezuela considera como propias, a empresas norteamericanas vinculadas al tema petrolero. Estas imprecisiones a la larga explicarían las posteriores conversaciones de Roma durante el gobierno de Caldera y las de Caraballeda en el gobierno de Luis Herrera, e incluso las derivadas de los Acuerdos de San Pedro Alejandrino en 1989, todas sin ningún resultado específico más allá de la frustración colombiana.

Virgilio Barco gana las elecciones en 1986 y nombra Canciller al coronel Julio Londoño Paredes, quien ya había ejercido funciones en la Dirección de Fronteras durante el gobierno del presidente López Michelsen. En Venezuela mientras tanto gobierna desde 1984, Jaime Lusinchi. Todo normal dentro de lo acostumbrado, hasta que en mayo de 1987 llega a la Cancillería venezolana una "sorpresiva" comunicación en la que se solicita, sin motivo aparente alguno, la reconstitución de una Comisión de Conciliación prevista en el Tratado de No Agresión, Conciliación, Arbitraje y Arreglo Judicial suscrito por ambos países en el lejano 1939, con lo cual se intentan dos cosas sin decirlo: romper con el mecanismo establecido por las partes de la negociación directa y además, desconocer el carácter vital, de independencia e integridad territorial que implicaría la intervención de tal Comisión en lo atinente al Golfo de Venezuela.

Simón Alberto Consalvi, Canciller venezolano, responde a Londoño el 6 de agosto: "…el Gobierno de Venezuela no puede ignorar que, aunque la Nota de Vuestra Excelencia no se refiere expresamente a ninguna cuestión pendiente entre ambos países, sin embargo, la prensa colombiana ha vinculado tal iniciativa a la supuesta intención de su gobierno de someter a la Comisión de conciliación el tema de la delimitación de áreas marinas y submarinas entre nuestros dos países…".

Colombia da un nuevo paso y provoca un estado de tensión militar en áreas donde, según la versión colombiana, no están claros los límites. Venezuela envía una Nota de Protesta en la que argumenta que el buque de guerra se encuentra "en aguas interiores de Venezuela" y "al sur de la línea de prolongación de la frontera terrestre". Londoño por su parte responde alegando que ningún país puede establecer unilateralmente las fronteras marítimas entre dos Estados. La crisis se alarga entre dimes y diretes y el conflicto crece peligrosamente. En Miraflores ya se ha tomado la decisión de abrir fuego.

A estas alturas de su aventura, el gobierno colombiano entiende que el juego del *"brinkmanship"* ha terminado y se sabe que todo ha concluido cuando el Presidente Barco lo anuncia desde Bogotá en cadena de radio a las 11.45 de la noche del día 17 de agosto. La crisis interna en Colombia seguía en pie y si lo de la incursión de la Corbeta ARC Caldas en nuestra más sensible pertenencia, el Golfo, tenía la intención de distraer a la opinión pública en otros menesteres, el tiro les había salido por la culata.

Aquí en Venezuela habla el presidente Lusinchi el 18 de agosto, en horas de la noche. Ya las corbetas colombianas han dejado el lugar. Es un discurso bien pensado y discutido, mejor escrito, y leído con suprema convicción a la nación. Claro, firme, prudente y hasta diría que histórico si observamos su vigencia, ya que dicta la pauta central de los que vendrían a ser los principios que se siguieron a partir de 1989, ya las aguas calmadas, en las relaciones entre Colombia y Venezuela, y que aún permanecen vigentes: conversaciones respetuosas, directas y globales, sin presión ni plazo fijo. Además, tal vez como nunca antes presidente alguno, gozó del respaldo unánime de todo el país: partidos, medios de comunicación, gremios, personalidades y pueblo todo. Las Fuerzas Armadas hicieron lo que se debía hacer, principalmente nuestra Armada, por lo que nos sentimos, durante tanto tiempo, orgullosos, representados y defendidos. La presión internacional hizo su tarea al entender que estábamos a punto de un conflicto armado impensado. Jaime Lusinchi será recordado para bien por esa gesta: evitó un desastre defendiendo los principios fundamentales de nuestra nacionalidad. Un héroe civil sin ambición de guerra.

## COLOMBIA: PAZ Y VOTOS
**(13.06.2014)**

Hay muchas formas de leer a Colombia y "la violencia" sería una de esas literaturas. ¿Es García Márquez lector de esa realidad o más bien su obra otro escurridizo jeroglífico? Pudiera ser que ambos, y se percibe así cuando al pronunciar "cien años de soledad" en boca de ellos, no sólo se entienda el título del libro aquél sino además el largo y casi bíblico éxodo de los colombianos buscándose a sí mismos. Y si por contrastar e igualmente entendernos, en solicitud de identificaciones abre usted el baúl de memorias de los venezolanos, sería tal vez más apropiado desenredar el ovillo de ese laberinto a través del petróleo al que habría que agregar el caudillismo. Ellos agrarios, nosotros mineros.

En el caso en cuestión, si se me preguntara por dónde dar comienzo a sus interrogantes, le sugeriría mirar en la muestra de sangre extraída de la tensión que se produce entre el fenómeno de la violencia aquella ya nombrada y la búsqueda resentida de la paz, lo cual daría para que se dedicara de por vida a interrogar la historia de ese pueblo y de sus frustraciones. Lea a los violentólogos, por ejemplo.

Hoy más bien de lo que se trata es de encontrar solución al conflicto y no solo recabar datos sobre la cultura de la muerte sino superarla. Desde el Estado se han hecho propuestas, desde la comunidad internacional, la Academia, desde la propia izquierda, el conflicto ha dado de todo y para todos pues hay demasiados intereses en juego, no solo materiales, la locura inclusive.

La guerra por la paz lleva ya tiempo en el primer puesto mediático de la gestión del actual presidente. Y se ha convertido igualmente en estrella de la agenda electoral que el próximo domingo enfrentará dos visiones del problema. Sume usted al análisis el factor abstención. Sume usted igualmente la presencia político-paterna del presidente Uribe que entiende que la superación del conflicto radica en la derrota militar de la guerrilla y no en el diálogo que se realiza paradójicamente en la Cuba de los hermanos Castro, amantes consabidos de poner en práctica aquello de que la violencia es la partera de la historia. Sume la inaudita y explosiva supuesta impunidad de los alzados en armas lo que provocaría una nueva violencia.

Los resultados del domingo próximo definirán buena parte de la agenda de América Latina en los próximos años. La paz de Colombia se ha convertido también en una mercancía post electoral tanto así que casi que ya le tienen preparado Ministerio con uniformes y demás burocracia de Comisiones y de subcomisiones.

Y ahora, andando ya por Chacaíto, cerca del Consulado de Colombia en Caracas, voy y pregunto entre la gente que hace cola de trámite: "¿y usted amigo qué opina del perdón requerido para bautizar la paz? Todos voltean. Hay alguien que más bien me responde desde una página del Gabo en *La mala hora*: "Hasta que nos resuciten a los muertos que nos mataron". Dos fantasmas recorren a América Latina: los votos y la paz.

## TURISMO POR LA PAZ
### (01.08.2014)

Uno que es amante de la convivencia pacífica no deja de sorprenderse frente a los resultados recientes de las elecciones presidenciales de Colombia que lleva ya un jurgo de años tratando sin éxito de poner fin a su conflicto armado interno, más conocido internacionalmente que ninguna otra epidemia planetaria. Y ahora con más razón.

Aunque la verdad sea dicha, aún bajo ese temporal no se ha dejado amilanar como país y si no vea usted la puntualidad de la burocracia en las reparaciones del ornato público por ejemplo o en el más estricto cumplimiento de celebraciones patronales, guiadas o no por autoridades civiles, militares o eclesiásticas, que a pesar del fuego de morteros o de la explosión de carros-bomba, develan bustos y cumplen estrictos con fiestas religiosas y patrias de guardar. Aquí en cambio estaríamos en chancletas bajo los colchones del porsiacaso y del culillo, o enfriando cervecitas para admirar el evento desde nuestras propiedades horizontales u otros ranchos de inmejorable distanciamiento y perspectiva.

Porque es que hay obstinaciones que no se descalabran ni con el narcotráfico de por medio como esa de producir textiles por ejemplo o sembrar flores u otras somnolencias y además exportarlas. En todo caso la persistencia es expresión profunda de esa voluntad férrea y necesitada de sembrar que tiene toda tierra rural, cordillera y por supuesto equina, que tiene que ensillar y transportar bajo soles y lluvias, arrebujada en ruana y clandestina bajo el ala del sombrero, ese destino deletreado por Silva, José Asunción, cuando imploraba: "… y eran una sombra larga …".

Hoy los colombianos han escogido el talante santista frente al otro para buscar la paz y ojalá que la encuentren, aunque uno por lo mismo de ser tanto tiempo romántico y haber llevado tanto desengaño, no deja de dudar de este menú en el que no faltan ni el ajiaco ni el aguardiente ni la ópera vallenata, haciéndole fiesta al chiripero como aquí se mienta por sabido a una ensalada que eligió presidente.

Más de medio país es responsable de esta decisión electoral que trasformó los resultados de la primera vuelta al sumar ahora los votos de la izquierda, cierto conservatismo encabezado por el ex Belisario Betancur, algunos indecisos conversos, y el apoyo mediático de otros ex de la talla y malla de Gaviria y Samper, todos anti uribistas. Añádale a este batiburrillo una larga lista de divas sobre la alfombra roja: La Piedad, La Betancourt, Petro, La Intelectualidad, Los Medios y demás yerbas y virutas.

Hablando del vecindario debe decirse que más de uno anda brincando en una sola pata, y no se diga aquí en Venezuela, al ver tan próximo a aquel que hace tan poco que ya parece un siglo exterminaba guerrilleros como si fueran moscas dentro y fuera de su territorio ¿Verdad Correa?

Porque es que los pragmatismos políticos de estos tiempos dan asco y hacen que los cambios de rumbo ya no puedan llamarse inconsistencias o traiciones pues se agarran de lo que dijo el Papa o Mandela o Gandhi o Jesucristo, y no se resbalan en menudencias pues lo racionalizan o justifican todo. "Gané", y lo demás es paja.

En Cuba ni se diga. Los Castro ya no saltan de susto al escuchar "La Espinita" o "A esconderse que viene la basura", como ocurría en ese mes que les duró el terror al regreso de Uribe que cantaba "Volver", aquel tango de siempre. Los gringos, ahora padeciendo de claustrofobia presidencial, afirman en un texto que ni Whitman: "Estamos ansiosos de seguir trabajando con Santos".

Y qué hará la guerrilla, me pregunto, con este triunfo electoral que ayudó ella a hilvanar desde la selva y a través de las luces mediáticas del Hollywood de la izquierda, La Habana, y obligado a cumplir a ciudadanos supuestamente libres a punta de cañón en esquinas y demás quebradas y veredas. Ahora que se siente aliviada de tanto control militar, que decretan alto al fuego cuando les da la gana: ¿se cortarán las barbas y coletas? Qué hará Santos sintiendo que su legitimidad de origen, sentido y percepción reposa en buena parte en la guerrilla y sus *ad lateres* disfrazados de paz.

La Paz de Colombia se ha convertido en un destino turístico interesante, a precios excesivos de mercado electoral, al que hay que llevar en previsión varias rutas de escape incluyendo "Mayami". La guerrilla de ahora puede, macha y apoyada, ser un refugio, un santuario costoso donde esconderse impunes de cualquiera. Se aceptan presidentes corruptos. Viaje a la carta. Atención esmerada.

## CONTRABANDO DE DISTRACCIÓN
### (20.08.2014)

Se desconocen cifras reales y totales sobre la materia, pero deben ser multimillonarias las que arroja el negocio del contrabando entre Venezuela y Colombia. Porque de actividad lucrativa no controlada hablamos y además con arraigo cultural y social desde tiempos remotos. Si tomamos nada más como muestra los datos aportados por distintos actores y medios sobre los resultados que arroja el decomiso de contrabando durante los primeros días del cierre nocturno de la frontera entre ambos países, imagine usted la cifra de delito acumulado que resultaría al multiplicar los datos referidos por 15 años de gobierno bolivariano.

El tratamiento del tema económico, que lo es también de seguridad, no es para nada nuevo en nuestra relación. Que esto de poner orden los asuntos bilaterales, incluyendo lo comercial, ha estado presente en la preocupación de ambos países desde 1833 al menos, hace casi ya dos siglos, es cierto. Así es por ejemplo que cuando ambas naciones, Venezuela y a la sazón la Nueva Granada, ya separadas de la Gran Colombia, redactan el fallido "Proyecto de Tratado de Amistad, Alianza, Comercio, Navegación y Límites", sueñan entre otras cosas que "Habrá siempre y perpetuamente amistad y unión firme, sincera e invariable y correspondencia íntima, igual y perfecta, entre el Gobierno, los Pueblos y los Ciudadanos de la República de Venezuela y el Gobierno, los Pueblos y los Ciudadanos de la República de la Nueva Granada".

Si Immanuel Kant escribió su obra más importante "Hacia la Paz Perpetua" en 1795, que nosotros hayamos elaborado este proyecto de paz perpetua binacional tan solo 38 años después, habla muy bien de nuestro *aggiornamento* intelectual para la época y de nuestra visión excesivamente romántica de la realidad. El fatal idealismo.

Ahora bien, en este caso decir la verdad no estorba y al hablar de contrabando entre nosotros debemos incluir desde presidentes de la República, pasando por los exquisitos cigarrillos Piel Roja, y no se diga de intentonas golpistas, guerrilla, gasolina, políticos perseguidos, bocadillos, narcotráfico, especies exóticas; de todo como en botica. Por eso nos preguntamos hoy por qué el gobierno venezolano decide unilateralmente, según lo afirmado por la Canciller Holguín, cerrar parcialmente de la noche a la mañana la frontera incluyendo el sector Táchira-Norte de Santander conocido como "la frontera más viva de América Latina". Hay muchos tipos de contrabando, pero desde hoy el de "distracción" puede ser uno de ellos.

Tan complejas y ricas son nuestras relaciones que cuesta creer que ese tema tan puntual se haya convertido en el más importante de la agenda entre ambos gobiernos, a menos que sea una medida de presión o de chantaje; pero con qué objeto, a cambio de qué, de cuánto, de quién. Algo debe pasar entre bambalinas, aunque a lo mejor no es más que un complejo de Robin Hood mal administrado.

Entiendo sí que el gobierno de Colombia, es decir de J.M. Santos muy en particular, no va a profundizar en una crisis de alcabala, en la que va a salir perdiendo, "que no nos descarrilen", puesto que Venezuela es actor principal en los diálogos de paz que se adelantan en territorio de los hermanos Castro. ¡Qué acompañante ni qué ocho cuartos! Más bien, parte y comparte, aliado de las FARC y Santos amigo de Chávez, "mi nuevo mejor amigo", y ahora de Maduro, por los mismos motivos y ahora con más razón. Está en juego y a cualquier precio su ambición de existir que es la de pasar a la Historia junto a Bolívar, "El Libertador", Santander, "el Hombre de las Leyes", y él ahora como "el héroe de la paz o el pacificador de la República" cuyo título definitivo está aún por verse. Y eso no es poca cosa para un supuesto jugador de póker, como lo pintan los cachacos de allá, con tanto "espejito, espejito" guiñándole al mirarse y susurrándole al oído.

Pero volviendo al contrabando en tiempos del socialismo del siglo XXI, que está en crisis, tanto o más que la oposición en Venezuela, eso de echarle la culpa a Colombia de la situación venezolana es cuento que no debería engañar a nadie, por infantil y rupestre. Pero engaña, culpabiliza a otro, estigmatiza, despierta un sentimiento anti colombiano que siempre gusta por aquí, desde aquella noche septembrina, y que no piense usted que ha desaparecido por completo de estas tierras caribes. Ahora no es el Golfo ni los límites, ni los carros robados, sino que la crisis económica venezolana es culpa de Colombia que la ejecuta con acción u omisión, ese es el mensaje, a través del contrabando de "distracción" habíamos dicho, que no es que sea poca cosa, ni que reporte exiguos números de pulpería, como ya lo hemos visto, pero que lo que busca en sustancia, en nuestra demagogia chabacana de todos los días, es achacarle a un responsable externo, imperio alterno, los males que aquí padecemos y a quién más que a la eterna y cercana Colombia y cuyo único responsable en verdad es el gobierno de los de aquí y los de allá; al de La Habana me refiero.

Porque esas gandolas o tracto mulas como dicen allá, que no son invisibles, que pasan por los puestos fronterizos, quién las controla, requisa, si no las Fuerzas Armadas de por aquí y la Policía Nacional de por allá. Y todos sabemos que no hay nada más falso que sonrisa en alcabala. Allí queda y está buena parte de la corrupción, de la coima, y eso se sabe desde siempre. Lo que pasa es que ambos Estados se han hecho históricamente de la vista gorda, dejando que el problema crezca como la mala hierba para mantener el *statu quo* de la crisis fronteriza, que ha sido desde antaño dominada y administrada por militares y curas. Espada y cruz. Creo que no hay lugar de América Latina donde no haya sido así. La presencia del Estado por esos lares ha sido una ficción. Vacío ocupado.

Y si hay contrabando es que hay contrabandistas; y si hay contrabandistas y contrabando es que están dadas las condiciones para que allí impere su ley, y debo suponer que estos malhechores actúan al abrigo de la inexistencia permisiva del Estado. ¿O es que para eso no está o no funciona para dejar que ellos sí estén? Entonces si hay contrabandistas, dónde están, quiénes son, si todos los conocen por qué no los atrapan.

Por eso es que para nosotros observadores de esas realidades de frontera, y siempre preocupados por mantener las mejores relaciones con los vecinos, afirmamos que mientras existan las condiciones culturales, sociales, económicas y políticas que hoy prevalecen como las causas y origen del problema, el contrabando seguirá existiendo, porque además ese no es un problema estrictamente fronterizo, porque los cabecillas que manejan esas mafias multimillonarias no se encuentran necesariamente en la frontera sino que además manejan otros oscuros rubros y pudieran tener oficina en diversos lugares del país y hasta, por qué no, en el extranjero.

El contrabando, que es perjudicial, existe, ha existido y existirá, pero el gobierno de Venezuela nos cuenta una de vaqueros, envenena y adormece con el discurso de que allí radica la razón de nuestros males económicos, como la carestía, la inflación y demás padecimientos ciudadanos. Pero eso no se lo deben creer ni los que se la pasan cantando aquel aguinaldo que decía: "Casta paloma de gentil plumaje, emblema tierno de risueña paz". Aunque tal y como andan las cosas es mejor vacunarse por si acaso.

## SAMPER EN MIRAFLORES
### (19.09.2014)

El ex presidente de Colombia Ernesto Samper Pizano (1994-1998), no ha cesado en su afán de zafarse de los plomos que lo persiguen. Me refiero tanto a los que lleva aún dentro de sí, después de aquél atentado en el aeropuerto "El Dorado" de Bogotá, lo que lo aproxima a cierta narrativa típica del realismo mágico, así como también a los que carga en su conciencia, si así fuera, con aquello del Proceso 8.000 del que salió igualmente con vida más no ileso por las acusaciones de haber consentido el ingreso de dineros del narcotráfico en su campaña electoral. En ese contexto, el de los bastiones del pasado, acaba de ser nombrado Secretario General de la Unión de Naciones Suramericanas (Unasur).

Pero ha sido en todo caso una rehabilitación inducida digamos y por tanto postiza, en la medida en que es producto de negociaciones arregladas con petróleo venezolano y aunque es verdad que el Presidente Santos lo ha respaldado públicamente, no deja de llamar la atención además la referencia expresa a Cuba, en su discurso desde Miraflores al asumir el cargo, definiéndola y defendiéndola como un "hermano mayor", con lo cual puedo inferir que, en acto fallido de genero gramatical, se refería al "Big brother" orwelliano, ¿Fidel en este caso?, de la novela *1984*, por el carácter arcano y omnipresente de tan taimado personaje que se nombra pero que nunca realmente aparece en escena y que desde lo inmarcesible dicta órdenes así como el comandante eterno de esta Tierra de Gracia.

Habló Samper en la misma alocución de sus planes de acción, "objetivos misionales" los llamó, y los concretó en tres asuntos: el tema social, el económico, y el político, refiriéndose específicamente a su preocupación por la inseguridad ciudadana. En tal sentido apostaría lo que no tengo a que la verdadera prioridad para la que se le tiene en mente y para el que ha sido nombrado por sus mecenas es, casi que, con exclusividad, el de la paz en Colombia, con lo cual se colombianizaría y desnaturalizaría la agenda de Unasur. Pero, qué es una raya más para un tigre.

Me llamaron la atención y dieron pena ajena las tantas loas frente a Maduro quien administraba aplausos, sonrisas y silencios, como el jefe que le da el visto bueno a un fulano que solicita empleo; a Chávez, "comandante y presidente"; a Maduro, "tengo la mayor confianza en que el país está en muy buenas manos, presidente"; a Alí Rodríguez, "la fuerza tranquila de Venezuela en medio de las peores tempestades"; la alabanza acrítica acompañada de lambones gestos "a las 19 elecciones ganadas".

Más no debería sorprendernos este izquierdismo complaciente de Samper, quien nunca estuvo lejos de Fidel en quien confiaba y confía como intermediario e interlocutor válido entre guerrilla y gobierno. Y Fidel y ahora Raúl, que son viejos y zamarros desde que nacieron, le tienden la mano al caído, que no es sino para darse oxígeno a sí mismo y seguir flotando sin apuros por concretar la paz en Colombia, ya que estarían perdiendo un jugoso botín de guerra en el mar de la felicidad.

Por lo que vemos, la política exterior de Colombia desde López Michelsen a esta parte, con sus bemoles en la partitura, ha estado mucho más vinculada a Cuba de lo que muchos pensábamos era una relación casi que unívoca con los Estados Unidos. El Samper de hoy resucitado, es producto de ese inestable pero pragmático andamiaje de intereses y componendas que priman tantas veces sobre los pajonales edulcorados y proclamados a través de la casquivana retórica documental de las cancillerías.

Nos hubiese gustado, ilusos, un discurso más emancipado, menos de funcionario público enjaulado en proteger las haciendas de los mayores accionistas; un discurso de Estado y no de parcelas políticas, porque la oposición aquí o allá es también ciudadanía, y nos persiguen; porque la libertad de expresión es de todos y de cada quien, y la asfixian; porque el diálogo y la paz son valores sin fronteras, y derechos humanos irrenunciables e irrespetados en todos los confines de Unasur cuya capital, supongo, no es La Habana.

Pero a pesar de todo, qué decir: ¡Suerte Señor Samper y ojalá en una de esas se descarrile a favor de la democracia y de la libertad! No tengo porque esperar menos de Usted, no sería justo.

## LA PAZ EN COLOMBIA: SUEÑO Y PESADILLA (28.09.2014)

El mejor termómetro para entender hacia dónde van los tiros de la fiebre de paz que se suda en Colombia es leer, oír y seguirle muy de cerca los pasos a Juan Manuel Santos, pues él es quien mejor los transpira. Toda la tramoya de esta aventura, sin previsible capítulo de cierre, pasa por su mente y su hígado. El fin del conflicto es su razón de ser. Destino, gloria, abismo, ya qué importa. Él ha deshidratado a su país en un desmedido desierto de utopía y éste se le ha plantado crítico, atravesando estados reactivos de tolerancia primeriza, escepticismo y desilusión, llegando hasta el rechazo sustantivo de hoy.

Es una nave frágil, saturada de ilusión, que atraviesa la borrasca creada por el discurso sibilino del equipo negociador de las FARC en La Habana, coreado por los hechos de guerra que siguen vigentes. Además, se muestran los resultados de las encuestas sobre el caso que indican desconfianza en el proceso y de rechazo a la impunidad de los crímenes; súmese la oposición política y, finalmente, las contradicciones del propio gobierno frente a los diálogos, sus resultados y la metodología del postconflicto.

Pero ya no hay marcha atrás porque usted podría, por ejemplo, "desgolfizar" la relación con Venezuela por cincuenta años, como lo pretendía Luis Carlos Galán en su momento, pero no se puede congelar, "despacificar", la realidad interna de Colombia. La libertad, la prosperidad y la paz de un pueblo no se pueden aplazar o posponer así no más.

En esa ansiedad, excitación, apuro que a veces transluce la codicia, Santos no ha hallado qué inventarse y le ha brotado un frenesí por el sensacionalismo, el maniqueísmo, el mitómano que lleva dentro, el mesiánico, el monotemático y el político efectista y populista con campañas de mercadeo como las de "Yo soy capaz" o la de la publicación de los documentos oficiales de las conversaciones en La Habana (www.mesadeconversaciones.com.co).

Por eso mismo lo hemos visto en menos de 24 horas escribir en su cuenta de Twitter @juanmanuelsantos: "Dado de baja cabecilla #55 durante nuestro gobierno: alias "Tomate" de la columna Alirio Torres de las FARC. FELICITACIONES A LAS FUERZAS" para seguidamente aparecer en la ONU pontificando: "En un mundo lleno de malas noticias de guerra, de terrorismo, de enfermedades, quisiera traer en esta Asamblea una luz de esperanza. La esperanza de lograr la paz en Colombia".

Timoleón Jiménez, "Timochenko", comandante del Estado Mayor Central de las FARC-EP, que no va a La Habana a dialogar y que sigue en las montañas de Colombia, algunos dicen se esconde en Venezuela, territorio camarada y servicial, le ha advertido: "¿Será que el exaltado optimismo oficial y mediático apunta a crear una idea fantasiosa para cuando aparezcan las dificultades previstas poder romper y echarnos todas las culpas a nosotros? Esperamos no sea así, Santos".

La guerra renuncia a la paz para vivir su pesadilla mientras la paz huye de la guerra para seguir soñando. Suerte.

## ¿A QUIÉN LE CONVIENE LA PAZ EN COLOMBIA? (02.11.2014)

¿Es deseable para el futuro de la Democracia la paz de Colombia en los términos que la propone el presidente Juan Manuel Santos? ¿Es conveniente para América Latina? ¿Es favorable a los intereses de Venezuela? ¿Cuál Venezuela? Veamos.

Con escasas lagunas de relativa tranquilidad ha transcurrido la historia de Colombia desde la época de la Independencia. La parte de esa larga guerra que mejor conocemos hoy, la más publicitada al menos, es la que los académicos han bautizado con el nombre de "La Violencia", que es la que explota con el asesinato de Jorge Eliécer Gaitán, en Bogotá, el 9 de abril de 1948, y aún sigue vigente.

Dicho conflicto social, que lo es también económico, político y cultural, en verdad no ha sido óbice para que Colombia haya avanzado hasta las posiciones destacadas que hoy ocupa en tantos rubros del hacer colectivo e individual. Y lo que ha sabido vender hasta el exceso que los espejismos estadísticos brindan pero que la realidad no comparte, con la bíblica tozudez de una nación pobre pero emprendedora, es que su principal riqueza reside en la perseverancia propia de un pueblo en el que sembradío, ordeño e ingenio se levantan temprano y duermen tarde y poco, contando los beneficios, reales o imaginados de los días de brega. Hasta la burocracia es puntual a pesar de estar sonando los tiros en la calle. La maldad por igual.

Digamos además que el fenómeno de La Violencia dura ya casi sesenta años, en los cuales, día tras día, sin respiro ni descanso, la sociedad colombiana se ha visto enfrentada, contagiada, arrinconada, manipulada, secuestrada y expropiada de sus derechos humanos fundamentales, entre los que se destacan, la paz, la vida, la propiedad, el libre tránsito, y donde impunidad, terror y muerte, se han convertido en costumbre y asedio.

Venezuela siempre ha estado más que pendiente de esa situación tan dolorosa, no solo por los efectos perversos que sobre nuestro territorio, aguas abajo, drenan desde allá como resultado de una guerra de la que no somos ni responsables ni parte, sino además porque históricamente, ya antes de la Independencia, hemos tenido para con nuestros vecinos, a pesar de otras distancias, un comportamiento solidario, demostrado con hechos, asumiendo como propios los esfuerzos de libertad, paz y justicia, que se han despertado en el continente, con las excepciones de rigor, por supuesto.

En nuestro paréntesis democrático, de ni siquiera medio siglo, sin pedir nada a cambio, por cuestión de principios y sentimientos nobles, Venezuela fungió de facilitador o participó activamente en todos los procesos de negociación o de diálogo entre los distintos gobiernos colombianos de esa época y los "alzados en armas", como suele llamarse a la guerrilla por aquellos rumbos.

Hoy también es así, pero con intereses ideológicos y políticos de por medio que tienen que ver con la ambición geopolítica de expandir el modelo cubano-chavista por toda América Latina, Centro América y El Caribe, para acabar con la democracia que tanto nos ha costado levantar o que hemos perdido y por la que seguimos luchando, tropezándonos, por reconstruir, inventándola de nuevo como en el cansón mito de Sísifo.

El presidente Santos ha jugado sus cartas a sabiendas de estas condiciones bajo la premisa de que el fin justifica los medios, porque la paz para él no es asunto de éxito político, que ya los ha tenido, quién lo duda, sino de angustia mitológica, de pasar a la historia. Le fascinan los héroes, Uribe fue uno de ellos y tanto así que lo quiso imitar hasta que un día lo dominó la droga del poder absoluto y lo echó por la borda, confirmando de esa forma los supuestos de Freud.

La paz en Colombia hoy se ha convertido en un galimatías que desde aquí pareciera no tener solución, y allá tampoco, nada más al observar el diccionario y menudeo de enredos y zancadillas que escuchamos en la chismografía "chuzada", mediática y mediatizada. En la sociedad colombiana no hay consenso sobre este nuevo contrato social con la guerrilla. Es más, crece el descontento, la desconfianza, la desaprobación y lo más preocupante, la indiferencia, frente a temas como la impunidad de los victimarios, su desarme, el post conflicto, los crímenes de lesa humanidad y un largo hasta cuándo.

Como salida a esta calle ciega y buscando oxígeno externo es que el presidente Santos ha viajado a Europa a recoger fondos, a hacer socios y sumar apoyos que legitimen su mercadotecnia pacificadora de impunidad sin justicia. Y como no convence a los colombianos, ha ido a enamorar al Viejo Mundo, cual Cristóbal Colón, con la idea de que deben invertir en su aventura y ha sido recibido con honores por sus pares, aunque nadie asegure a pesar del boato que, así como así, le vayan a comprar la mercancía de marras a cuenta de extravagante.

También Santos, dando y dando, en esos equilibrios inestables que acostumbra danzar, ahora jugando al duro de la película, ha aprovechado su periplo europeo para afianzar contactos militares y hacer participar al ejército colombiano y a sectores civiles en acciones conjuntas con la OTAN y la Unión Europea, lo cual ya en el pasado le granjeó críticas de sus ahora socios dialécticos, Maduro y Morales, que el boliviano presidente calificó hace poco como "sinónimo de dominación, invasión y muerte".

El conflicto hoy en Colombia ha bajado en intensidad, es verdad, pero ello no es más que un artificio venial pues no se ha resuelto ni en la práctica ni en la gramática lo que está pendiente y por escrito, firmado por las partes, en las tan cacareadas conversaciones de La Habana. Y como se ha afirmado ante la opinión pública que "nada se resuelve mientras no se resuelva todo", es de suponer que el tira y encoje se alargará por lo menos hasta que Santos deje el gobierno que no será sino hasta el 2018 o hasta que se sucedan hechos imprevistos o se rompan en definitiva las conversaciones ¿Habrá un plan B?

No parece, a la luz de lo dicho, que por el momento se pueda resolver el conflicto en cuya controversia los Castro y sus intereses parecieran estar más cerca de las posiciones del alto gobierno neogranadino que de las propias FARC-EP. El poder real en La Habana apuesta a la paz casi que a cualquier precio; a la inclusión de la guerrilla en la vida política y a un posible éxito político-electoral de las fuerzas de izquierda como viene ocurriendo en buena parte de América Latina desde que Chávez ganó las elecciones en 1998 y Colombia hacía las veces, qué tiempos aquellos, de muro de contención, al lado de los Estados Unidos, frente al socio-comunismo internacional. Lo demás es historia u hojarasca.

Todos estos elementos puestos sobre el tapete ponen en evidencia la necesidad de discutir con criterios menos románticos que los de costumbre, los posibles efectos de la paz "a la Santos" para los intereses de la democracia mundial, para las fuerzas democráticas en América Latina y para Venezuela muy particularmente. El debate está en pie.

# LA PONCHERA DE FIDEL
### (17.12.2014)

Sentado a la orilla de su isla personal, de espaldas al bullicio y a la gente, mirando el mar profundo y tan lejano, no deja de jugar con sus pies escamosos dentro del agua tibia y medicada, acopiada en ponchera de las de antes por uno de los enfermeros guardaespaldas que con ganas íntimas de "Mayami" lo protegen como a un bebé barbudo.

Otrora atracción de circo, ya a su edad no es más que un espejismo, objeto raro abandonado en el rincón de su decrepitud, un radio viejo que cantó e hizo bailar a más de uno, pero que ahora solo tartamudea baboso, en ropa deportiva, aquellas canciones marineras de cuando Batista era el Sultán de aquel tibiri tábara. "Cambalache" era ya un tango famoso.

Reposan mientras tanto sobre una mesa pesada de marfil como elefante genuflexo, convenientemente acomodada debajo de un almendrón rozagante, sostenidos del capricho del viento por blancas piedras y gigantes moluscos, libros, revistas, informes técnicos con propuestas que nunca se llevarán a cabo, cartas, salutaciones, periódicos, una libreta intacta para sus notas y mensajes cifrados que ya ni escribe por rubor, sospecha o desengaño, y unas fotos de borrosos recuerdos y rostros ojerosos que a veces le hacen dar un suspiro danzón cuando nadie lo mira, para que no sepan que es humano.

Una idea está fija en su pensamiento y es la muerte que ya se le ha asomado varias veces. Sí, la pelona, la suya, la de él. Con su cruz de lagañas a cuestas, hijos, traidores y demás desaparecidos, murmullan desde el olvido, y la arena cercana, móvil y polvorosa, lo descubre en su poquedad, multiplicado en un espejo microscópico e interminable. "Nada es para siempre, sólo lo es la revolución", se ampara, defiende de sí mismo y de lo que lo rodea y sigue abstraído en el mar cuya espuma lo lleva sin querer al sonsonete inconveniente aquél de "Maringá, Maringá": "…que después que tú partiste todo el mundo quedó triste porque amaba tú bondad". ¿Se pondrá Leo Marini de moda nuevamente?

En esas tribulaciones, después de alcabalas, requisas y permisos, se le acerca un lleva y trae de anteojitos, calvito prematuro, con ilusiones de canciller, embajador al menos, vestido de guayabera manga larga, creyendo ganar puntos con un informe recién salido del horno, de su puño, letra y trasnocho, sobre las laberínticas conversaciones de paz que en tierra de Martí llevan hoy adelante o atrás o en neutro o en suma de todo lo contrario, el gobierno de Colombia y la guerrilla de las FARC, ejército del pueblo para más apellidos rimbombantes.

"¿Y qué se dice?" refunfuña mirándose los pies en tanto que el fulano miope ya le extiende la carpeta de rigor sin que el anciano dé muestras de aceptarla; símbolos del poder. "Jefe" lo llama, aunque después recule y carraspee, y afirme "Comandante", casi que con K. El "Mí" posesivo al revés, entregativo pues, vendría a continuación: "la cosa está trancada, pero poco a poco".

"Ni que fueran estíticos, carajo". "Es que así son estas cosas, y ahora sí y por fin y abierto, "Mí Comandante", de tira y encoge, y la estrategia no es la de ganar-ganar como dicen en Cambridge, sino de dilatar y apurar al mismo tiempo para que parezca se está, sin estar de verdad".

"Pero ¿cómo es esa vaina Ramoncito?", y por primera vez lo llama por su nombre de pila igual al de su padre y el interfecto que casi de vahído. "Ya yo le he dicho a los compañeritos de las FARC que las condiciones están dadas para la toma del poder; sobre todo las subjetivas. Que se olviden de montañas, de muertos, de secuestros, de barbas, de banderas coloradas, que dejen la imitación, que a ese tiempo se lo tragó la historia. No ven a Venezuela, a Nicaragua, Ecuador, Bolivia, a Brasil, Argentina, Chile, Uruguay, cada quien, con su tumbao, o es que están ciegos. ¡Tráiganme un vaso de agua sin veneno, que esta maldad que siento en el cuerpo no puede ser otra cosa que muerte lenta!

Yo se los dije: "Fidel, el Ché, Sandino, Gaitán, el cura Camilo Torres, Tiro Fijo, todos esos son muertos, menos yo que ya casi, y hay que terminarlos de enterrar. La revolución de hoy es por las buenas y con salivita. Poder electoral, encuestas, diálogo, marketing, todo ese cachivachero burgués ahora está a nuestro favor y hay que explotarlo, para que quede claro".

Yo se los afirme, ¿se dice así?, por la mitad del medio del centro en el Aula Magna de la Universidad Central de Venezuela, en 1999 con Chávez ya de presidente electo y constitucional, que la revolución de ahora no necesita ni de sangre ni de héroes, es, debe ser, una revolución tan civilizada como la de los Estados Unidos y así no nos metemos con el imperialismo. ¿Para qué buscarse enemistades? ¿Para hacernos fuertes, eternos? Mírame yo. Ayer no es hoy.

Dije pues en Caracas: "Les voy a decir algo más, ustedes no pueden hacer lo que hicimos en 1959. Ustedes tendrán que tener mucha más paciencia que nosotros y me estoy refiriendo a aquella parte de la población que esté deseosa de cambios sociales y económicos radicales inmediatos en el país. Si la revolución cubana hubiese triunfado en un momento como este, no habría podido sostenerse". "¿Te lo explico mejor, Ramón?"

O es que no saben estos tarados que la guerra fría terminó y hay que aprovechar antes que vuelva a empezar, porque lo de Putin va por esos caminos.

Ahorita, hoy, ya, la pobreza está de nuestro lado, la falta de educación, el imperio del "bobismo", que es como ponerse en cuatro patas a favor del que venga con unos periquitos embusteros a criticar la democracia que ya se bajó los pantalones, se corrompió hasta los tuétanos; anda balsera. ¡Qué clase dominante ni qué ocho cuartos! Esa entelequia no existe; burguesía, lucha de clases, élites, empiriocriticismo; palabrejas de diccionarios democráticos y marxistas que ya no sirven ni para limpiarse el rabo de apolillados que andan, los libros digo. Todo ese chiste del subdesarrollo, de las élites en América Latina, no me jodan, salieron corriendo a comprarse baratijas por el mundo.

Aprovechemos que la niña está sola, sin dictaduras a lo clásico, sin militares golpistas por ahora, con crisis inmensa de partidos políticos, con lumpen como arroz. No hay necesidad de invadirla, ni expropiarla, no es negocio. No tiene quien la cuide, ni quien la llore. Eso que tú llamas las élites en el cartapacio ese que me trajiste y que no voy a leer como imaginas, se chuparon todo lo que pudieron. Y se fueron "pal carajo" a vivir bien, a jugar golfito, sin mosquitos, sin militares, sin pueblo, sin estiércol que los vaya persiguiendo a donde vayan. No se exiliaron, se esfumaron más bien. Este mundo frondoso, diluviano, corrompido de tanta podredumbre, y caribe además, les quedó grande, de otra talla, en sus endulzados saberes europeos. A tus élites les dio el alzhéimer tropical, ya no se acuerdan de esto o nunca lo tuvieron en mente como destino, como tumba. Le huyeron a la mortandad de peces en la orilla, a las aguas negras, al dengue, a los carajitos con los mocos afuera, a la chikungunya africana, ¡qué vaina!, al mierdero que somos. ¡Viva la democracia, camarada!

Así, sin enemigos y con eso que ustedes siguen llamando las condiciones objetivas como que, si no hubiera pasado nada en cien años, ¡qué montaña ni qué montaña!, elecciones carajo, modernos por fin, actuales, democráticos mi sangre. La era está pariendo un corazón, pero de votos, carajito.

Diles a los compañeritos de las FARC que yo lo que les mando a decir es que le digan que "sí" a todo. Mañana serán gobierno y mandarán al Estado al mismísimo sacramento del carajo; ya haremos entonces las cosas a nuestra manera. ¿No y que somos caribes? Seámoslo pues, que quiero verlo en vida. Y ese mandado es rápido, que para ayer es tarde.

Muévete que me estoy muriendo del cansancio de oírme y de esperar que te vayas. Acuérdate de la embajada, aunque con esos lentes que tienes te pareces más bien a un tercer secretario. Anda y caliéntame el agua de la ponchera que esto se está poniendo frío y gánate unos puntos con la historia. ¡Saludos por allá!

# EL ANTI IMPERIALISMO COMO ESPECTÁCULO (18.03.2015)

Ahora que les ha dado por reencauchar el cuento del anti imperialismo yanqui y la defensa de la soberanía, mientras que al mismo tiempo y por ejemplo callan y dejan hacer a Guyana lo que le viene en gana con el Esequibo, es oportuno reflexionar sobre los límites y las fronteras territoriales venezolanas en su conjunto, en torno a las cuales arrastramos un expediente voluminoso de despojo y desvergüenza.

No es nuevo este prontuario. Sin ser el país petrolero, pantallero, camorrero y socialista, insólito de ahora, al menos desde 1830, fecha en la que nos separamos de la Gran Colombia, ya Venezuela, aunque todavía rural, agropecuaria y apenas civil, daba muestras de una pulsión mineral, caribe, ventolera, inorgánica y trashumante en su sentido de la realidad en general y de su territorialidad en particular. Sabiéndolo, más de uno se ha lucrado del lema: "Para nosotros la Patria es América" con el fin de comprar favores y entrar y salir de contrabando con la bandera nacional de pasaporte. ¿Tendrá algo que ver esa fogosidad heroica y desbordada de nuestros libertadores con el relajamiento y la indolencia heredados hacía lo propio?

Las fronteras territoriales, así como las mentales, sirven de contorno de identidad a individuos y naciones. Dentro de esas líneas imaginarias, inconclusas en fin y capilares, cada quien construye cordón umbilical para afirmarse en un terruño tribal.

Y un país se dibuja dentro de sus límites geográficos y los de Venezuela son cada vez más imprecisos en todos los sentidos. Una nación también se demuestra en sus vaguedades y desilusiones, y en materia de fronteras y límites hemos sido tan epilépticos como erráticos. Un Estado además se conoce por las omisiones que concluyeron en infortunios, y aquí el expediente es larguísimo y pesado.

Un país, en fin, se define por sus logros, y en materia territorial hemos dejado de ganar, cuando no perdido o entregado, más de lo imaginado.

En tal sentido, en Venezuela hemos tenido más y mejores diplomáticos que diplomacia. Ha sido más la pasión y la entrega individual y personalísima que la conciencia coherente del esfuerzo de conjunto; y cuando se va el labrador de sus propios desvelos, la siembra se pierde desechada. Habrá que ver por qué el pasado histriónico y militar de caudillos, dictadores o gendarmes, cuyos méritos más prominentes son, en vez de construcción de sociedad y ciudadanía, los excesos de fuerza y la manía monumental por el cemento y la cabilla, ha prevalecido sobre los esfuerzos civiles cotidianos.

A todas éstas, la responsabilidad de precisar y defender los límites definitorios de identidad ha sido en su conjunto inconsistente y por tanto propiciatorio de derrotas y pérdidas que ni política, ni militar ni diplomáticamente hemos sabido, contadas son las excepciones, extraer de la lucha intestina que permanentemente nos carcome y pareciera saboreáramos. Por eso es que tal vez hemos sido, en razón de causas y defectos que se retro alimentan, más reactivos que propositivos, convulsos antes que persistentes. Aspaviento, además de bochinche.

En este carnaval patriotero de invasiones supuestas, festejadas y manipuladas desde la impotencia política de los gobernantes, queda una vez más revelada la nave que al garete traslada su histórico fracaso a fuerzas exteriores e imperialistas y a "lacayos internos", justificando así su arremetida contra la democracia y exhibiendo aguajeros, sin pudor y a la vista de tantos que los ríen en comparsa, soberana idiotez.

## LOS CASTRO Y LA CELAC
### (13.04.2015)

### Cartas de presentación

Otorgándole el mayor realce simbólico y luctuoso posible, como acostumbran los regímenes comunistas, los imperios o las sectas, se está celebrando en La Habana, Cuba, la III Cumbre de la Comunidad de Estados de América Latina y el Caribe (CELAC). Coincide el evento con el 161 aniversario del natalicio de José Martí, autor de "Nuestra América", mientras subterráneos se escuchan, por esos castillos aherrojados, los pasos fríos del fantasma del comandante eterno Hugo Chávez, padre de la criatura huérfana, fallecido hace tan poco tiempo, aunque parezca más de lo debido. El ritual de adopción, donde emperifollados, en liturgia tropical de guayabera, broncean de aire acondicionado sus asombrados cuerpos los peregrinos en tránsito que allá fueron y están, se celebra en La Habana, Catedral Primada de la Revolución.

La CELAC creada en 2010, constituida por 33 naciones que suman una población aproximada de 590 millones de habitantes, administra una extensión territorial de unos 20 millones de kilómetros cuadrados. Las únicas naciones del Continente que no forman parte de este conglomerado americano son los Estados Unidos y Canadá. "Mejor así", dirán.

Es un acontecimiento pues de gran significación protocolaria y de dificultades logístico-administrativas enormes, pagado imagino con dineros venezolanos, al que han asistido, además de Presidentes y Jefes de Estado, Cancilleres y otros funcionarios de alto nivel acompañados de sendos equipos técnicos, los Secretarios Generales de la OEA, Miguel Insulza, y de la ONU, Ban Ki-Moon, que parecieran ser especie en extinción, jarrones chinos, ballenas vacías, ya que al entender y decir de algún entrevistado pre pagado, la cosa pinta así: "la OEA y la ONU son el pasado, la Celac es el futuro". El presente es pues de los filibusteros, aunque aquellos tampoco es que sean como para extrañarlos demasiado.

Las repercusiones de esta Cumbre, más allá de la retórica en pluscuamperfecto de rigor y de la feria de vanidades exhibidas, connaturales todas dos a la dimensión y lustre de estas reuniones, en la práctica no serán significativas; barcos de papel más bien, pero con un poder mediático sorprendente, con el que se exaltará mundialmente a la dictadura cubana como anfitriona de los presidentes y jefes de Estado, supuestamente democráticos, de la región. Hoy es Cuba el ombligo del Continente. Realismo mágico embotellado y listo para el consumo internacional.

## Vuelta al pasado: Welcome Bloqueo

A todas luces parece que Cuba, la de los Castro, quiere salirse de lo que ella misma se impuso y piensan estuvo a su favor. ¿Cómo rebobinar la historia sin verse en retroceso? Esa imagen de galeón derrotado, escorado, ocioso y lastimero, en mitad de un desierto salado, temiendo ser carnada del Triángulo de las Bermudas, en vías de desaparecer, balseros pertinaces ellos, ha encontrado en la CELAC un salvavidas, una manera de evadir nuevamente, por unos días al menos, la pesadilla en la que se habían convertido hasta que el difunto Chávez los sacó a flote.

Sus recuerdos de otrora, nostalgia, barbudos haciendo revoluciones, invadidos de una fiebre que el poder aumenta, sarampión que se propagó por las venas de América Latina sobre todo después del embargo económico de 1960 luego del triunfo de la revolución en 1959; el parpadeo infantil de los EEUU y su respuesta errática, excesiva. Un error pagado con un error mayor.

Después vino el "bloqueo", decisión en respuesta al descubrimiento, en octubre de 1962, por parte de los Estados Unidos, de misiles nucleares soviéticos en territorio cubano. La "*Karibskiy Krisis*" o "Crisis del Caribe", como se le conoce en ruso, de la que Ernesto el "Ché" Guevara dijera: "Es el ejemplo escalofriante de un pueblo que está dispuesto a inmolarse atómicamente para que sus cenizas sirvan a sociedades nuevas...", no dejó sino malas hierbas. La más mínima posibilidad de acuerdos, de coexistencia pacífica o de turismo de aventura al menos, se cerraron luego de esta aguda tensión en la que estuvimos a punto de una guerra nuclear mundial, valga la redundancia, que de darse nunca habría leído su epitafio: "Aquí yacen la política y la diplomacia. Venció la guerra".

En ese encierro, el de la venganza que emana de la frustración, resentidos, los líderes de la revolución se montaron ahora en el potro del "internacionalismo proletario", de "la revolución permanente", y en la teoría del "foquismo", con la idea de cumplir con sus ambiciones épicas de hazañas y de héroes novelescos, y se auto convirtieron en mercancía de exportación. Ya lo decía Fidel, el 10 de abril de 2013 en un Granma supuestamente retirado de circulación: "Unos exportan materias primas, nosotros exportamos revolución". Y amparados por tantos intelectuales del vecindario y europeos también, Sartre y Debrais no más de ejemplo, quisieron encender la pradera con mil Vietnam en toda América Latina, África incluso, "¿Angola?: por qué no". Según el libreto, las condiciones objetivas estaban dadas; y las subjetivas también: ellos mismos.

Desde entonces fueron, son, expansionistas, intervencionistas, invasores. No hubo soberanía que no irrespetaran. Arropados y justificados, en el hábito de la "integración latinoamericana", de la "libertad de los pueblos" y otros conceptos amontonados y aliñados en interminable diccionario, ya no supieron qué inventarse para dejar de ser isla, crisálida inconclusa, burdel estrafalario; no tenían plata, es verdad, pero vendían una utopía de neón, y mire usted que fueron muchos los que la compraron. Pero fracasaron otra vez, y el síndrome de la derrota se apoderó de ellos nuevamente, al tiempo que la madre Unión Soviética dejaba de subvencionarlos; terminaba la "Guerra Fría", caía el Muro de Berlín (*Antifaschistischer Schutzwall*) y se quedaron solos en su encierro de estuario. El pirata Morgan ya había conocido esas penurias. Nerones ya sin Roma que incendiar.

### Después de la derrota

Hasta que se inventaron el cascarón de mártires, cangrejos, caracoles, hijos desnutridos por la conjura del imperio yanqui; náufragos, piratas representantes supuestos de los pobres de América y el mundo; parias leprosos como los de Molokai, la isla maldita; llorosos pero coléricos, barbudos con un discurso religioso; "la fe mueve montañas". Sufrientes de una cruz impuesta por las fuerzas del mal, la del capitalismo internacional. Su sed de agua dulce, su hambre, su dictadura, sus fusilamientos, su racionamiento, su "período especial", su irrespeto por los Derechos Humanos, sus tropelías, todo achacado a otros: ¡los imperialistas y los gusanos son los culpables, mi sangre!

Hasta que se encontraron con Chávez o a la inversa, y una química de incesto los encontró en el tiempo que nos toca vivir en el presente más cercano. Un hijo millonario y botarate en busca de Tótem y Tabú; Hugo, encontrado después de tanto tiempo en el Mar de la Felicidad, cual Moisés en el Nilo; el hijo de una madre proscrita, la patria común, América, oxigenó sus destinos, galvanizó sus estrategias y dio fuelle a sus planes de emancipación continental. Allí se concretó la invasión, premeditada por una parte y consentida por la otra, de Cuba sobre Venezuela. Encontró fuelle y muelle militar, sin disparar siquiera una luz de bengala, el cascarón de proa en que se había convertido políticamente la ambición cubana. ¡Coño camarada, resucitamos! ¡Tierra, tierra!

### Nuestro hombre en Caracas

Ahora aparece Maduro en escena, dicen algunos susurrado, impuesto observan otros, a Chávez en sus tiempos de enfermo terminal administrado por los Castro, para que lo sucediera en la empresa que está hoy en marcha, que para ellos es no morir de mengua y para nosotros el desastre de vivir la vida que boqueamos. Ya lo dijo Fidel en aquel mismo Granma supuestamente sacado de circulación -¿por qué razón?- el 10 de abril de 2013: "sin el petróleo de Venezuela la revolución fracasará. Maduro es nuestro hombre en Caracas". Y así es.

Y retumba esa imagen de palabras mientras en Cuba se celebra la aludida tercera Cumbre de la CELAC que es oxígeno del exquisito para el régimen castrista que ahora, cosa más grande, es anfitrión, ombligo, "la era está pariendo un corazón", de América Latina y del Caribe. Un país donde no hay democracia, donde la disidencia es perseguida y encarcelada, donde no hay partidos políticos, donde todo se medio dice, susurra o calla de acuerdo a la cultura del miedo impuesta por los hermanos Castro, y que vallan los fulanos Presidentes y Jefes de Estado de por aquí haciéndose los locos a cohonestar aquella tropelía, los convierte en cómplices o cabrones públicos, porque que en definitiva: ¿son representantes de los valores democráticos de los pueblos que los medio eligieron y a quienes representan, o es que allí los pueblos estorban y se trata tan solo de reunión de gobiernos y cúpulas podridas?

Pareciera no ser este un tiempo para las democracias en la región. La dictadura cubana, la guerrilla colombiana y los gobiernos izquierdosos y populacheros de por aquí tienen la batuta en la mano, mientras el coro sumiso de invitados anestesiados de sol, ron y tabaco del bueno, entonan la vieja canción de Carlos Puebla que ahora renace como himno: "Cuba, que linda es Cuba, ahora sin yanquis te quiero más".

# GARCÍA MÁRQUEZ, VOZ DE RÍO
## (15.04.2015)

Hace tiempo ya que algún país ha debido tener la hidalguía de llamar a uno de sus ríos con el nombre del Gabo. "Vamos a bañarnos al Gabito", exclamarían los muchachos retozones del sitio sin saber en qué profundidades se bautizan. Porque de sacramento se trata y no es para menos en estos días en el que Gabriel García Márquez cumple 87 años, que para él sospecho no serán más que un ocho más siete que son quince. Veamos lo del río.

Cuando trato de apreciar el significado que para mí tiene el escritor de marras, no puedo relacionarlo sino con el agua. Nada de mineral, animal o vegetal lo define, sino materia líquida dentro de una madre. El río lo es, lugar de alumbramiento, territorio amniótico, cuenca hídrica. Nunca maciza, terminal, antes bien flexible, juguetona, ligera de bambú, la obra de García Márquez nos baña, absorbe, lava y mece. El ahogo emocionado que ella provoca no tañe lamentos y menos pesadumbres. Su obra es agua que pasa, brilla, transporta; lugar de sombras entretejidas y de asombros fugaces; geografía cercana al lugar donde se establecen y crecen los pueblos, los amores, los bichos y sus víctimas, las muertes pestilentes que flotan; sitio donde la gente lava hasta los intestinos; donde pesca, sancocha, fríe, canta, pelea también, inventa, escupe, orina y llora. Tornasol donde van a beber los pájaros y los venados, las mariposas y gente de burdeles, las anacondas y los circos, y huele a húmedo y profundo, y más oscuro aun cuando sobre lo mojado llueve y se borran las huellas y el camino se encharca, que de ello trata también la literatura.

Ponerse en las manos del Gabo no da miedo, al contrario, se deja uno llevar, pues cuando nos abre las puertas de sus libros que son como sus casas íntimas, deja el lector de ser un nombre para convertirse en un personaje más de sus novelas o sus cuentos, porque héroes no hay, a pesar de Bolívar y de Aureliano Buendía; y allí todos somos mortales, más o menos simpáticos, entrañables o crueles. Hay en sus obras, siento, una posibilidad de desdoblamiento en el lector que quiere dejar de ser lo que es, o no lo intuye aún, y así mudar de piel, para por fin convertirse en su deseo y encontrar en esa dimensión el río que lo acompañará cambiando de por vida y que no pide a cambio sacrificios u ofrendas.

Se ha hablado tanto de él y de su obra, se ha dicho, escrito y más que martillado, que no oso repetirlo de tan trillado que es, magnifico, importante. Tan solo me conformo en jurungar el anatema que constituye lo del "realismo mágico", que en verdad lo es porque así existe en la implacable desmesura del paisaje, también en el narrar lo incomprensible que todos entendemos y de lo que nadie se ríe para no hacer por supuesto el ridículo, o en los apolillados personajes de almidón y tiovivo que distraen el calorón bajo las tejas o entre las redes de un chinchorro cinético. Todo en verdad verídico y fatídico, como un camello atravesando el ojo de una aguja.

Prefiero entonces referirme al don inescrutable, al privilegio, de ofrecer una mano que al abrirse inspira tal confianza y devoción en el que da la suya, que se deja llevar por esos rumbos culebreros, que el artista propone, provoca y enaltece, que son los de la emoción transferida, la ilusión comunicada y la iluminación auténtica.

A Gabriel lo hemos perseguido todos desde niños; nos ha dado de vivir cuando moríamos, enseñado a pecar sin sentir culpa, que allí estaban a la vera del río esas guayabas y su olor sacrosanto para perfumarnos de perdón y escondernos de Dios entre las ramas. Nos ha dado de comer pasando él hambre o en cambio prospero enseñado a mentir cuando la verdad era falsa o insuficiente; a morir de pie, aunque fuera descalzos; mandarle pan a quien le falten dientes, y dar las gracias ahora a quien merece tanto que un río es un regalo de ternura, cosecha de su lluvia en este mundo seco.

## EL EXILIO VENEZOLANO
## (28.04.2015)

Mala yerba esa la de asediar al otro. Peste humana con historial bíblico que es capaz de invadir por todos los resquicios a los que se van y a los que se quedan por igual. La mente que a veces es esponja eficiente tiende a reaccionar, protegiéndonos, al destinar como radar a los sentidos.

Sombra que te acorrala esa la de los atropellos mientras tú empequeñeces de frustración, melancolía o rabia, y te distancias de tu centro, de tu orgullo, de la savia que daba vida a lo que fuiste, del pezón originario, de tu pertenencia, tu reconocimiento y estima, tu memoria, tu espejo, tu destino en la tierra.

Las razones del éxodo son siempre invasivas, depredadoras y excluyentes. La persecución como arma política tiránica supone más de un rostro y miles de antifaces. Se teje y ejecuta a través de insospechados trámites siempre conexos a jaurías y a jaulas, a ejecutores y a ejecutados, al desprecio.

Para los venezolanos el exilio es sinónimo de drama personal, familiar y social; presuntamente voluntario lo es más bien casi siempre forzado. Su especificidad reside en que en principio no es asunto de economías o dineros, aunque aquí el gobierno tenga confiscado, en la práctica, todo bien; no obedece en apariencia a guerra declarada, aunque claro que lo es; tampoco es exclusión de raza, religión, credo político, si bien es lo que más se le parece; no es el horror llevado al límite del campo de concentración lo que nos empuja a migrar, sino la pestilencia causada por tanta descomposición del espíritu que crea esa conmoción de zozobra, de nausea, de hartazgo, que induce a la reacción del que siente se ahoga en el desaliento de los días sin fecha y requiere desesperadamente de una bocanada de oxígeno.

Lo demencial del éxodo venezolano es el placer con el que se regodean sus causantes, porque en definitiva lo que quieren es un país sin gente, un lugar sin nadie donde hacer, aún más, lo que les viene en gana. Y de acuerdo a ese plan desfasado de isla que se repita, de auto bloqueo para delinquir más aún y a sus anchas, la vida se encoje mientras nos marginamos en nuestro caracol defensivo.

La particularidad de nuestra migración colectiva es que los que nos quedamos dentro padecemos de exilio interior que es el que ha echado raíz en nuestros corazones cotidianos en los que la sensibilidad se ha aguzado para la protección y la agresión más que para la construcción y el diálogo. Compartir es verbo excluyente y exclusivo para con los más cercanos y esenciales si acaso. Dialogar, un tesoro perdido. La incomprensión sobra porque el diccionario de nuestros comunes avatares flota en un charco de desencuentros y de adivinanzas y así no nos provoca el semejante que éramos.

En estas condiciones hay transporte fijo para las despedidas. Pero por más que escapes y lo logres, que busques y lo encuentres, te recojas o arropes de aquél frío, el país, tu país, ese que tanto amas y lamentas dejar, te persigue, imagina, acompaña y reclama como una puerta azotada en mitad de la noche. Te despierta para que veas y leas a través de la ventana de tus sueños, en la luz de Reverón que reverbera, que tu tierra, tuya de ti, te sigue abrazando desde lo queda de más íngrimo.

# LA TRAMPA DE LA SOBERANÍA
## (24.06.2015)

Como si de una especie de orgasmo sideral se tratara, entre meteoritos y estrellas que parecen hervir allá en el infinito mientras que aquí en lo que estamos es en el padecimiento de la realidad que nos agobia, Nicolás Maduro, Presidente de la República si usted prefiere, se ha inventado potestades de las que no goza constitucionalmente, al establecer los límites del territorio, vía decreto, creando y activando las llamadas, de forma inevitable, Zonas Operativas de Defensa Integral Marítima e Insular (ZODI-MAIN) ¿Quién pudiera decirle al ungido que no?

Para mayor ternura se dice en la Gaceta, oficial por supuesto, de fecha tal número cual, que esta decisión, cita textual, se toma con el objeto de garantizar la independencia, soberanía, seguridad e integridad del espacio geográfico sobre la base de la concepción estratégica defensiva nacional, etc., etc., etc., a la luz de los lineamientos filosóficos establecidos por el Comandante Supremo Eterno de la Revolución Bolivariana, entre otras exuberantes y detallistas precisiones de latitudes y longitudes cósmicas.

No sin reimpresiones y parches posteriores, *errare humanum est* en todo caso, remiendos que subrayan y abultan deslices u omisiones y muestran sobre todo las huellas dactilares de impericias, apuros y opinión a destiempo y ya tarde de terceros, el fulano decreto publicado con quién sabe qué emergencia de falta de popularidad electoral digamos, ha provocado reacciones esperadas en Estados vecinos, Colombia, Guyana y contando, que han reaccionado frente a lo que ellos consideran al menos, están en su derecho, una pretensión literaria pero en todo caso invasiva de soberanía por parte de un vecino conocido como "mi nuevo mejor amigo" en uno de los casos o "nuestro socio Petrocaribe", por el otro. Habría que ver. Maduro que responda, que eso es asunto de él y demás militares redactores.

Aunque la verdad sea dicha, estas ambiciones solladas, desmedidas, no son nada nuevas ni monopolio de ninguno de los tres países. Cada uno en su momento y tiempo ha elaborado un texto, planificado un hecho, provocado un evento, no me vengan con cuentos, dentro de un contexto histriónico, sí, y con un pretexto o justificación detrás de la cual siempre se esconde, en agendas reales o fingidas, un motivo y se persigue al menos algún fin que aquí estamos para eso, para desentrañarlo.

Tanto el uno, como el otro y también el tercero, Colombia, Guyana y Venezuela se han rasgado cada uno en su momento las vestiduras y victimizado cuando de límites se trata y ya está demostrado que, a mayor escándalo político, vagabundería económica y griterío social, mayores son las probabilidades de que aparezcan, se cocinen y capitalicen conflictos y roces fronterizos que al fin y al cabo distraen a la ciudadanía de las reales razones y causas de los males que la abruman y empobrecen. El objetivo es siempre y en todos los casos el de desnaturalizar el malestar, inducir a evadir la realidad, crear un fuego allá en el horizonte anónimo de los límites que nos distraiga del hoy, del ahora y aquí, para falsificarnos el desengaño cotidiano e inventarnos en la figura de algún héroe, que pudiera hasta adquirir el nombre anónimo de Patria, un motivo pomposo de reencuentro colectivo, una farsa, un negocio sin riesgos en lo inmediato.

En suma, no caigamos en la trampa de la tardía y fingida defensa de la soberanía y menos en la manipulada culpa de la traición a la patria, que son ambas artimañas de las más torvas y primitivas que lo que buscan es tapar el rotundo fracaso del régimen actual. Lo que toca es salir del gobierno de Nicolás Maduro por vía electoral. Lo demás es aguaje.

## ¿LA REGOLFIZACIÓN DE LAS RELACIONES COLOMBO-VENEZOLANAS?
### (30.06.2015)

Desde 1989 hasta la llegada de Chávez al poder en 1999 e inclusive durante el primer año de su mandato mientras aprendía apenas a gatear en los farragosos caminos de la política no conspirativa ni golpista, las relaciones colombo-venezolanas vivirán el momento de mayor esplendor en toda su historia si por ello entendemos cooperación y agenda constructiva con participación de las comunidades involucradas. Hoy poco y pocos nos acordamos de ello perdiendo así nuestra capacidad para comparar y asombrarnos al entender lo mal que andamos en la actualidad también en ese aspecto.

En ese entonces parecía ya superada la vieja noción de "tensa calma" acuñada en los años 60 para caracterizar y definir nuestra relación con Colombia cuando surgió con fuerza y por primera vez lo que después sería un vicio común y compulsivo: la archi nombrada delimitación de las áreas marinas y submarinas al norte del golfo de Venezuela. El archipiélago de Los Monjes mereció en el pasado tratamiento singular, específico y definitivo.

A través de la magia de la política y de su brazo más próximo y desarmado, la diplomacia, se logró desgolfizar, despetrolizar digamos, esa relación entre vecinos, "hermanos" los llamarían exageradamente algunos, dándole rango de primer orden a lo fronterizo y sacándolo así del limbo histórico en que se encontraba y en el que vuelve a estar. Dejó de ser lo vecinal pues, en esa década, aquél "Tercer País" del que hablaba Uslar Pietri y se le dio carácter de actor fundamental en la relación binacional, anteriormente también gobernada, exclusiva y exageradamente, desde y por el binomio Caracas-Bogotá.

En suma, al desgolfizar la relación, ésta se desmilitarizaba y el elemento bélico, brazo armado de la política, ocupó y se ocupó de lo que le corresponde estrictamente dentro de la Constitución de los Estados democráticos, a saber: la seguridad y la defensa nacional.

Existía además una agenda internacional y regional de post guerra fría y de post dictadura en el continente, llena de optimismo y de cierto esplendor económico y comercial, y esperanza en que los valores de la democracia, la libertad y la justicia social podían prevalecer a través del diálogo, sobre guerras y conflictos. Dentro de ese marco más general es que habría que entender el gigantesco esfuerzo que realizaron Colombia y Venezuela luego de haber estado, dos años antes nada más, en 1987, al borde de una guerra.

Seguían los problemas fronterizos, cómo no. El contrabando, el secuestro, el aliviadero de la guerrilla y sus ataques dentro de territorio venezolano; el narcotráfico de allá más que el de acá, que de eso andábamos en pañales todavía; del hampa común siempre tan activa e imaginativa, y la pobreza que engendra y anida a todos los males anteriores. Pero en verdad, a pesar de esas crónicas realidades, se respiraban aires de progreso, de trabajo conjunto y de esperanzas en que aquellos sueños comunes, de tanto peso sobre nuestros hombros eran posibles y que con voluntad política se podían cristalizar.

Pero llegaron Chávez y Uribe y dentro de circunstancias históricas específicas dieron al traste con todo lo hecho anteriormente sin necesidad siquiera de sacar del clóset el tema de la delimitación de áreas marinas y submarinas, con la salvedad, sea dicho, de la hojarasca aquella que se levantó en 2007 con la supuesta propuesta de solución que Chávez anunciara en su Aló Presidente 292, desde Yaracuy, que dicen los malpensados, entre los cuales me encuentro, que era a cambio del permiso que Uribe le estaba otorgando para que sirviera como mediador en el conflicto entre el Estado colombiano y las FARC-EP. Los rasgos personales y psicológicos de ambos, las distancias ideológicas y de perspectiva política, sus acercamientos o lejanías con los Estados Unidos, su postura frente a la guerrilla colombiana, en fin, sus amigos y sus enemigos, mantuvieron en jaque esa relación otrora medianamente institucional ahora asunto estrictamente visceral.

Saliendo Uribe del gobierno, frustrado por no haber podido ser presidente una tercera vez, apareció Santos, su alumno más aventajado e implacable ministro de Defensa, que de buenas a primeras se reinventó una imagen y rompió con su progenitor y su ideario a través de aquella máxima según la cual en Chávez había descubierto a su mejor amigo. El Golfo seguía quieto.

Con el fallecimiento del ahora comandante eterno aparece el ungido Nicolás Maduro y la relación entre ambos países entra en una barrena crítica que gradualmente nos ha traído al basurero en que se ha convertido hoy. De la agenda esperanzadora aquella que iniciaron Pérez y Barco, hace 26 años, ya no queda ni el recuerdo. Ahora lo que tenemos es que el conflicto bilateral ha ganado terreno y se ha militarizado progresivamente una relación que era en lo fundamental civil y democrática. Esto es natural dentro de una dictadura disimulada, ya casi nada, de democracia como lo es el régimen venezolano. Frente a ello Colombia ha tenido que responder con guante de seda a los dislates del madurismo, tragándose todos los sapos posibles, para así evitar, entre otras cosas que, al gobierno venezolano, en su calidad de acompañante del proceso de paz, se le ocurra sabotear esas negociaciones.

Colombia está a todas éstas atada de manos frente a los desmanes del gobierno venezolano que la chantajea. Santos, al igual que frente a los desmanes de la guerrilla, ante el gobierno venezolano calla, otorga, deja hacer, pasar, torea tanta afrenta, esquiva reclamar tanta deuda sin pagar o mal pagada, baja el tono frente a deportaciones de connacionales, a afirmaciones destempladas, a insultos, a culpabilizaciones, a supuestos magnicidios urdidos desde allá o en combinación con terceros, el eje Miami-Madrid-Bogotá. Y aun así y con todo el tema del golfo estaba quieto ahí, en remojo, en el cofre de los maniquíes dormidos.

Hoy el telón se abre y empieza la comedia. A meses de celebrarse unas elecciones parlamentarias que pintan más bien a plebiscito frente a la gestión de Maduro, de manera sorpresiva y unilateral, se crean y activan unas Zonas Operativas de Defensa Integral Marítima e Insular (ZODIMAIN) con las que se alborota un avispero en Guyana, en Colombia, aquí adentro y más allá, sacando a la luz nuevamente por ejemplo el viejo fantasma patriotero, militar, electoral, conflictivo y guerrerista de la delimitación pendiente con Colombia. Tal controversia existe y suponíamos que el tema se estaba manejado por aquellos a quienes institucionalmente les corresponde, que son las Comisiones Presidenciales de Negociación creadas y vigentes desde 1990. Que no se puede, en todo caso, a la torera y unilateralmente fijar límites sobre áreas en litigio sin el consentimiento del vecino, que para eso están los mecanismos diplomáticos establecidos por el Derecho internacional.

Se han encendido otra vez las alarmas en la relación colombo-venezolana. Se redactan notas de protesta, se bautiza el nuevo ministro de Defensa colombiano con una visita a la Guajira, los opinadores cargamos nuestras plumas, se desempolva el viejo diccionario de los insultos, frases y coletillas que creíamos ya olvidadas o superadas tras más de medio siglo conversando sobre lo mismo, que sin llegar a conclusiones definitivas nos ha evitado llegar al llegadero de una guerra ¿Y les parece poco?

¿Qué será lo que está en juego hoy? ¿La militarización de las relaciones colombo-venezolanas, la aparición de una nueva agenda, ya no global, sino punto por punto, golfizada, crispada, peligrosa y sin la intervención posible de terceros, bomba de tiempo? ¿O será tan solo un trapo rojo con fines de auxilio electoral frente al descalabro del sistema chavista y que se desvanecerá una vez realizadas las elecciones de diciembre?

Lo cierto es que el Golfo de Venezuela ha servido de mercancía geopolítica para demasiadas aventuras. La de Chávez lo fue. En el caso de Maduro no lo sé, pero no lo dudo.

## FRONTERAS Y ELECCIONES
### (15.09.2015)

He venido siguiendo con el responsable interés y detenimiento que corresponde la crisis que entre Colombia y Venezuela se desarrolla y que a estas alturas no muestra salida promisoria sino antes bien peligrosos síntomas de escalamiento.

Y todo ello ha ocurrido a propósito y frente a las narices de terceros con el despectivamente llamado "imperio mediático" a la cabeza y con el acompañamiento de una comunidad internacional cada día más débil por sesgada y oportunista en cuanto a intereses e ideología, funciones y vocación de servir a la paz.

En la frontera colombo-venezolana la realidad se ha hiperventilado, sacado de contexto, y se ha convertido en pretexto, provocado y planificado, para pisotear en vivo, en directo e intencionalmente, los derechos humanos en estos tiempos de desprecio, de huida y de búsqueda desesperada de refugio.

En sus ansias de protagonismo y de distracción, el gobierno venezolano ha querido crear una matriz absorbente de opinión que, al poner en sintonía temática de altos decibeles al observador con una situación catastrófica, pretenden distraerlo y abstraerlo de la realidad real, exagerando, trastocando o mintiendo sobre lo que ocurre en una de sus partes como si fuera el todo, o dicho de otra manera: encubriendo la realidad del todo, dramatizando o distorsionando lo que ocurre en una de sus partes.

No se olvide que hace poco se intentó ya hacer lo mismo con el tema de Guyana a través de las famosas Zonas Operativas de Defensa Integral Marítimas e Insulares (ZODIMAIN), y como esa estrategia no dio los resultados esperados, el show mediático provocador, trasladaron el foco operativo de atención hacia quien históricamente ha sido nuestro "enemigo natural", Colombia, el de la eterna hipótesis de guerra de los juegos militares, así como en Colombia lo ha sido también, históricamente, Venezuela.

En esta crisis específica el factor preponderante, el percutor, no ha sido el geográfico, como antes, la lucha territorial o el sentimiento de despojo producido por laudos o incursiones hostiles, sino una exacerbación emotiva, irracional, social y política, parecidas a la xenofobia o al nacionalismo según el caso, donde están incluidos, como enemigos provocadores, cuestiones de seguridad, lo agro-alimentario, la presencia paramilitar, el "bachaqueo", el contrabando, el narcotráfico, las bandas armadas, el crimen organizado, los enemigos internos, el imperio, aunque extrañe advertir, sea dicho de paso, la falta de alusión directa a la presencia guerrillera, llámese FARC, ELN, o etc.

Finalmente está el indudable interés del gobierno venezolano de que la crisis escale hasta límites insospechados frente a su previsible derrota en las elecciones de diciembre para elegir el nuevo parlamento.

Hagamos un esfuerzo para que la situación no se salga de las manos de estos dirigentes, hijos de una generación de políticos latinoamericanas, que actúan todos como si les dieran cuerda desde La Habana que, por su parte, y en apariencia contradictoria, lo que busca es resolver su tirantez con el imperio del norte. Que así sea.

## CRÍA CUERVOS
### (10.11.2015)

Lo normal en situaciones de frontera entre Estados son los roces, las desavenencias y los amores y resquemores provocados por la intimidad y por el crecimiento de los problemas que ambos gobiernos deberían atender de mutuo acuerdo en territorios a veces extensos, vivos y complejos. En suma, conviven la cooperación y el conflicto.

En el caso colombo-venezolano se ha ido convirtiendo la frontera común en el oscuro objeto de otros asuntos y deseos que han encontrado en esos espacios chivo expiatorio de razones y culpas, el trapo rojo para la distracción ante apremios y urgencias políticas, económicas y sociales, que en principio no tendrían que ver con asuntos específicos de esa realidad fronteriza.

A nadie se engaña, ya que esta práctica es tan vieja y tan diabla que nos tiene a todos ya avisados de que por allí pudiera comenzar un conflicto mayor, una guerra, por ejemplo, con la que justificar otra ignominia, como sería en el caso venezolano suspender las elecciones parlamentarias que deben realizarse en Venezuela el próximo 6 de diciembre y en las cuales el gobierno del presidente Maduro y sus candidatos no tienen ninguna posibilidad de ganar.

Quisiera ahora referirme escuetamente a algunas razones que considero, en el caso colombo-venezolano explicarían la crisis actual. En primer lugar, está el abandono histórico de nuestras cada día más porosas, para bien y para mal, regiones fronterizas. No me detendré en ello. En segundo lugar, está la profunda desconfianza, manipulación, chantaje, hipocresía perfecta y consentida entre dos gobiernos cuya máxima expresión o epitafio se encuentra en la frase del presidente Santos cuando profirió aquella barrabasada, después de haber sido el delfín mimado del presidente Uribe como ministro de la Defensa, con lo cual imagino insultaba en su cara a Chávez, cuando le dijo haber encontrado en él a su nuevo mejor amigo.

En tal sentido, nunca ha existido ni existirá, la frase lo delata, entre el gobierno de Santos, el de Chávez y ahora el de Maduro, la más mínima confianza, respeto del uno por el otro, vocación común de llevar a la práctica lo que se ofrece en las fatuas palabras o en los fastuosos actos protocolarios. A lo más que han llegado es a los muros de contención, al consentido chantaje, a la manipulación, al guante de seda, a la maniobra entre tahúres, al póker marcado de antemano sin reparar aquí y allá en detalles como el de la gente de sus pueblos de los que dicen representar, que están más solos, extraviados y más pobres que más nunca.

En tercer lugar, que no es sino apéndice obligado de lo anterior, que Santos en su vicio desaforado e incontrolable por lograr la paz sin miramientos, a cualquier precio, para montarse en esa estatua a como dé lugar, no le importó bajarse de la dignidad de los principios, no le disgustó ningún besamanos con sus supuestos antípodas ideológicos de las FARC, o de Cuba, que hasta la fecha guarda silencio frente a la tensión colombo-venezolana, o los del socialismo del siglo XXI, sus amigotes, y vaya usted a saber con quienes más, para complementarse en la lógica de las contradicciones según la cual mientras más lejos parezco más cercano estoy.

Ahora pareciera ya tarde, después de haber entrado en su juego, para que Santos les exija respeto, les implore mesura. Por cierto, la democracia en general y la oposición venezolana en particular han sido víctimas de ese silencio cómplice, de ese juego perverso, aunque no estaría de más por bienvenida, aunque a destiempo, una disculpa.

## CHÁVEZ: LA DERROTA INCONCLUSA
## (17.11.2015)

Según se ventila en el cotarro, su muerte, digamos prematura, ocurrió en misteriosas y plurales fechas, supuestamente en Cuba, bajo los auspicios y cuidados intensivos, milimétricos y de exclusiva administración de los hermanos Castro, en circunstancias médicas además de tortuosas y enmarañadas, aún anómalas, anónimas y apócrifas.

Esos son los hechos susurrados, verídicos no me atrevería a testificar, menos aún en manos de aquellos y de estos. En fin, engorrosos eventos expuestos en inmejorables y oficiales párrafos increíbles.

Todo eso sí fabricado al detalle, no quepa la menor duda, para que su urdimbre se tejiera y cuadrara perfecta con la ascensión ilegítima de Nicolás Maduro, ciudadano con partida de nacimiento dudosa, ungido en todo caso, aunque no exento de ambiciosos rivales, a la Presidencia de la República Bolivariana de Venezuela, como sublime y apoyado sucesor del ahora Comandante Eterno en los manejos del poder que da un barril de petróleo al reverencial precio aquél de 100 dólares. ¿Y qué importa que no naciera aquí, en las tierras gloriosas del Libertador Simón Bolívar, si en todo caso ha sido él El Elegido y desde allá? Tanto qué repartir y usted mirando en los rincones. No parecen cosas suyas, general-camarada-compadre.

Lo cierto, sí, es que la desaparición física de Chávez deja secuelas profundas para Venezuela, la región y más allá, y ofrece material de escabrosa película para inferir lo que será y ya es la previsible novela e impacto en la vida cotidiana de pueblos que construyen realidad e historia, a falta de otros propósitos y motivaciones, a partir de esos héroes de utilería que a veces irrumpen, muy de seguido por estas geografías habitadas, sobre todo en momentos de penuria y desilusión tan comunes a pesar o en razón del prodigioso exceso de la naturaleza que otorga, así no más, riquezas sin esfuerzo, benigno clima y bonhomía de gentes, falta de educación e instituciones, subtítulos y goces que tanto nos adornan.

Ahora bien, una muerte digamos a destiempo, precoz ella, inesperada al menos, cuando un proyecto de vida se va desarrollando y deja trunca la ambición de poder que se desea destino, abona a que la gente escarbe necias preguntas en tardes de desgano, por ejemplo: ¿Y qué si aún siguiera vivo? ¡Conclusiones, buen hombre, conclusiones! Sigámosle la corriente a la tertulia.

Las primeras respuestas que enhebro y se me vienen dispersas a la tinta son las que aquí expongo. Primero: murió, tristemente, antes de tiempo y ello le sirvió, sortario él una vez más, para evitarle el drama de reconocer frente a sí mismo y en vida, al menos en lo íntimo y si acaso, nunca en público, su derrota militar y política. ¿Lo haría?

¿Si su vida hubiese sido más larga, cabría la posibilidad de que admitiese frente a sí mismo su ruina o descalabro como líder de su proyecto galáctico, concebido por él, el Socialismo del Siglo XXI, que aún respira, aunque boqueando y que ya cojea por doquier que echó raíces y repartió, su verbo predilecto, a manos llenas y esplendidas, ¿a cambio de tanta complacencia? Usted conoce la respuesta de antemano. No sigamos siendo tan sublimes y propiciatorias perdices. Definitivamente, no. Fue el suyo un regalado anzuelo bien cebado, garfio, pesca de arrastre, que llenó la insuficiente canoa de sus fauces con peces boquiabiertos y ahítos. Él mismo se sorprendió de su benigna estrella. Así, tan fácil, cómo echar para atrás.

Segundo: por otra parte, si te pones a ver, la muerte de Chávez retrasó su derrota y la de otros. Muriendo él, paradójicamente, le otorgó un respiro al desencanto que deja el abandono. Ganó, ganaron tiempo. El luto distrae y abstrae con su hechizo y a veces, como las moscas, es interminable. Por ahora, todavía, aún, quizás.

Tercero: sus hijos políticos y seguidores más cercanos corrompieron su legado, si alguna vez lo hubo, dándole rienda suelta a lo que codiciaban desde antes pero no se atrevían con todas las de la ley, por ahora otra vez, estando aquel en vida. Todo lo que pudo haber de razonable o ingenuo en el sentimiento originario del líder máximo, además de revanchas, carencias personales y egocentrismos, relacionado con su justicialismo social, devino, tanto durante su mandato como sobre todo después de su fallecimiento en apretados sinónimos, a saber: mentira, vileza, dictadura y corrupción.

Cuarto: internamente a pesar de estar muerto pareciera estar vivo. Está sin ser. Lo usan como a un muñeco inflable. De escudo contra ellos mismos y sus grietas que no se perciben sino a la luz de los contrastes que se asoman a través de las sombras. ¡Ay de ellos cuando exploten!

Se lo inventan y asolean de espadachín contra los molinos de viento reales o tramposos, casi siempre estos últimos, para nada quijotescos en todo caso, que total qué más da. De falaz instrumento para huir de la realidad de su colectivo barranco a punta de pistola, de miedo y piñatería regalona y harto más aplaudida por cencerros y guaruras de fondo.

De hecho, es él, por ejemplo y aparte, el que les hace la campaña a los candidatos de su partido, el PSUV, de cara a elecciones. No consiguen qué hacer a estas alturas. Se le oye, se le ve por doquier ya que Maduro es incompetente también para ello y más ahora con la familia presuntamente involucrada en asuntos de tráfico de drogas hacia el imperio.

Saben que el fin está cercano y le dan vida artificial al difunto. Lo exhiben sin respeto, desesperadamente. ¿Pero es que, si el Jesús de Nazaret resucitó, entonces por qué no el de aquí, el de Barinas? Milagros, milagros, necesitan milagros pues la derrota, aunque les queden el C.N.E. y otras verduras, parece ya cantada.

Quinto: Sigue y seguirá siendo un referente popular, una figura coloreada que el tiempo ayudará a desteñir, hacer borrosa y por eso duradera. Habrá que agregarlo a la retahíla de bienaventurados y subir al altar casero de nuestro karma colectivo junto a las ánimas del purgatorio, María Lionza, Negro Primero, inclusive el petróleo y demás hierbas aromáticas.

Sexto: con este parque fantasmal de fondo numismático, ya derrotados, pudieran pensar hasta en hacerse guerrilleros. Tienen ya tanto atesorado para ese negociado, aunque pensándolo bien, la frustración es ciega pero no tonta, y en un país caliente y con mentalidad minero-petrolera es posible que los más cuerdos y avispados de entre ellos recapaciten y, aunque a regañadientes frente a la pantalla, sigan en la contienda política y se amolden, dirán, a las circunstancias. ¡Tomemos a Colombia como ejemplo, camaradas! ¡Dialoguemos la paz!

Séptimo: Internacionalmente la imagen de Chávez se ha convertido en una exótica opción de consumo masivo y propaganda, compitiendo en mercado con la marihuana, el Ché o con Elvis o James Dean o Madonna o todos juntos a la vez, en el batiburrillo lamentable que somos estos días.

Último: Sí, a estas alturas de la conversa que hemos tenido que ha sido todo lo que usted quiera de risible o perversa, de seria o de confusa, de discutible o de real, lo más importante y lo más grave de entre todas las cosas aquí repasadas, es que su proyecto político personal deja una ruina que no se resuelve con petróleo y menos en un día.

Él irrespetó los derechos humanos, propició la corrupción como instrumento para capitalizar lealtades; militarizó lo que antes era Democracia y destruyó las instituciones, la economía; polarizo la sociedad y alentó la violencia; él aupó la complicidad y el silencio entre su secta frente a sus tropelías; él maltrató tanto a tantos a mansalva que no cabe el perdón y menos el olvido; cambió la manera de mirarnos los unos a los otros y tanto así que casi ya ni eso. El inventó una alucinación hoy marchita en el seno de tantos que ahora son más pobres y están más desamparados y desesperados que antes y no solo de lo básico sino también de lo sublime.

Para colmo de males, no contento con irse, allí nos tiró ese fardo que nos deja tan lejos del presente y tan aislados de lo promisorio. Constituye todo ello, supongo, razón válida para que nos unamos los que militamos, con el perdón de las palabras, en la esperanza y no en el rencor o el odio que serían, si te pones a ver, justificación para caer en la tentación de imitar lo que decimos aborrecer. Sería una trampa más de su torvo legado. Sería darles la razón, otra vez. Sería parecernos a él y a lo que representa.

Pero, aunque en lo personal no quiera ser ni títere de mi tiempo ni de mis circunstancias confieso, ya que andamos por estas sacristías que inducen a confesiones y limosnas del alma, que el diálogo me cuesta, Padre, lo confieso.

Es parte de su herencia, hijo. Un símbolo herrado en nuestro ángulo más noble. Una distancia insoportable. En todo caso una culpa histórica e interminable que su memoria y la de los de él, no podrán justificar. Cargaremos con eso y hay que aprender a manejarlo. Con esa trastada a cuestas tendremos que inventar algún recurso para poder dormir en paz. Esa necesidad de adiós que nos domina. Un eco inaguantable de ganas de hasta más nunca, comandante. Un mundo por fundar, otra vez, si te pones a ver el lado repetido de la historia.

## LA TEORÍA DEL OTRO
### (21.01.2016)

**Introito**. A pesar de las aparentes y aparatosas distancias en el discurso, gestos y acciones del presente, entre Colombia y Venezuela hay algo que las avecina más allá de lo que repiten los libros o aparece rimbombante en los medios. Es que políticamente, a pesar de sus diferencias que son más que matices, las fronteras cerradas, por ejemplo, sus gobiernos, que son débiles e inescrupulosos por distintas razones, necesitan en muchos casos de intensos enemigos, reales o inventados, internos y externos si se puede, equivalentes en sus flaquezas y ambiciones a ellos mismos, para poder sobrevivir como proyecto político que camina a traspiés, y conservar o transferir así el poder sin sobresaltos entre fieles y acólitos.

En ambos casos, guerrilla colombiana y "oposición" a la venezolana, sin tener nada que ver entre sí y más bien al contrario en apariencia, se hacen equivalentes en el papel que tienen que jugar el uno para el otro, en este caso ante sus gobiernos, su pareja obligada de baile, su otro yo estorboso. Estos antagonistas existenciales terminan siendo, por ahora y mientras tanto, complementarios entre sí. Amigos-enemigos, ambos al mismo tiempo. Confianza-desconfianza resumida en un guiño o en una mueca. ¿Dialéctica? Trialéctica más bien para los tiempos que corren. ¿Usted se imagina a Santos sin las FARC o viceversa? ¿Qué sería de nuestra "oposición" sin el chavismo o al contrario? Y a todas estas dónde queda el presidente Uribe. ¿Un simple desplazado VIP? ¿Un iracundo jarrón chino?

**Capítulo siguiente**. Mientras un abrumado presidente Maduro, en cadena de radio y televisión trata de vender un fulano proyecto de ley de emergencia económica y sigue sin encontrar aún de qué frontera ahorcarse desgañitándose por convencer, no sé ya a estas horas quién le pueda hacer caso, "que la oligarquía bogotana desde los tiempos de Santander ha querido gobernar a Venezuela", y es la culpable de la mayoría de los males por los que se hunde la amada tierra de Bolívar, el presidente Santos, como si nada, monotemático y encandilado, casi que displicente él con todo lo demás, en trance, avanza inexorable, frenético y ciego hacia lo que algunos advierten pudiera ser el abismo de la paz. ¿La paz perversa?

¿Será, me digo que, en medio de tanto fracaso electoral, quiebre económico y desolación política en Venezuela, brotan estas desazones y envidias recurrentes, ahora con motivo de la inminente firma del acuerdo de paz, que los hace declarar tantos insultos y desaires? Porque la andanada de Maduro contra Colombia, que ya había iniciado Diosdado Cabello hace poco cuando maldijo con aquello de "Hipócritas, fariseos, malos vecinos, mal agradecidos", para referirse a los hijos de la Nueva Granada, no puede provenir sino de un terrible sentimiento de fracaso convertido en culpa, o celos o cálculo en suma, que los lleva a desahogarse desesperadamente y para colmo en público, frente a la supuesta indiferencia de Colombia para con Venezuela que ya ni nombran y a la que deben, según los chavistas, además de otras extravagancias, hasta el territorio en el cual se está negociando la paz, que es el de Cuba, inocente paloma. Para mi gusto, justeza y coherencia, los quejosos gobernantes venezolanos debieran drenar también su frustración frente a los hermanos Castro y las FARC-EP por semejante, dramática e insoportable inapetencia, causa de este despecho.

**Otra escena**. En Colombia es más que evidente que la guerrilla precisa existencialmente de Santos pues aquella brújula violenta que indicaba cómo tomar y orientar el poder cambió de puntos cardinales. Ya el norte no es el norte. Ahora el camino de la insurgencia es la "vía venezolana al socialismo", a saber, el modelo chavista, democraticón él, sinónimo ensortijado de comunismo para cuyo logro "alias" Juan Manuel es el instrumento apropiado. ¿Para qué tanta selva si ya ni presos? ¡Que viva la Justicia transicional, hermano!!Qué viva la democracia!

Por su parte, si a Santos se le viene abajo el castillo de naipes de la paz, pues que lo nombren Embajador en cualquier parte ya que no tendrá más carreta que echar. Su razón de ser y de estar, su narrativa, políticas todas, comienzan y terminan en la paz sin plan "B" a la vista, y en esta materia su verdadero socio no lo es la sociedad colombiana, que no está a su favor, o la oposición política reconocida institucionalmente, que lo enfrenta, sino los alzados en armas, sus amigos-enemigos dialécticos, sus verdaderos socios capitalistas para ganar la historia, lo que antes nadie pudo, la gloria inmarcesible, el júbilo inmortal.

**Otra nota**. Por su parte, en Venezuela, achicharrado país petrolero y por los vientos que soplan ya ni eso, el gobierno autoritario sí quiere seguir fingiendo de demócrata, que ya tampoco importa demasiado; requiere reconocer a la oposición así no se la trague, que acaba de obtener un apabullante respaldo electoral y ahora preside y es mayoría en la Asamblea Nacional. Porque en verdad el gobierno ya no existe sino como mausoleo, cascarón de proa desvencijado y encallado en los sargazos del cuento, sin líder ni partido ni dólares que obsequiar. Manda por que la Fuerza Armada aún lo respalda y en eso se le va el tiempo, en no caerse del todo. Se despidió de sí mismo. Aparentar estar muerto es fácil. Fingir que aún se está vivo es lo difícil y los precios de sus recursos histriónicos han bajado en la bolsa de Nueva York de tal forma que ya nadie les compra la charada. La política puede llegar a ser en estos tiempos enmarañados, la ciencia de lo imposible. Y en esa pesadilla andan.

En estas postrimerías a la oposición democrática corresponde acompañarlo, constitucionalmente, sin perdón y sin odios, hasta su último adiós y cerciorarse de que todo quede bien ensalmado no vaya a ser que después se aparezca de noche y nos asuste con lo ya repetido del brinco por la espalda.

# LOS PUENTES LEVADIZOS
### (27.07.2016)

Esta es la historia de dos países vecinos, Colombia y Venezuela, que abren y cierran sus fronteras por extraños motivos que nadie entiende a ciencia cierta aún y que creen, ya no tanto, que sus diferencias se resolverán por el hecho de ser hijos de madre y padre comunes, España y Bolívar, y de haber compartido en tiempos juveniles excesos de independencia descarriada.

Son esos mismos dos vecinos, que se claman hermanos, con los padres puestos ya de paticas en la calle, los que se jalaron de mechas y de trapos por asuntos de tierras y de deudas, como cualquier pareja en tránsito escabroso de divorcio con hijos incluidos. Después de mucho diálogo tunante e inconcluso, pusieron sus asuntos en manos de un tercero, quién si no la Madre España, la misma de la que alguna vez abjuraron como razón de males y penurias, la cual falló su decisión, tesoro de Los Quimbaya incluido, en documento o laudo, y aquello fue tanto más lo que agravió que lo resuelto, que hasta estas fechas dura.

Después, a sobra de tensiones, imprecisiones y dislates, se convocó de nuevo a un juez, ahora suizo, supuestamente pulcro, objetivo, distante, dueño de vacas, bancos, relojes y secretos, para que decidiera sobre aquel mundo brumoso de nadie y para nadie que hoy llamamos eufemísticamente "la frontera común".

Ya más acá, que de a brincos me encuentro, ambos gobiernos sintiéndose ya crecidillos, decidieron firmar un tratado definitorio en el que aspiraban, fanáticos o románticos, uno nunca sabrá, se resolverían, a perpetuidad, todas las controversias. No tomaron en cuenta en su ceguera malintencionada que las naciones y las realidades cambian, se transforman o más bien pudren o envilecen, que es lo habitual. Y así se nos apareció como un fantasma la ambición por el mar, Los Monjes, el Golfo (de Venezuela) y todo aquello, como oscuro objeto del deseo. Y debajo del mar, allá en lo hondo, el oro negro, el Dorado mestizo, el petróleo.

Generaciones y más generaciones a ambos lados de esa frontera han vestido esos mismos altares y han servido de oficiantes crédulos de esos misterios insondables que se guardan en urnas funerarias, reliquias que cantan los orfeones, que baila en las volutas que deja el incienso en calurosas tardes dentro de catedrales y capillas puebleras, dispersas en una hiper realidad menesterosa a la que llaman patria. Esta de acá y esa de allá, cada una meciendo la cuna de su mitología bautismal que está hecha de agua borrosa y de prejuicios.

Pero pasa, en nuevo brinco histórico, que llegaron Santos, las FARC y Chávez al poder, incluyan a Maduro en estado de yéndose, y se hicieron compinches alrededor del sancocho de la paz, hecha a su gusto culinario de antojada medida, a la sombra de las palmeras tropicales de los hermanos Castro por supuesto, y con el beneplácito de la comunidad internacional, siempre tan post moderna ella, religioso-izquierdosa, que dice comprender lo que ocurre en el mundo, mientras que en el fondo no hace más que justificarlo, pues las culpas y los responsables no expiran. ¡Muera el capitalismo! ¿Con ese cuchillo inquisidor en la garganta quién se atreve a estar en contra de la Columba Paz?

Y ya para terminar con otro salto de garrocha, me entero que en horario de circo los gobiernos de turno abrieron y cerraron a su gusto, se acabó la función, hasta nuevo aviso, así no más, la frontera común, "la frontera más viva de América Latina", por razones y cálculos que aún no se explican, a favor o en contra de quién ni con qué objeto. Porque, así como hubo razones para reabrir la frontera y qué bien que se hizo, también debe haber razones ocultas que no comprendemos los mortales para que la hayan cerrado así no más, y es inhumano que se haya hecho. Intereses y cálculos políticos pequeños y podridos. No busquemos más allá querido Sancho. Traficantes de la pobreza humana.

## LA FRONTERA EXTRAVIADA
### (16.08.2016)

Alguien alguna vez afirmó que Venezuela era una nación fingida y otro alegó que Colombia es una nación a pesar de sí misma. ¿Me atrevería yo a terciar que la frontera colombo venezolana ha sobrevivido a ambas desgracias si es que no es una sola con diferentes nombres?

En mis viajes a esa frontera común que es diversa, retorcida y plural, he recogido experiencias humanas y sociales insobornables a libros de historia, teorías políticas, controles gubernamentales o estadísticas económicas, aunque mire usted que leer a veces nos cierra la boca y pone a pensar.

Las fronteras son la piel de las naciones. Porosas por su indefinición, sí, pero no solo por lo que allí se suda y ventila, sino además por lo que se transforma y crea en combinación permanente de identidades en metamorfosis y construcción. Lo fronterizo siempre asombra, saca de paso, convida. Y eso es lo que no entendemos desde las capitales, desde las teorías o desde los cogollos gubernamentales, siempre tan urgidos de control, además de todos los excesos que tal actividad comporta. En venezolano aquel "Exprópiese" de Chávez es sinónimo de éste "Ciérrese la frontera" del de ahora Maduro.

En el caso colombo-venezolano esa frontera es diversa, rica-pobre, contradictoria y a la vez complementaria en el espejo, por tantas razones que son al menos geográficas, históricas, humanas, sociales, familiares y culturales. Pero a pesar de todas las tensiones imaginables, con un idioma común y un sufrimiento histórico de desdén compartido desde lejos, por el simple estigma de ser "zonas limítrofes", esquina, orilla.

Esa frontera de la que hablamos que es ora marítima ora costera ni se diga andina o llanera y cuándo no selvática, repartida en una cifra ya cansina de 2.219 kilómetros que repetimos sin saber si es verdad, esconde su verdadero valor detrás de un bendito número que más parece un precio de mercado que un lazo de amistad, comprensión y de ayuda.

Y esta pereza por entender y recibir la lejanía, esa duda, es la que ha traído como consecuencia esa obsesión paralizante por militarizar, evangelizar y burocratizar, dominar todos juntos a la vez o por capítulos, lo que no se comprende; aquello distinto, otredad, allá en la margen donde ha podido crecer en complicidad con esos mismos entes empecinados por la dominación del espacio del otro al que ahora llaman insoportable, peligroso, "por razones de Estado" u otras evangelizaciones lingüísticas por el estilo.

La ilegalidad que ha crecido en esos confines, con rasgos tan propiamente fronterizos, ha sido producto de intereses o bien locales, nacionales, binacionales o internacionales a pesar, sea dicho, de los esfuerzos de ambas naciones que no han sido escasos, nunca una guerra, desde por ejemplo 1833, cuando ya separadas de aquel sueño o pesadilla inconclusa de unidad, firmamos y nunca llevamos a cabo aquel Proyecto de Tratado de Amistad, Alianza, Comercio, Navegación y Límites entre Venezuela y Nueva Granada que a la vuelta de 17 años cumplirá 200 años si es que aún el mundo sigue girando con nosotros adentro.

Hace un año el gobierno venezolano ordenó unilateralmente el cierre de esa frontera, cacareada de común, dizque para desvanecer la eternidad de los problemas que allí existen. Nada se resolvió en este lapso. Seguramente las mafias han crecido, transformándose, mimetizándose, especializándose; se les otorgó el tiempo necesario, año sabático, para realizar ese postgrado tan necesario y tan urgente.

Hace días amanecimos con el anuncio de que la iban a reabrir a cuenta gotas, "ordenada, controlada y gradual" dijo el colombiano; "frontera de paz" profirió su simétrico como queriéndole llamar la atención, para que no lo olvide, de aquella Paz, la otra, la de verdad verdad, la Joya de la Corona, la que a Santos no deja ni dormir y en la que Venezuela, Cuba y las FARC, que sí son vecinos idénticos, ideológicos y trillizos, mecen en cuna de oro con mosquitero y todo, a ese otro posible socio caña de azúcar: la Colombia tan querida y tan fácil.

Hoy, para los gobiernos de Colombia y Venezuela, la frontera común, "herencia de los imperialismos", es un número, ahora sí, una mercancía geopolítica y geoestratégica por encima y más allá de cualquier otra connotación humana, económica o cultural. Valor de uso, valor de cambio y algún que otro detalle fechas patrias para guardar las apariencias de lo que en el fondo verdaderamente está en juego que es la toma del poder en Colombia a través de los Acuerdos de Paz de la Habana que es donde, dejó saber Maduro a boca llena en rueda de prensa, acordó con su homólogo Santos, reabrir la frontera extraviada de estos confines.

## LA REPÚBLICA DE MARULANDIA
### (20.08.2016)

Ideológica, política, militar y geográficamente, Venezuela limita casi que, en exclusividad con Cuba y Colombia, formando un triángulo geoestratégico donde se cocina buena parte del destino de América Latina.

Esto llama a la reflexión por dos razones. Primero, porque el modelo militarista de izquierda que hoy se impone en el país, Venezuela quise decir, Cuba ni hablemos y Colombia ya más que gateándolo, tiene sus raíces, profetas y estandartes en formas políticas y sociales provenientes de ambas longitudes.

Inoculado, alentado y además exportado por la revolución bolivariana gracias al petróleo a otras latitudes del continente, el modelo goza de buena salud a pesar de unos últimos porrazos recibidos en Argentina y Brasil, que no es poco decir.

En segundo lugar, porque muy a pesar de todas nuestras prevenciones y dudas, en La Habana se están llevando a cabo unos diálogos de paz entre el gobierno y la guerrilla colombiana que tendrán, cara o cruz, impacto significativo sobre el porvenir de la región.

En el caso venezolano, cubanizar y colombianizar han sido dos estrategias políticas minuciosamente calculadas que han cobrado sentido en una sola dirección, que es la de militarizar, bajo el fingido respeto a los supuestos de la democracia formal (elecciones, instituciones, participación política, libertad de expresión, etc.), la vida de los ciudadanos, imitando de Cuba la premisa de mantenerse en el poder a como dé lugar y a cualquier precio; y de la guerrilla colombiana y de sus compinches, la de manejar el negocio millonario de la droga por una parte y de la violencia armada o desarmada por la otra, como formas de poder paralelo y paralizante sobre la sociedad y justificadoras de la militarización de la vida civil.

Dicha realidad, la del modelo del militarismo de izquierda, cobró vida paulatinamente en el continente. Es de vieja data, es verdad, pero fue acelerado en vida por Chávez. Encontró sustento en el descontento popular sobre el ejercicio de la democracia que dejó a su paso esa epidemia de hambre y orfandad que inventa solución imaginaria a sus males en la sumisión mágico-religiosa a un caudillo milagroso y supuestamente salvador. No hay que olvidar en este cataclismo, el papel suicida de líderes y élites nacionales del pasado y del presente.

Conque si algún fantasma recorre América Latina es ese microbio poderoso y trifronte que ya se encuentra instalado en México, Centro, Sudamérica y en El Caribe, y que tiene la particularidad de que al mismo tiempo que se le combate, en una doble moral, también se le alienta, protege y refugia desde adentro, creando las condiciones para que se reproduzca al calor, indecisión o torpeza de los mismos que dicen rechazarlo.

Y a estas horas la verdad es que no hay poder a la vista que esté enfrentando con éxito esta realidad. La oposición democrática del continente, desmembrada y deprimida, incluida la venezolana, no está tomando las medidas necesarias para revertir o detener esta situación. Los esfuerzos que se miran son dispersos y están llenos de suspicacia para quien observa a una dirigencia pulverizada por ambiciones personales y demás virutas de codicia empobrecida. Mientras tanto la dictadura se infla y crece mientras que la democracia es envilecida. ¡Qué viva la República de Marulandia!

## PAZ A LA CUBANA
### (30.08.2016)

Dudo que exista mejor baquiano que Gabriel García Márquez para iluminarnos el camino de lo que está ocurriendo en Colombia.

Ya él se ha encargado de explicarnos, con pelos y señales, a través de su literatura buena parte de lo que allí pasa. A su garra y olfato de escritor que terminó su novela más conocida "Cien años de soledad" en junio de 1966, hace por estas fechas cincuenta años exactos, con su genio caribe, selvático e innegable, se agregan sus coqueteos con la izquierda, la cubana sobre todo y con Fidel en particular de quien fue fiel amigo.

Sépase pues que me sirvo de esa muleta orientadora para adentrarme en los vericuetos estrambóticos de una paz, la colombiana, que me deja un sabor extraño entre los dientes, porque de visceral se trata, al involucrarme en el teatro globalizado por los medios de comunicación, con el que se manipula deliberadamente al espectador, casi que constreñido al espectáculo de elegir entre SI o SI, frente a la sentencia sin derecho al pataleo de "Paz o muerte" ¿O será que en el realismo mágico las cosas tendrían necesariamente que ocurrir así?

Novela aparte, no podrá dormir tranquilo el líder-padre guerrillero de las FARC-EP, Manuel Marulanda Vélez, Tirofijo, pues su sueño de tomar el poder por la vía armada se quedó en el tintero de la zarzuela ensayada hasta la saciedad, en la cubana habanera y guayabera de estos tiempos en la que a sus gobernantes les toca ejercer de niñeras porque al fin y al cabo la revolución justifica todos los medios. Que alguien fiel a sus huesos Don Manuel, anote pues muy bien las coordenadas de su tumba escondida; aquel santuario enclavado en las selvas ignotas de la inconstante memoria de sus deudos, antes que rueden tiempos, lluvias y malezas, en tan ariscos trópicos y lo depositen de donde nadie regresa: del olvido.

En estos días, aparte, cuando se firman acuerdos de tupidas y fangosas palabras de paz allá en La Habana, cementerio de tantos levantiscos que tejen su turno y buscan pista hacia el adiós pues ya no caben en mausoleo alguno o no sirven, se cierra el ciclo de su daño violento, Don Manuel, y el de sus implacables alumnos-hijos de la sangre, que convirtieron a Colombia en lo que es: un paraíso minado de ánimas en pena, consagrado a la Babel de la impunidad que le dará paso a una cultura de la arbitrariedad, donde todo es posible por el fin de la causa.

Así que "Acuerdo final para la terminación del conflicto y la construcción de una paz estable y duradera" se llama el memorial kantiano, por aquello de la paz perpetua, que pocos o nadie abrirán y mucho menos entenderán en sus laberínticas explicaciones técnicas que, en lenguaje cósmico y militarizado, ahuyenta abatido a quien siente que no entiende que lo que está detrás de todo aquello es la consolidación de una perfidia, el contrato públicamente aceptado de la constitución de una ignominia.

Así, con esa información farragosa que esconde lo flagrante, tendrán que votar No o Si, o el cómodo abstenerse de los ciudadanos, en el plebiscito del 02 de octubre, que en el caso colombiano es costumbre heredada a través de generaciones esa la de quedarse en casa.

Se trata de que los "insurgentes, "los alzados en armas", la guerrilla, de la FARC-EP, quede claro, hay otras, que suman entre 8.000 y 10.000 según algunos, salgan de sus guaridas, de sus ecosistemas, y sean recibidos en jolgorio mundial televisado por aquellos millones de ciudadanos que durante ya más de medio siglo, han tenido que aguantarse la violencia de sus asesinatos, tropelías y desmadres en razón de la "injusticia social".

Entrarán, parece que todo está ya dicho, al mundo incivilizado de la política democrática creando un partido político para lo cual contarán, el Tesoro de los Quimbaya es parvo, con todos los dólares y asesorías del mundo a su favor; curules gratuitas, reconocimiento de años de servicio en la montaña (ya en Wikipedia adelantan ese trámite del Seguro Social al hablar en sus pulidas biografías de años de servicio), y pare usted de contar.

A esto se agrega lo más grave: el tema de la impunidad y de la justicia transicional para perdonar unos crímenes, de lesa humanidad algunos de ellos, pervirtiendo así los principios mínimos que la razón jurídica impone e inventándose una forma de pseudo legitimidad del acto jurídico que no resiste la más inocente pregunta. A los familiares de las victimas piensan arreglarlos con platica y demagogia electoral, populismo, imagino que cargos o becas, que es lo que vendrá después que para eso tienen ya mitos, símbolos, bandera, himnos, mártires, amigos a montón, en los grandes centros políticos, financieros, religiosos y mediáticos.

Pero tendrán frente a sí, a pesar de todas estas venias a la inclemente realidad que es la del ejercicio de la vida civil, simplona ella, estructura de repeticiones, de horarios, de gestos, de ambiciones, en una sociedad capitalista donde se trafica con los seres de manera distinta que en las lejanas y tupidas montañas. Dejarán de ser sujetos para convertirse en objetos, sobre todo mediáticos, secuestrables por una sociedad que comenzará a husmearlos, bichos raros, pedir exclusivas.

Los pordioseros les pedirán limosna, los curitas les mandarán de lejos, y ni se crea, la señal de la cruz, las beatas rezarán padres nuestros. Hasta los niños les pedirán autógrafos, tomarse selfies, beberse un tinto, contarle un cuento de una prima muerta que le aplicaron el corte de franela y se le aparece en las noches canturreando un bambuco; enseñarle un muñón adquirido en el paseo de una tarde por el bosque donde se encontró con la sorpresa de una mina "quiebra patas" que unos de sus camaradas sembraron por allí porque les dio la gana, o el pobre burro aquel que cargaron de pólvora e hicieron explotar en medio de la calle por dizque amor al prójimo. ¿Te acuerdas?

Se llenarán las calles nuevamente con retratos de muertos o desaparecidos: el precio de su gloria. Se escribirán libros por montón; el clan de "Los Colombianistas" crecerá exponencialmente; se abrirán Facultades en las universidades; habrá cursos y negocios turísticos para excursiones por los territorios guerrilleros de otrora con la culinaria de por allá: sabores, olores del monte; sus manjares. Se abrirán negocios y tarantines a granel a lo largo y ancho del territorio nacional; incluso en Europa, tan amante ella de lo exótico, cansada de sí misma.

Burdel "La guerrilla", barberías, cerrajerías, latonería y pintura, viajes y mudanzas, marcas de cerveza, abastos, bombones, cigarrillos sin filtro. Centro Comercial "El Secuestro" reverberará en sus noches de neón: "atendido por sus propios dueños". En fin, se los tragará la tierra con sus leyes y ese será el castigo lánguido que tendrán que pagar a corto plazo.

La selva de cemento se los irá engullendo en su sabia abrasiva de vida cotidiana. Veinte años después no serán nada si es que no se regresan de antemano a sus terruños o se largan de allá hartos de todo. Del otro Juan, del Santos, ya ni hablemos, que lo que da es vergüenza democrática.

## GANÓ LA PAZ
### (04.10.2016)

Cuando ya parecía estar todo consumado, el pueblo colombiano dijo NO democráticamente a la propuesta de paz Santos-FARC, recogida en tupidos, laberínticos y viscosos acuerdos cocinados y firmados en La Habana y mostrados y aplaudidos por doquier, antes del plebiscito, como si de cosa juzgada se tratara.

Por muy estrecho margen, pero más que elocuente por lo inesperado que hasta de insólito fue calificado, se impuso la alternativa del NO liderada por el ex presidente y antioqueño Álvaro Uribe Vélez que, en países con marcada e histórica tendencia caudillista, como es el caso de Colombia, Venezuela también y más aún, suelen absorber para sí los que debieron ser triunfos o victorias sociales, aunque valga decir que las derrotas también corren a veces igual suerte

Bajo esta misma óptica los grandes perdedores vendrían a ser Santos y Timochenko, cabezas del gobierno y de las FARC, que admitiéndose como dos mandatarios de Estados independientes y soberanos cada uno, intentaron imponer un nuevo pacto social y una nueva nación, repúblicas aéreas, por encima de la Constitución Nacional y con el visto bueno de un gran tinglado internacional que se prestó a ser parte de una comparsa inolvidable.

Tres asuntos llaman mi atención en estas horas de desvelo frente a tan apurados eventos: el primero es el asombro. Nunca estuvo en las papeletas que el No pudiera ganar. Ni siquiera lejanamente se percibía esta posibilidad al escuchar analistas políticos, encuestadores, grandes medios de comunicación, distintos factores de poder nacional e internacional.

Por allá reverberaba en la distancia mediática la tímida esperanza del NO frente al avasallante, irrespetuoso y estigmatizante alud de los que vendían el SI a como diese lugar y costos subsecuentes pagados con los recursos del Estado de todos.

El segundo asunto que subrayo es el de la profunda crisis política y social que se vive en Colombia y que se evidencia en los resultados del plebiscito. Sigue siendo una sociedad dividida entre dos que nunca dejó de serlo; fracturas que se han ido resanando con remedios políticos recurrentes y que hoy requieren de nuevos pactos y consensos de gobernabilidad política y social frente a realidades nuevas. La vía es política. Santos, Uribe y las FARC tienen la palabra. ¿Un pacto nacional?

En tal sentido, el proceso de paz, paradójicamente, polarizó a la sociedad, no la reconcilió consigo misma. Santos lideró un proyecto personalista, excluyente y de impunidad, que incentivó y potenció las tímidas, pero tenaces fuerzas del NO enjauladas en una campaña de chantajes y fanfarria que daban al SI como un hecho cumplido y que olvidó la fuerza del dolor de la gente.

El tercer aspecto que deseo resaltar es el que tiene que ver con la victoria social. La calle habló y expresó su malestar frente a una propuesta sin los equilibrios mínimos que debe respetar un acuerdo de paz que, con culpables invisibles, por un lado, indemnes a los efectos de la justicia, y sin respeto a las víctimas y la memoria de esos inocentes muertos y de sus familiares, por el otro, no hace posible la instauración de una paz firme y duradera que aspiramos para Colombia.

Además, y a pesar de todos los embates, la institucionalidad funcionó. Los resultados fueron emitidos sin demora; nadie que se sepa ha puesto el más mínimo reparo. Un ejemplo.

A fin de cuentas, ganó la paz porque estos resultados replantean las conversaciones que deben proseguir dentro del nuevo esquema que la realidad impone. Uribe, Santos y Timochenko ya lo saben. La comunidad internacional por su parte debe aprender a oír a partir de esta nueva experiencia y darse unas lecciones de dignidad a sí misma.

Finalmente, los eventos políticos recientes en Argentina, Brasil y ahora en Colombia hacen pensar en el deterioro creciente del proyecto continental del Socialismo del Siglo XXI y del tímido pero pertinaz avance de las fuerzas democráticas. Solo falta este año el revocatorio presidencial en Venezuela para sembrar con esperanzas de paz y prosperidad al continente.

## ¿EN QUÉ ANDARÁ LA PAZ DE COLOMBIA?
## (18.10.2016)

Nada más estresante y absorbente en estos días, horas, minutos y segundos, que seguirles los pasos a los saltos de rana y no perderse exhausto a los inusitados, sorpresivos, voluminosos, tensos, intensos y encandiladores eventos que rodean al proceso de la paz en Colombia. Qué si no, que lo diga el lenguaje.

Menos mal que tenemos en frente la campaña presidencial en los Estados Unidos y estamos a días tan solo del revocatorio en Venezuela. Que nada en exceso es bueno mijo, y en todo caso al que le pica es porque ají come.

A estas horas ya y por ejemplo el Ejército de Liberación Nacional (ELN) ha iniciado formalmente "sus" conversaciones de paz en Caracas ("la nueva capital mundial del diálogo") con el gobierno neo granadino, que quede claro y que se sepa, dándole un nuevo giro al tema de la negociación política, ahora la suya y no la pasada, con sustento social y no elitesco.

Mientras, el gobierno de Colombia moviliza a la gente en la calle: ¿con la aviesa intensión de desconocer los resultados electorales? Y así como en una historia sin fin, la guerrilla, la otra, las FARC-EP, la envejecida, desoja la margarita frente al Caribe mar; el escenario internacional vuelve escurridizo como siempre a otras agendas justificadoras de la quincena de sus funcionarios y la realidad, con impávida puntualidad, gatea rumbo a sus rutinas.

Deberíamos estar preparados ya a estas alturas de la vida para reaccionar frente a la incertidumbre que se presenta a cada rato en la sala de emergencias y partos del análisis donde se requiere de respuestas rápidas y necesarias. El vicio de comprender y opinar exige, muerde y no perdona. El de actuar es distinto.

Tendría que existir algún manual operativo como ese que poseen y utilizan bomberos, médicos y demás, para desenvolverse eficazmente mientras se puede frente a lo que acontece a nuestro alrededor, montaña rusa, y se prenden los semáforos de la incertidumbre y la complejidad, irreverentes ambas. Pensar es siempre farragoso.

Dicen que el sentido común es la mejor de las brújulas. No estoy seguro de ello y menos cuando me enfrento a sorpresas como la colombiana donde el realismo mágico se quedó en pañales de tela y Cien Años de Soledad, su narrativa básica, no sirve sino de guía introductoria y superficial para turistas miopes, desprevenidos y desarmados frente a lo que ocurre por aquellos rumbos tan tropicales ellos.

A todas éstas se nos vendió la idea que la paz en Colombia era un proyecto posible, realizable, y pensamos que así lo sería. Y si no que lo digan los dueños de las encuestadoras que todos veían ganar al SI "de calle" en el plebiscito de hace tan pocos días y ya parecen siglos. ¿O es que fueron todos comprados, "enmermelados" como dicen allá en la hermana República, mandados a decir que SÍ; o es que estaban temerosos de decir la verdad a sus patrocinantes? ¿O es que en el momento preciso de sus afirmaciones estaba realmente ganando el SÍ y en los últimos días cambió todo? No me atrevería a afirmar en este espacio nada que no sea cierto, pero de que se equivocaron, se equivocaron; y cuánto.

En esas circunstancias, los extravagantes y sorprendentes resultados que arrojó el plebiscito desbarataron a todos los tinglados que se habían armado cada quien para sí. Ni siquiera fue necesario del huracán Matthew para echar por tierra o por la borda el castillo de naipes construido, lo que trajo consigo, ya que la realidad no se detiene, un cambio necesario e impuesto por las circunstancias sobre el escenario de la paz, en el guion, en los actores, luces, cámaras, acción. El show debía continuar como dicen en Hollywood, pero con nuevas reglas de juego no siempre muy claras ni tampoco compartidas y aceptadas por las partes ¿Qué partes? A eso me refiero al hablar de bamboleo.

Cartagena y su teatro habían quedado atrás cual cumbre borrascosa. El tupido y extenso mamotreto de 297 páginas donde no se escribe la palabra "perdón" una vez ni siquiera y no para ofrecerlo sino para pedirlo a los millones de víctimas de guerra, flota sobre las olas herido de desdén.

Así cambió abruptamente la paz de geografía, de escena, de intensidad, de médula, de núcleo. Descendió en la agenda de los asuntos principales del presidente de Colombia, por la urgencia que todo político que se respete escoge ante las situaciones de peligro y derrota: sobrevivir a como dé lugar.

En la sociedad colombiana por su parte, el tema desocupó con desgano electoral el sitial emotivo que se le había asignado en razón de tantos reflectores. La gente quedo exhausta. La política ocupa nueva silla.

En esas fue que, como si nada, Santos llamó a Uribe, hasta hacía pocas horas su peor enemigo, aunque ahora su nuevo mejor amigo, su soporte, a pesar de no haberlo expresado ya que estaba de más, que con un gesto basta en esas lides. "Venga a Palacio y nos tomamos un tinto, presidente".

Pastrana allí también, Martha Lucía Ramírez, y otros tantos. Gaviria, al contrario, precursor del SÍ, corresponsable creador de la extraña "justicia transicional", ahora alejado, es lógico, silente, interrogativo, impune. Otros también. Faltó el Centro Carter y demás en la foto de los ausentes de esta hora. Que así es cuando se pierde, que son tantos; así es cuando se gana, que uno no se da abasto.

Pero vinieron, además, horas borrosas, milagros en ayuda de su ego presidencial irrefrenable a pesar del hábito del póker: el Nobel de la Paz sin la Paz, y la invitación de la Reina Isabel, tan bogotana ella, para que el propio Juan Manuel se pasase unos días de cachaco respiro en los predios del brumoso castillo de Buckingham. Comenzaba un nuevo capítulo, en el que ahora andamos a traspiés, pero pendientes.

Y a todas éstas y por fin: ¿las FARC de los desvelos de Colombia por dónde andan? Pues que fumándose un "Cohiba" me dicen, en actitud rebelde imitando a Fidel cuando aspiraba, frente a las cámaras de televisión, en Cuba, desde La Habana para el mundo, en un lobby hotelero frente al mar por supuesto, donde la vida es más sabrosa al decir de Leo Marini y de tantos entre los que me cuento, y sin ganas, menos mal, de regresar al monte y sus mosquitos a echar bala.

## RESPUESTA AL EX CANCILLER DE COLOMBIA JULIO LONDOÑO PAREDES
### (01.03.2018)

Acaba de ser publicado en la leída Revista Semana de Colombia, un artículo firmado por el coronel Julio Londoño Paredes (Bogotá, 10 de junio de 1938), columnista habitual de esa casa, cuyo título es: "Sombras para Venezuela en el Oriente". Resumo su contenido utilizando textualmente palabras del propio ex canciller: "El Secretario General de las Naciones Unidas, ha remitido la controversia entre Guyana y Venezuela a la consideración de la Corte Internacional de Justicia. Entretanto el diferendo colombo-venezolano sigue estancado".

Deseo a este respecto aclarar que actualmente las relaciones entre Colombia y Venezuela tienen un esquema vigente de diálogo, recogido inicialmente en la Declaración de Ureña (28 de marzo de 1989), precisamente cuando el coronel Londoño era Canciller de la República. Dicho esquema fue perfeccionado posteriormente con el Acta de San Pedro Alejandrino (6 de marzo de 1990), convirtiéndose su contenido en política de Estado.

De esas fechas a esta parte, a pesar de los inconvenientes más o menos graves ocurridos entre ambos gobiernos, el modelo de negociación ha sido ratificado y enriquecido por ambas naciones a través de sus gobiernos hasta el día de hoy. *Pacta Sum Servanda*.

El tema de la delimitación de las áreas marinas y submarinas al norte del Golfo de Venezuela posee su *Modus Operandi* específico que es manejado por Comisiones Presidenciales Negociadoras que administran también otros temas, a saber: la demarcación y densificación de la frontera terrestre, las cuencas hidrográficas internacionales, la navegación de los ríos y las migraciones.

Los principios en los que se sustentan estas conversaciones son primero el de la negociación directa, quiere decir sin intervención de terceros, y segundo, el de la globalidad, que entrelaza todos los temas desgolfizando la relación entre ambos países y haciéndola así más fructífera y próspera sin ataduras a diferencias territoriales.

A la luz de estos argumentos es que venir a proponer la intervención de terceros a través de la aplicación del Tratado de No Agresión, Conciliación, Arbitraje y Arreglo Judicial entre Colombia y Venezuela (17 de diciembre de 1939), resulta, otra vez y ya tantas, fuera de contexto y de ceguera hostil, al no leer como se debe el rotundo Artículo II del mencionado Tratado, en donde se nos dice que sí, que ambas partes se comprometen a someter a los procedimientos de solución pacífica las controversias de cualquier naturaleza, "exceptuando solamente las que atañen INTERESES VITALES, A LA INDEPENDENCIA O A LA INTEGRIDAD TERRITORIAL", y el Golfo de Venezuela calza perfectamente en todas esas excepciones. ¿Hasta cuándo habrá que repetirlo?

Pero ya es vieja la mala intención y la manía de querer llevar a Venezuela a laudos en los que siempre hemos salido derrotados en los temas de la definición de la frontera terrestre. Para ejemplo están el Laudo Español (16 de marzo de 1891) y el suizo (24 de marzo de 1922). Esa ha sido además la postura pertinaz de Colombia, con Julio Londoño a la cabeza, desde los años setenta, esa la de obligarnos a discutir derechos soberanos frente a jueces sobre áreas marinas y submarinas en tercerías jurídicas que hasta al Papa han propuesto.

En tal sentido, los últimos eventos que vienen a mi memoria son los ocurridos hace ya 30 años, en agosto de 1987, en el Golfo de Venezuela, con la incursión entre otras de la corbeta ARC-Caldas en áreas marinas y submarinas en las que Venezuela ha ejercido y ejerce soberanía plena y control inmemorial. El presidente de Colombia era Virgilio Barco y su canciller precisamente Julio Londoño; el presidente de Venezuela era Jaime Lusinchi y su canciller Simón Alberto Consalvi.

Ahora reaparece nuevamente como fuera de foco y de contexto el tema de la delimitación de las áreas marinas y submarinas entre Colombia y Venezuela, por voz de quien ha ejercido, nadie lo niega, tamaño poder en la definición y ejecución de la política fronteriza de Colombia en los últimos cincuenta años, es decir, medio siglo.

Por eso justamente es que debemos estar pendientes, pues regolfizar las relaciones políticas entre ambos países sería una insensatez. Aprovechar las debilidades institucionales del gobierno venezolano y las penurias de la población que ya rayan en debacle humanitaria con repercusiones alarmantes para el vecino en materia migratoria, para repetir una incursión como la antes señalada, sería una insensatez mayor e imperdonable, otra herida abierta que no merecen las generaciones del porvenir.

Por otra parte, tratar de remendar los fracasos y las derrotas sufridas frente a Nicaragua en litigio por soberanía marítima en esa misma invocada Corte Internacional de Justicia de la Haya, creando una situación de provocación y posible guerra con Venezuela, estaría en contravía además, imagino, con la actitud del gobierno de Juan Manuel Santos quien prefirió la obsequiosa participación del gobierno de Venezuela en resolver el tema de la paz con la guerrilla, dejando a cambio en silencio cómplice hacer y deshacer a su vecino el gobierno venezolano, su mejor amigo, lo que se hacía en contra de la democracia y los derechos humanos. En dicho escenario el tema del Golfo de Venezuela nunca estuvo en la agenda de Santos y ahora, ya con el sol a las espaldas, debería suponer que quién sabe.

Revivir hoy como lo hace el articulista traído por los cabellos y mal empaquetado dentro de la problemática presente entre Guyana y Venezuela el tema del Golfo, vendría a darle mayores argumentos al gobierno de Nicolás Maduro para militarizar y radicalizar más aún su gestión interna y su actitud belicosa frente a vecinos y demás escenarios de la política internacional que hoy juegan a favor del restablecimiento de la democracia en Venezuela y a la total pacificación de las guerrillas en Colombia. Sería ponerle en bandeja de plata argumentos, oxígeno y tiempo para que el gobierno se victimizara aún más y disparara su inagotable y cansina artillería verborréica anti imperialista y demás.

Apreciado Canciller Londoño lo invito a que pensemos en grande; nuestros padres mayores y naciones así lo merecen. Animemos más bien la idea de un futuro democrático unido de progreso para ambos pueblos que siguen siendo uno, y relancemos sueños de integración política, económica y social de nuestros dos países amenazados hoy por tantas necesidades y penurias y pendientes de los mismos peligros que cobran fuerza y demagogia en tiempos de cizaña.

## LAS (E)LECCIONES COLOMBIANAS VISTAS DESDE VENEZUELA
### (13.03.2018)

El 16 de mayo de 2010, en ocasión de las elecciones presidenciales que finalmente ganara Juan Manuel Santos frente a sus oponentes para la época, Mockus, Noemí Sanín, Petro y otros, decía quien esto escribe: "Que yo recuerde, que no fuese una propia, nunca había causado en Venezuela tanto vuelo y revuelo una elección presidencial como la que ahora se desarrolla en Colombia".

Hoy 12 de marzo de 2018, a horas de realizada la consulta electoral para definir la conformación de las fuerzas política en el órgano legislativo, escribo que: si mi memoria no me engaña, nunca antes había tenido tanta importancia y peso el tema de Venezuela en una elección colombiana.

Mis primeras observaciones: se mantiene la tendencia histórica que puntea en el continente de la abstención que rodea el 50%. De un potencial de votantes calculado en 36.493.318 solo se presentaron a votar 17.818.185, número equivalente al 48.8%, con diferencias mínimas entre el Senado y la Cámara de Representantes. Agréguese a ello el millonario número de votos nulos y votos no marcados que son distintos al voto en blanco que es opción legítima dentro de los tarjetones diseñados. En el exterior la abstención fue del 90.38% y particularmente en Venezuela rondó el 91.12%.

Los mecanismos de administración electoral, el Consejo Nacional Electoral y la Registraduría Nacional del Estado Civil, funcionaron con eficiencia y, a pesar de los problemas que se presentaron y subsanaron, conserva un alto nivel de credibilidad. Visto desde Venezuela, ¡la distancia entre los dos es cada día más grande!

En un país hasta no hace tanto marcadamente bipartidista (liberales y conservadores), existe ahora una multiplicación de actorías políticas legales de diverso peso y connotación donde se incluye hasta las viejas FARC (Fuerzas Armadas Revolucionarias de Colombia) ahora trasmutadas en Fuerza Alternativa Revolucionaria del Común.

Este último aspecto da por supuesto para varias lecturas que resumo aquí a través de muy escuetas interrogantes: ¿Esa multiplicidad de actores y factores políticos será expresión de madurez, de cansancio, de reacomodos y transformaciones naturales, de vitalidad? ¿Fuerza, debilidad? Temas para pensar.

Otro aspecto. La elección parlamentaria reciente y ni se diga la primera y más aún la segunda presidenciales que les siguen en los próximos meses han estado, están y estarán marcadas por la polarización, ya no por el asunto de los alzados en arma que ya bajaron de la montaña, quedando pendiente el E.L.N que parece también querer negociar y bajar, sino por el tema del modelo político instaurado en Venezuela por venezolanos, con el apoyo directo de Cuba y el cómplice silencio de tantos: el fracasado Socialismo del siglo XXI.

Esa es la columna vertebral de la decisión que más allá de lo electoral es histórica para Colombia, para la región y en la definición de la geo-estrategia mundial. Exageremos que la época no da para menos. El mundo, no se diga la región, el vecindario y qué decir de Colombia, no serán los mismo si gana Duque o Petro o Vargas Lleras. Así de simple como una hojilla a ras del cuello que así de peliagudo es el asunto. No por casualidad el ex presidente Uribe a la hora de depositar su voto afirmó que: "vengo a votar para que Colombia no se convierta en una segunda Venezuela"; y no por prurito el candidato Gustavo Petro le vive sacando el cuerpo al tema del socialismo y evadiéndose por las ramas con temas como el cambio climático o la minería ilegal; y no por casualidad tampoco ni por su amor por el ajiaco viaja Trump a Bogotá en estos días.

Observamos pues dos apariencias: choque ideológico y fragmentación partidista. Terror a la plaga del vecino que es la Venezuela de hoy, y pluralidad y modernización del espectro político colombiano.

Estas dos circunstancias anotadas y otras que, por supuesto emergerán, definirán las conversaciones y negociaciones entre los factores de poder, no solo en Colombia, de aquí al 27 de mayo, fecha de la primera vuelta que pudiera ser, nunca se sabe, definitiva o en todo caso el 27 de junio si hace falta una segunda vuelta. Hay una verdad que quisiera recordar y es que todo hombre tiene su precio y la búsqueda de poder suele corromper. Las negociaciones, todas, incluyen ese elemento.

Ocho son los aspirantes a la presidencia de la república: Iván Duque (41), Germán Vargas Lleras (56), Juan Carlos Pinzón (46), Gustavo Petro (58), Piedad Córdoba (63), Humberto De la Calle (71), Sergio Fajardo (61), Vivian Morales (56). Edad promedio 56.5.

La licuadora electoral sacó a flote que el fantasma de las FARC-EP, ¿se escribirán todavía con mayúscula esas desinfladas siglas?; ya no recorre el continente. Su candidato Alias Timochenko, ahora Rodrigo Londoño, renunció por supuestos problemas cardiovasculares. El electorado los ubicó en el rincón del 0,34% de la votación para el Senado, sin obtener curules por las vías electorales, y otro tanto, el 0,21 % en la votación de la Cámara. De los 34 millones de votantes habilitados para ejercer su derecho, 85 mil votaron por las Farc. Dicho en palabras sabias del poeta Luis Cernuda: "Oh tierra de la muerte, ¿dónde está tu victoria?"

El fenómeno Petro. Veamos la película y no la foto. Gustavo Petro, candidato presidenciable, ¿de dónde habrá sacado tantos votos?, es el resultado, he leído en los libros, de la desmovilización del M-19 que era una guerrilla con arraigo urbano, sobre todo en Bogotá, actor del asalto al Palacio de Justicia, el miércoles 6 de noviembre de 1985, miembro de grupo terrorista y perpetrador de secuestros, el ejemplo de Gloria Lara me viene a la memoria. No es pues un paracaidista político.

Luego ingresó a la política legal, se mimetizó, se transformó, se convirtió en un político controversial a la colombiana y fue congresista; alcalde de Bogotá, en donde estuvo involucrado en temas de corrupción; candidato a presidente de la República en 2010, apoyó el proceso de paz, sostuvo vínculos de admiración hacia y con Chávez. Es un tipo de izquierda. Recuerdo ahora que se inventó antes que en Venezuela las Clap. Es el típico resentido disfrazado de Ferragamo, pero no es de las Farc y ahora mucho menos y convenientemente distante frente a los derrotados. Se mimetiza he dicho, pero me viene otra vez a la memoria aquella vieja frase del existencialista Jean Paul Sartre en su novela *La Náusea*: "Todo pasado es prólogo".

Final y por ahora. Santos y Venezuela. Santos hilvana su testamento dejando una hendija abierta, animal de galaxia, por la cual regresar si las circunstancias lo permiten o lo exigen. Se despide con una carta al elegido que vendrá. Romántico él se vende, Premio Nobel de la Paz, desmovilizador de la guerrilla más vieja del mundo, el ELN en trance de lo mismo. Derrotado por cuestión de límites con Nicaragua, en todo caso posicionó en el exterior a Colombia y abrió las puertas a la inversión extranjera. Se va con la popularidad por los suelos, pero, como cuando nadie nos ve, aparenta desaparecer.

Con mayor reconocimiento externo que interno deja una gestión que para los venezolanos queda marcada por aquel epitafio en el que escribió ser el mejor amigo de Chávez y después de Maduro sin decirlo, dejando hacer y dejando pasar, Uribe incluido, en desperdicio de la democracia para que los de aquí le hicieran el mandado de poner en las buenas a los hermanos Castro para lograr la paz en Colombia allá en La Habana, bajo palmeras borrachas de sol, y lo logró. Desbarató un castillo de naipes, ahora se ve, y ayudó a arrasar con la democracia venezolana. Ahora lo lamenta o lo escurre o se cambian la máscara e inventa ser defensor de derechos humanos.

## ¿QUÉ VA A PASAR EN COLOMBIA?
### (17.04.2018)

Con esa historia nacional que Colombia carga en sus espaldas cómo no entender que Iván Duque y Gustavo Petro sean los candidatos con mayor popularidad y posibilidades de triunfo en el compromiso electoral del 27 de mayo en el que se escogerá el próximo presidente de la República para el período 2018-2022.

Que quién va a resultar ganador es harina de otro costal, pudiera que ninguno de los dos, materia de quiromantes o encuestadoras que manejan las cartas con las que se adivina el futuro a favor del negocio y a gusto del cliente.

Porque para mí no está clara hasta ahora la victoria irreversible de uno o de otro, a pesar de que en lo personal tenga un favorito que no escondo, porque es que para Venezuela y para los venezolanos no puede ser indiferente, ahora menos que nunca, tamaña decisión que para los colombianos será crucial y para nosotros no menos histórica y trascendental, como nunca antes jamás. Es existencial, dramática, sin vuelta atrás. Más que madre y padre comunes se trata de destino democrático, o algo suficiente o parecido, promisor y compartido o calle ciega dictatorial y socialista.

De ganar Duque o de ganar Petro las circunstancias vitales para largo rato serán unas o serán otras y casi que lo mismo para toda la región y con implicaciones mundiales de suma importancia y peligrosidad. Porque no es lo mismo en el papel al menos, con las estigmatizaciones impuestas o ganadas con que carga cada uno, que gane el uno a que gane el otro. El Socialismo del Siglo XXI anda de capa raída pero aún vivo y buscando oxígeno a cualquier precio y riesgo y por ello es hoy por hoy el más populista de los populistas. Por su parte Doña Democracia y los que dicen representarla tampoco es que goce de muy buena salud y respetabilidad. Se les nota cuando se les oye ofrecer y poco se le cree.

En el pasado si triunfaba el Partido Liberal o el Conservador era bastante similar para Venezuela lo que para Colombia representaba que venciera Acción Democrática o Copei. Cambio de gobierno, caras nuevas, algún ajuste aquí o allá y nada más.

Pero no hoy en día en un mundo híper globalizado en el que simultáneamente se ejecuta un proyecto dictatorial en Venezuela, se ataca a Siria por fuerzas conjuntas conformadas por los Estados Unidos, Francia y Gran Bretaña, se secuestra y asesina a tres trabajadores de la prensa ecuatoriana en la frontera colombo ecuatoriana por parte de un supuesto grupo disidente de las Farc, quien sabe si influenciado por la detención de alias "Jesús Santrich", uno de los altos jerarcas de esa guerrilla en las negociaciones de paz de La Habana, acusado ahora por asuntos de tráfico de droga, conspiración para exportar 10 toneladas de cocaína y con solicitud de extradición a los Estados Unidos, papa caliente con la que el gobierno de Santos deberá lidiar -mientras escribo me informan que la decisión se la han dejado al próximo presidente- ahora que quiere dejar imagen de hombre fuerte, aliado del imperio, enemigo de Maduro, defensor de los derechos humanos y de la democracia, y al mismo tiempo protector de los acuerdos de paz que son su obra política consentida y con la que quiere pasar a la Historia y esculpir su estatua. ¿Pero cómo? No, hoy en día no. Hoy todo tiene relación con todo.

A esto que no es poco agregue usted dos tramas no de menor cuantía como son la denuncia que recae sobre sobrinos, otros tíos más, de jerarcas de las Farc, ¿la de antes, los de ahora?, en el manejo de estos asuntos del narcotráfico, administración que parece trasvasarse al Cartel de Sinaloa; y en segundo lugar, la gerencia corrupta que se ha dado en Colombia a los recursos multimillonarios en moneda extranjera que distintos gobiernos han aportado a los fondos con los que se manejan los programas de reinserción social de los guerrilleros a la vida ciudadana.

A la luz de las circunstancias, todas juntas complejas que se hilvanan, algunas preguntas se me antojan: ¿Quién cree usted que será el candidato de los Chávez, de los Castros, de los Marulanda, de los Maduro, de los Timochenko, de los Lula, de los Kirchner, de los Ortega, de los Morales, de las Piedad Córdoba y todos los demás? Respuesta fácil ¿Cuál cree usted será a la hora de escoger entre uno y otro la decisión del presidente Santos, siendo que Duque es el hijo que él fue de Uribe, enemigo éste de los acuerdos de paz? ¿Se convertirá a última hora Uribe en el nuevo mejor amigo de Santos? Respuesta menos fácil.

¿Y por quién cree usted que se decidirá Humberto de la Calle, candidato electoral del liberalismo de Gaviria, si él fue el jefe negociador del gobierno en los acuerdos de paz? Fácil. ¿Y quién cree usted será el candidato de los que se saltaron a la torera los resultados del plebiscito en el que la ciudadanía dijo que "no" a los pactos firmados en La Habana? ¿Todos contra Duque? ¿Quién le dice a usted que los resultados de las encuestas que hasta ahora dan una diferencia de nueve por ciento a favor de Duque sean creíbles, exactos, constantes hasta el final? Respuestas complicadas a preguntas que quién asegura que bien elaboradas.

En conclusión, provisional, a mes y medio de las elecciones presidenciales, ojo a los triunfalismos, no está definitivamente claro el resultado electoral, ni siquiera con los números y tendencias arrojadas en la elección del 11 de marzo pasado en las que, con un cincuenta por ciento de abstención ciudadana, se eligieron las nuevas autoridades del Congreso de la República y entre otras cosas se desinfló el mito de las Farc-Ep como entidad política y alternativa de poder, ahora alias "FARC".

En mi opinión muy particular y discutible, miope y desde lejos, desde el vecino interior que somos cada día más de Colombia, se han restablecido, reinventado, producto de urgencias políticas muy propias, a través de dos marcadas opciones personales que representan dos proyectos distintos de país y de vida, con dos enfoques divergentes sobre lo primordial, reflejo de una sociedad dividida y polarizada, el esquema tradicional y bipolar de política a la colombiana representada en caudillos políticos fuertes, sean éstos a caballo o de corbata, ahora revestidos de liderazgo moderno y con tecnología de punta, pero que son lo más parecido, en el fondo, en la forma y en la sombra, a los liberales y conservadores rurales de antaño. Poder, corrupción, caudillismo, desigualdad social, polarización, frustración e indiferencia, son los rasgos de fondo más distintivos del proceso electoral que se vive en Colombia, que persigue la paz que le es esquiva y que es aún tarea pendiente.

## COLOMBIA MÁS ALLÁ DE LO ELECTORAL
### (27.04.2018)

Cuando intento comprender a Colombia más allá de la coyuntura electoral que hoy nos atrae y distrae, y que no es para menos por su significado político y posibles efectos vecinales, regionales y mundiales, no dejo de sorprenderme ante tamaña complejidad y constante capacidad para asombrarnos.

Vistos desde Venezuela el número y la particularidad de los asuntos que complican a nuestro vecino occidental parecen ser de mucha mayor envergadura y dramatismo que los nuestros, pero con todo, y eso es lo que se percibe, comparativamente con señales de progreso, así sean espejismos, posibilidades nacionales dentro de desencuentros y miseria, mientras que aquí y ahora en Venezuela no hay futuro ninguno. De persistir esas condiciones seguiremos migrando. Así fue antes a la inversa parecida.

Miremos esa realidad, la de Colombia, a vuelo de pájaro rasante: Los conflictos que se viven allí han sido históricamente persistentes, crónicos. Desde la guerra por la independencia han sido testarudos patriotas y realistas, Bolívar y Santander, centralismo y federalismo, el Estado contra la Iglesia, la Iglesia contra el Estado, liberales y conservadores, civiles, militares y paramilitares, guerrilleros y gamonales, Violencia con mayúscula que es distinta y más profunda a la guerra civil o a los eventos relacionados con la muerte de Gaitán o "El Bogotazo", también dos eventos incomparables. Desencuentros al mayor y al detal, a la vista de todos o de nadie. ¿Cómo les ha sido posible haber sobrevivido a tanto?

Agregue, en sumas y restas que se complementan y contradicen al mismo tiempo, las guerrillas en cualquiera de sus versiones, el esfuerzo reconciliador del Frente Nacional, la tenaz pero elusiva ambición por la paz, la lograda en La Habana para no ir tan lejos, el caso "Santrich".

Súmele la droga y sus repercusiones; el narcotráfico y sus infecciones a todo ámbito y nivel; la corrupción y sus contagios; los escasos golpes de Estado, pero el excesivo poder e impunidad entregada tanto a las fuerzas armadas como al sistema judicial en defensa de los intereses de unos contra otros, pero a favor de unos que no todos.

Complemente este panorama con la intrincada realidad geográfica. No olvidemos la cruda y ruda situación social y el establecimiento de distancias hoy vigentes, casi que medievales, entre sus gentes y razas, apellidos y regiones. Dejemos aparte circunstancias y presiones externas. Miremos adentro, desde adentro.

¿Cómo ha podido Colombia canalizar "exitosamente" estos conflictos? ¿Cómo ha sobrevivido y soportado durante tanto tiempo a tanto y pertinaz derramamiento de sangre y demás signos de barbarie, antes, durante y después de la Independencia, de las guerras civiles, de las enconadas guerras partidistas, a la acción guerrillera, al paramilitarismo, al narcotráfico, a la narco-guerrilla, las bandas criminales, a la frustración social que deja cada esfuerzo por conseguir la paz y no encontrarla definitivamente?

Son un caso único de persistencia, de paciente tenacidad, "Una nación a pesar de sí misma" titulaba sin ironía uno de sus libros el colombianólogo norte americano David Bushnell. En paralelo distante afirmaba Arturo Uslar Pietri sobre lo que el suponía éramos nosotros los venezolanos, "Venezuela: una nación fingida". Dos visiones distantes sobre dos entidades casi que superpuestas. La primera, sinónimo de tenacidad casi que campesina, rural, la segunda expresión de vital desencanto, casi melancolía por "El Dorado" minero y su fugacidad.

Sobre la magia de "lo colombiano" están los que afirman que la corrupción ha sido la salida, "la mermelada" llaman ahora a la promovida desde el gobierno. Que allí, en el reparto del botín, de la relativa riqueza trabajada o la adquirida a través de los oscuros caminos ha encontrado el Estado la fórmula extraordinaria para mantener un equilibrio a la colombiana. Armonía, pacto social perverso si se quiere, que ha tenido apoyo operativo, sostenido y siniestro en la justicia, en las instituciones y en la cultura, con los efectos psicosociales previsibles.

Si es verdad que las sociedades no se suicidan a sí mismas, con la excepción de algunos casos como el venezolano, la colombiana ha sabido sortear su propio abismo con "éxito" si es que así pudiera llamarse el estado general de vida de la población que no aparece reflejado en las estadísticas ostentosas que muestra la economía colombiana y que envidiamos aquí.

Debajo de la estela que dejan estas borrosas pero compartidas observaciones es que podemos encontrar huellas profundas de la Colombia actual.

Quien gane las próximas elecciones tendrá que escoger entre el pragmatismo que ha permitido hasta hoy a esa nación hermana estirar las arrugas de fondo, o bien decidirse por un fundamentalismo obsoleto y destructor como el que ofrece el modelo del Socialismo del siglo XXI, aunque la Venezuela de 1998 en la que ganó Chávez no es igual a la Colombia de hoy, 2018, de ganar Petro.

La tercera vía es la de intentar no ceñirse a ninguno de los esquemas anteriores de los que no podrá a la larga, sea quien sea el triunfador, distanciarse o escapar en lo fundamental, no así en determinados asuntos muy particulares, al de la experiencia que nos deja un Juan Manuel Santos con sus incongruencias y vaivenes en relación con Venezuela, por ejemplo, o de Ernesto Samper que terminó creyéndose ángel vengador haciéndose marxista. En lo personal prefiero a ninguno de los dos.

# SI GANA DUQUE, SI GANA PETRO
## (04.06.2018)

No es poca cosa lo que se va a definir en Colombia en circunstancias nacionales, regionales y mundiales de alto riesgo para la paz y el equilibrio internacional.

Es tal la importancia del evento electoral del próximo domingo 17 de junio, que la decisión ciudadana de ese día traerá consecuencias históricas, previsibles unas, imprevisibles otras, sobre el destino de todos. Así de simple, así de complejo.

Por ello es importante levantar la mirada sobre números y encuestas, opiniones y controversias domésticas, tan sesgadas y abrasivas como siempre, para reflexionar sobre lo que verdaderamente está en juego, más allá de candidaturas y banderías políticas, negocios, ministerios y cargos, como lo es la pugna por el control del poder político nacional e internacional. Libertad o dictadura.

En Colombia, dónde no, se vive una etapa de visible fractura del andamiaje socio-cultural, ético, político y económico, sobre el que se sostenía la relativa estabilidad social. Todo equilibrio es inestable por naturaleza, es verdad, pero hoy en estado de preocupante y creciente deterioro e inseguridad. Río revuelto. Cocodrilos hambrientos. Diques rotos.

Es evidente que el mundo vive una fase compleja en su desarrollo en la que todo está en discusión, en veremos. No hay verdad, ni siquiera verdades, no hay brújulas orientadoras, no hay orden político estable ni modelos creíbles de un todo. Es el mundo de la creciente disconformidad social, política, económica, religiosa, personal, valorativa. Todo es duda y apremio. Nada se pierde, todo se esconde o envilece. La fe ya no mueve montañas, la corrupción sí.

Los valores, aquellos valores sólidos, indiscutibles, relacionados con la verdad, el bien y la justicia, son credos que se recitan en museos a los que nadie asiste a pesar de que la entrada es gratis.

"Ser o no ser" ya no es un dilema o una afirmación de destino. Ahora se puede, se debe, se tiene que ser socio de clubes distintos y hasta excluyentes el uno del otro porque de lo que se trata es de sobrevivir, y para ello los principios son una carga, un estorbo, peso muerto del que es más práctico deslastrarse. El pragmatismo se impone y es bien recibido por las circunstancias extremas de un presente ajeno y además globalizado.

Y a todas estas la Política, arte y ciencia, instrumento al fin de la acción colectiva, se ha convertido en títere de la realidad que ha logrado desbordarla. Claro que aún quedan algunos liderazgos y líderes, en vías de extinción en todo caso, debilitados frente a la mayor de las empresas, la paz mundial, y dedicados a conserjerías particulares a cambio de prebendas electorales, gobiernos, curules y espejos ególatras. Bisutería.

El caso colombiano se enhebra como nunca antes a esta marea de circunstancias inestables, perniciosas, y se está allí, en encrucijada histórica, por escoger entre dos modelos de existencia opuestos entre sí. Los venezolanos sabemos de ello, y mire usted que cuánto.

Por ello ha extrañado tanto, desde aquí, esa neutralidad axiológica y política casi que, de pureza matemática, demostrada por algunos candidatos en el hermano país, que se lavan las manos, por puro cálculo personal, frente a las opciones en pugna que son, a diferencia de otros tiempos, radicalmente, existencialmente opuestas: Democracia o comunismo.

Buena parte del futuro del continente, y ni que decir de Colombia, se juega el próximo domingo 17 de junio donde candidaturas impensables si no fuera por las condiciones de pobreza, desencanto político e impunidad institucional, no podrían estar ocupando el lugar de privilegio, mediático, inmediatico y mediatizado, que conquistan las calenturas populares de estos y otros tiempos

En el fondo y en la superficie se mira la crisis profunda del modelo político democrático de cuyas viseras expuestas aparecen los males que hoy vemos por doquier, que invaden nuestras vidas y días como los monstruos hoy hechos más realidad que nunca dibujados por el talento visionario de Goya, ese español universal.

## COLOMBIA Y VENEZUELA: IDEAS PARA LA TRANSICIÓN (25.02.2019)

Se cumplen en estos días complejos, difíciles pero promisorios de cara al futuro para la relación colombo-venezolana, 30 años de una experiencia cardinal que duró una década y que puede ser considerada como un hito destacado, si no el mayor, de lo más fértil, próspero, sincero y ejemplar de nuestra vida en común.

Ese esfuerzo monumental, convertido en modelo por tantas naciones, se inicia en febrero de 1989 con el gobierno de Carlos Andrés Pérez y sucumbe definitivamente, aunque en teoría siga hoy vigente, en 1998 con la llegada al poder de Hugo Chávez.

Los tiempos, los personajes y sus biografías, las circunstancias históricas, habían cambiado drásticamente de curso; los eventos y las influencias políticas, las agendas, la voluntad de los protagonistas y sus intereses, dieron un vuelco traumático a una relación de por si dramática, atormentada e inconclusa, epiléptica, que para sorpresa de muchos transitaba una luna de miel fecunda y sostenida.

A brincos de carreta cargada de prejuicios, sobre caminos empedrados propicios al asalto y a la demagogia, transcurre la narrativa más llamativa, explotada y vendida, de nuestra relación bilateral desde el momento en que, en 1830, y desde antes también, roto ya hace tiempo el cordón umbilical con la Madre Patria, desterrado y muerto El Libertador Simón Bolívar terminaba el sueño de La Gran Colombia.

Comienza con ese peso en las alforjas nuestro andar de adolescentes huérfanos en búsqueda de un borroso destino que nombran "libertad", definiendo difusos territorios y calculando y dividiendo entre tres, deudas acumuladas en un pasado de herencias ganadas o perdidas en ese trajinar de epopeya polvorienta que dejó la guerra por la Independencia.

Y así, matrimonio que se divorcia con bienes, apuros y descendencia acumulada, con el fin de aclaratorias, definiciones y dictámenes, Colombia y Venezuela, discuten sin cesar y no pudiendo precisar soluciones por sí mismas, acuden a jueces de España (1891) y de Suiza (1922), quienes en definitiva deciden a su real saber y entender sobre bienes y asuntos de repercusión tan íntima para nosotros y de significado tan distante para ellos, dejando herida abierta, sensación de despojo en una de las partes, en una relación que desamparada de progenitores y de hospicio, anduvo luego al garete en mano de caudillos militares entre tensiones y acercamientos inconstantes.

**Nada permanente; todo transitorio.**

Por fin, después de más de un siglo de intensa controversia, se firma en Cúcuta, el Tratado entre Venezuela y Colombia sobre Demarcación de Fronteras y Navegación de Ríos Comunes, el 5 de abril de 1941, como si eso fuera definitivo y suficiente, asestando trunco desenlace al litigio y dejando de este lado de la frontera un sabor amargo que aún no se quita. Habrá que ver. Pendientes.

Pero los tiempos cambian, para mal, para bien, y es así que ambos países a través de sus gobiernos inician una etapa, un paréntesis optimista, que dura hasta bien entrados los años 60, en el que la preocupación central es ahora el descubrimiento y reconocimiento de la realidad binacional fronteriza en toda su diversidad y riqueza, que se dispersa entre lo sublime, lo mezquino y lo terrible que ocurre en esa inmensidad de gentes y geografías que se concentran y multiplican en esos 2.219 kilómetros que miden nuestros límites.

A manera de ejemplo nada más, téngase en cuenta el Informe de la Misión del Banco Interamericano de Desarrollo (BID), que aún guarda vigencia, ordenado por los presidentes democráticos de Venezuela y Colombia, Rómulo Betancourt y Guillermo León Valencia, a través del Acta de San Cristóbal, el 7 de agosto de 1963, producto de la reunión que sostuvieran en esa importante ciudad venezolana.

Y vuelven a variar las brújulas en nuestra relación y surge en una nueva etapa, otro paréntesis: el de la riqueza petrolera ubicada en el Golfo de Venezuela como polo de atención prioritario del interés colombiano sobre Venezuela. Detrás del ángel de la pretendida soberanía se esconden y actúan oscuros intereses. El desarrollo y la atención de los pueblos de la frontera queda nuevamente al garete.

Ahora la política partidista invade el antiguo papel de los negociadores y las conversaciones secretas o privadas sobre el tema de la delimitación de las áreas marinas y submarinas ocupa ahora espacio de primera página en todos los medios de comunicación. El Golfo de Venezuela se convierte, aquí y allá, en tema electoral, en asunto de política interna, de opinión pública. Las cancillerías enfrentan perplejas nuevos retos.

Luego de jornadas inconclusas, que duran casi 30 años, por definir de común acuerdo áreas marinas y submarinas colindantes al norte de la península de La Guajira, es que Colombia intenta, no pudiendo llevar a Venezuela a terceras instancias, por la fuerza, imponer una posición testaruda e inaceptable y por mano propia, segunda herida abierta, sobre la soberanía venezolana ahora en su Golfo histórico y vital. En ejercicio de esas peligrosas arremetidas en áreas sobre las cuales Venezuela ha ejercido inmemorial y definitiva soberanía, conocida con el nombre del "Incidente de la Corbeta Caldas", es que estuvimos a punto de una guerra en agosto de 1987. En este sentido, el nombre del presidente Jaime Lusinchi, debe ser recordado con orgullo y el de Virgilio Barco también pues al borde del abismo decidió a tiempo, dar marcha atrás.

Así, pasaron dos años y sorpresivamente, luego de un largo silencio, Colombia y Venezuela con la firma del Acuerdo de Caracas, el 4 de febrero de 1989, a través de sus Presidentes Barco y Pérez, hombres de frontera, escogen el camino de la paz y de la integración e inician una nueva etapa de construcción con propósito en común a través de un modelo decisional, el de las Comisiones Presidenciales Binacionales de Negociación y de Integración Fronteriza, aún puesto en práctica en muchos países de la región por los éxitos alcanzados.

Bajo los principios de "Conversaciones Directas" y "Globalidad" nunca antes desde 1830 y por tanto tiempo sostenido, habíamos producido tanto en común, intercambiado sueños, energías, comercio, ideas, proyectos, vuelos; diluidos conflictos, involucrado a tanta gente y oído sus necesidades; salud, educación, cuencas hidrográficas, negocios, puentes, caminos, fe en el porvenir, debate, participación, democracia.

Los problemas existían, sí, pero tenían solución, tenía que haberla y se la buscaba y ejecutaba coordinadamente. La política y los políticos de ambas naciones acompañados por sus fuerzas armadas y sus fuerzas desarmadas, la diplomacia y la cultura entre ellas, estaban allí y se resolvían las tensiones, se lograban acuerdos, se abrían caminos. Todo aquello, para los que tuvimos el honor y la suerte de vivirlo en carne propia, sigue siendo inspirador y llena de esperanzas.

Pero con la llegada de Chávez al poder todo cambió para mal y en Colombia les siguieron el juego a sus tropelías. El foco de nuestras atenciones se desvió, se desvirtuó, por salir como fuera, a no importa qué precio, de un estigma que atraviesa la garganta de Colombia y no la deja respirar tranquila desde hace más de medio siglo: La Violencia, la guerra, la guerrilla y sus vínculos con el narcotráfico.

Allí comienza una rutina de chantaje bilateral. "Yo me hago de la vista gorda con tus tropelías a cambio de que me ayudes y te conviertas en comodín y cómplice de mi juego, acercándome a los hermanos Castro para que las FARC inicien, concluyan y firmen unos diálogos de paz allá en La Habana, bajo la sombra paternal de Fidel Castro, que es tu mentor, padre ideológico y con quien compartes el líquido amniótico común del mar de la felicidad".

### Para ello te nombro "mi nuevo mejor amigo"

La paz se firmó, se recibieron honores, reconocimientos, murió Chávez, se despidió Santos. La guerra sigue por otros vericuetos y realidades, ahora también es nuestra, vecinos internos. El post conflicto nos invade 1998-2019: Veinte años funestos.

Pero hoy se asoman luces que hacen ver que el péndulo que marca el tiempo de nuestras relaciones está llegando al fin de una etapa, cruda, ruin, perdida. Aires de renovación y cambio se expresan, se asoman, se requieren y acompasan sobre todo en lo político, y si todo ello se concreta, como parece ser, la relación colombo-venezolana deberá asumir su reto y su responsabilidad que tendrá por necesidad que tener un alto contenido humano y social incontestable.

Aunque ya no seamos los mismos, el instrumento de aquellas Comisiones Presidenciales de Negociación y de Integración Fronteriza, debe ser renovado por supuesto a la luz de nuevas realidades que son críticas, con prioridades humanitarias que son nuevas, actores necesarios, circunstancias políticas distintas, tendencias económicas, peligros evidentes y carencias de toda índole que constituyen el campo de cultivo de nuestros adversarios más próximos: Los enemigos de la Democracia.

Su capacidad estructural, su modelaje, sigue vigente, y el mecanismo debe ser reactivado, ampliado, aprovechado nuevamente, incorporando angustias, necesidades y propuestas que este nefasto paréntesis de oprobio hizo retroceder en siglos lo que era y volverá a ser una ambición con logros de progreso con ciudadanía, de democracia con derechos humanos y crecimiento económico, temas que están en el tapete de nuestras voluntades, compromisos y deudas.

La transición ya comenzó, promovamos juntos y desde ya el nuevo desafío colombo-venezolano.

## "LA BATALLA POR LA PAZ" DE JUAN MANUEL SANTOS (18.04.2019)

### Pragmatismo con principios

Soy un venezolano, la identidad importa, que acaba de leer el libro más que autobiográfico de Juan Manuel Santos, "La Batalla por la Paz", que pareciera escrito desde "el territorio en el que se suspende el juicio moral", como nos dice en otro contexto Milan Kundera en su novela "Los Testamentos Olvidados" (1993), pero que he considerado útil traer por los cabellos y soltar aquí sobre el tapete para ayudarnos tal vez a imaginar la región-paradigma, el estado mental en el que Santos parece sentirse cómodo consigo mismo escribiendo su obra, blindado y anclado en una máxima en la que especifica, arropa y justifica su actuar político, "el pragmatismo con principios" como él mismo lo llama , especie de "todo se vale" o "el fin justifica los medios", máxima atribuida esta última a Maquiavelo o a veces a Napoleón, que total qué importan ya tan barrocas comparaciones, precisiones y minucias sobre impagables derechos de autor.

El libro en cuestión del ex presidente de Colombia (2010-2018), Premio Nobel de la Paz (2016), Ministro de Defensa (2006-2009) durante el gobierno del Presidente Uribe (2002-2010), su mentor y posteriormente, hasta el presente, archi enemigo jurado, versa sobre el largo, cruel y complejo proceso de más de 50 años durante los cuales se suceden, "nada se termina hasta que todo se termina", y se siguen sucediendo, hechos de guerra y esfuerzos de conciliación en los que Colombia ha persistido con ahínco y sin tregua en la concreción de su sueño: La Paz.

La obra se enfoca en el relato y en las peripecias que hubo que sortear o inventarse o manipular para que ese proceso que él lideró y que tardó cuatro años, llevase por fin a la firma tan cuestionada de los acuerdos de paz con las FARC-EP. En tal sentido se narra una versión, la suya, cómo no, que según él mismo ha dicho a los medios, pretende dejar testimonio del conflicto armado con esa guerrilla, utilizando anécdotas y otros recursos expresivos, con la intención de dejar una pedagogía, lecciones dice, casi que una ciencia para lograr la paz y una gerencia que permita administrar conflictos en el mundo. Por supuesto se incluyen personajes y hechos del pasado que él manipula a su gusto e interés, quién no diríase, partiendo de la muy humilde conseja, que él se cree y acepta con fruición y a pie juntillas, según la cual la historia la escriben los vencedores.

El relato es extenso, 600 páginas, interesante, tedioso a veces, autobiográfico siempre, visceral y obsesivo, aunque atemperado, piensa el autor, con la mención y presencia insistente de excelsa asesoría técnica internacional "de punta", como para otorgarle justificación y autoridad académica a los excesos irrefrenables de su "yo". En el libro lamentablemente no hay derecho a réplica ya que las versiones de esa historia no permiten cuestionamiento de aquellos a quienes adversa, "neutraliza" o dice amar. Sería demasiado pedirle al libro. Esperemos la versión de las FARC-EP, por ahora convertidas en el partido político Fuerza Alternativa Revolucionaria del Común, de las víctimas, de los países vecinos o de la Historia tan prostituida Ella.

Es una narración jadeante, épica, cinematográfica diría, que parece grabada por el autor frente a su espejo al que le cuenta ciertas, tantas, hazañas. Libro en el que todos parecemos víctimas, y lo somos, de algún destino oprobioso, de maldades, errores y culpables, de post verdades y *fake news*; cien años de soledades porque sí, y que son, somos, o eliminadas o rescatadas de un virtual infierno dantesco por obra y gracia de su designio, de su clarividencia, liderazgo y guía. La narración que es homérica, he dicho épica también, donde por supuesto se necesita de un héroe, él mismo, de una heroína, La Paz; de la maldad representada según él en Uribe y

Pastrana y otras alimañas, por cuya culpa se encuentra secuestrado el destino feliz del pueblo confinado en el castillo escondido en las intrincadas selvas de Colombia.

Libro además plagado de justificaciones, alfombras mágicas para evadirse y también esconder el polvo de lo que no se dice o se dice a medias o se miente o se olvida, con tal de dar la impresión y mostrar que todo fue bien hecho, "los resultados hablan por sí solos", y que la guerra tiene una lógica, una racionalidad que nos obliga al pragmatismo con principios pero sin pañuelo en la nariz; y la paz o su búsqueda requiere asimismo de pragmatismo con principios, "los resultados hablan por sí solos", muletilla que se repite textualmente como un eco pertinaz a lo largo de tantas páginas a las que solo les falta ser llevadas a la pantalla grande para convertirse en éxito mundial. Juguete de autor.

### Plebiscito para qué

Hay dos temas que quiero resaltar de la lectura, aunque el libro dé para muchos más, casi que para todo. El primero de ellos tiene que ver con la democracia, sus caminos y sus debilidades. En tal sentido el ex presidente Santos propuso a la Corte Constitucional colombiana la realización de un plebiscito con el fin de bajar un poco las tensiones políticas y sociales que rodeaban a la fase final del acuerdo antes de ser refrendado, para además con ello crear confianza en el país. La consulta ciudadana se realizó, según lo establece el artículo 7 de la Ley 134 (Ley estatutaria de los mecanismos de participación del pueblo), dejando como resultado el triunfo del NO por estrecho margen, sea dicho, frente a la opción del gobierno y la guerrilla.

En tal sentido afirmó Santos en entrevista de radio desde España, palabras más palabras menos, que se le había ido la mano de confianza y aprovechando que la Corte Constitucional había dejado una ventana abierta según la cual si se perdía el plebiscito se podían someter los acuerdos de paz, una vez revisados por las partes e incluidas las objeciones de rigor, ser debatidos y votados en el Congreso de la República. (Ver sentencias de la Corte Constitucional 01 y la C-379, ambas de 2016), y así se hizo, atropelladamente. El 30 de noviembre y 1° de diciembre de ese año. A juro.

A fin de cuentas, el criterio que primó, "pragmatismo con principios" nuevamente, fue que, por encima de cualquier otra consideración, nada ni nadie está por encima de la Constitución de la República de Colombia de 1991, que reza en su artículo 22 que "la paz es un derecho y un deber de obligatorio cumplimiento". Al día de hoy se sigue observando que en Colombia ese debate sobre democracia, plebiscito, representatividad y legales-mo sigue en pie. Dice Santos en la obra comentada que estuvo a punto de renunciar, "...ahora me voy..." pero lo convencieron de que no. Así se salvó la Patria.

## Unos detalles cronológicos que parecen saltos de garrocha

1. El 26 se septiembre de 2016 Santos y Timochenko firman en Cartagena, en acto babilónico, con 2500 invitados, el acuerdo final de paz;

2. El 2 de octubre de 2016, como estaba previsto, se realiza el plebiscito con resultado negativo para el gobierno y las FARC-EP (50.21% a favor del No y 49.78% a favor del Sí);

3. El 7 de octubre, cinco días después, apuradito, se le otorga el Premio Nobel de la Paz 2016 a Juan Manuel Santos, presidente de Colombia. En el texto del veredicto, leído en Oslo por el Comité Noruego del Nobel, se afirma: "el hecho de que una mayoría de los votantes dijeron "No" al acuerdo de paz, no necesariamente quiere decir que el proceso de paz esté muerto. El problema no era un voto, un pro o contra la paz. Lo que rechazó el lado del "No" no fue el deseo de paz, sino un acuerdo de paz específico", y agregaba el Comité: "... existe un peligro real de que el proceso de paz se interrumpa y que la guerra civil se reanude";

4. El 14 de noviembre de 2016 se pone a disposición del público el nuevo acuerdo final que según Santos incorpora, en más de un 90%, las objeciones y propuestas de los promotores del "NO";

5. El 24 de noviembre de 2016 se firma en el Teatro Colón de Bogotá el nuevo acuerdo final;

6. El 30 de noviembre y el 1° de diciembre de 2016, luego de haber esquivado el requisito del plebiscito y de haber encontrado la ventana que dejó abierta la Corte Constitucional, el Congreso, vía *fast track,* refrenda el Acuerdo Final para la Terminación del Conflicto y la Construcción de una Paz Estable y Duradera, con una extensión de 310 páginas. Así se firmó la paz;

7. El 10 de diciembre recibe Santos y no Timochenko el Premio Nobel de La Paz en la ciudad de Oslo. (Lo subrayo puesto que anteriormente lo habían recibido el binomio Mandela-De Klerk en Suráfrica en 1993 por poner fin al Apartheid; posteriormente la trilogía Rabin-Peres-Arafat por alcanzar la paz en el Medio Oriente en 1994; y, luego en 1998 a la dupla Hume-Trimble por llevar la paz a Irlanda del Norte). ¿Por qué entonces a Timochenko no se lo entregaron?

## ¿La paz de Colombia a costa de la paz en Venezuela?

El segundo aspecto que quiero resaltar, para aquellos lectores que tal vez no estén al tanto del asunto y desde mi perspectiva de ciudadano venezolano que vive en un país arrasado, sin guerra declarada, paradójicamente poseedor de las mayores reservas de petróleo del mundo y que hasta hace 20 años era un país próspero dentro de las dificultades y respetuoso de los principios democráticos hasta donde la realidad crítica lo permitía, es que Venezuela, nosotros, fuimos la plataforma fundamental, no la única es verdad, sobre la que el gobierno de Santos logró todo el apoyo necesario, económico, político, territorial e ideológico para acompañar y facilitar al gobierno colombiano en el logro de su objetivo existencial que era, a cualquier precio, firmar la paz con la guerrilla de las FARC-EP mediante la participación militante del gobierno de Fidel Castro.

En 2010 Santos inauguró su mandato declarándose el mejor amigo de Chávez y creando con éste como parte y comparte, un negociado de intercambio de vanidades y contradicciones que se complementaban a través de un chantaje bilateral, dando y dando, a través del cual se dejó hacer y se dejaron pasar todas las fechorías cometidas por el gobierno del socialismo del siglo XXI a cambio de que se le abrieran las puertas de par en par de los hermanos Castro con quienes el difunto y ahora Maduro compartían y comparten el mar de la felicidad que parece se agota, y así darle mayores y francas oportunidades, diapasón internacional, al proyecto de paz con las FARC.

En buena medida uno de los elementos constitutivos de la crisis actual que vive Venezuela se consigue en ese silencio mudo, cómplice, no solo del gobierno de Colombia, que se sostuvo a cambio de ingentes beneficios hacia la figura del difunto. No solo culpa del gobierno colombiano, quede claro, sino de la estrepitosa complicidad internacional.

Yo me pregunto a todas éstas si los efectos perversos, malintencionados o no, que podía provocar la paz en Colombia bajo ese esquema tutelado por los Castro, en las condiciones antes mencionadas, sobre los vecinos, por ejemplo, estuvieron alguna vez calculados o previstos o mencionados tan siquiera por alguna de esas lumbreras. Porque con tanto sabio experto consultado, planificadores, políticos, organizaciones internacionales, altos foros académicos ("las mejores universidades del mundo"), asesorías políticas y demás altezas mencionadas a boca llena en el libro de marras, no se puede entender que no haya habido alguien que advirtiera, denunciara, olfateado sabueso al menos, el cataclismo social que se estaba desarrollando en Venezuela ante los ojos indolentes del mundo.

160

Ahora millones de venezolanos en éxodo atraviesan o pasan hacia otras tierras a través de Colombia, que ya tarde, por recato, vergüenza, desquites políticos internos, alertas sociales y económicas encendidas, o verdadero sentimiento de hermandad que tanto agradecemos.

Nuestra hermana Colombia se ha convertido en la garganta principal por la que se expresa la comunidad internacional y los programas de la ayuda humanitaria que estando listos para servir a enfermos y hambrientos que aquí no llegan por orden de la dictadura. ¿No debieron tantos expertos, reitero, prever las consecuencias, los resultados de decisiones inapropiadas? ¿Todo es válido para el pragmatismo? ¿Lo importante es la eficiencia y el logro de los resultados a no importa qué precio?

Vienen a mi memoria dos obras y dos autores que se preguntan por estos temas fundamentales de la ética política, a saber: "Los justos", de Albert Camus, y "Por el bien de la causa", de Alexander Solzhenitzyn. ¿Se le olvidó a Santos reflexionar en capítulo aparte sobre las consecuencias de sus actos y la ética política? Pienso que no le convenía, eso es todo, pues se desmoronaría el castillo de naipes construido con justificaciones que hoy se derrumban.

### Final

Una de las lecciones que deja la lectura de este libro es que no se debe ni puede hacer la paz a cualquier precio, menos aún a sabiendas que los resultados multiplicarán el número de víctimas. Porque la población de Venezuela se convirtió en buena medida en víctima inocente de ese proceso de paz.

La jugada final, ya la suerte estaba echada, fue lanzar por la borda al ahora innecesario compañero de viaje, Maduro, en disfraz de defensa de los derechos humanos y la democracia, la dignidad y toda esa parafernalia con la que se visten hasta los más perversos personajes.

Recordé otra vez de los versos inagotables de Cernuda: "Oh tierra de la muerte, dónde está tu victoria".

# EL GOLFOSAURIO REX
## (19.08.2019)

En estos mismos y exactos días, del 9 al 18 de agosto del año 1987, hace 32 años, se producía entre Colombia y Venezuela, dentro del Golfo donde nace nuestro gentilicio, uno de los más agrios conflictos que tuvo tan amplia dimensión y cobertura que estuvimos a punto de llegar a una guerra.

Su origen y motivación eran nuevamente los temas de la soberanía y la posesión territorial, en defensa de los cuales se amparan tantas oscuras obsesiones y que desde la ruptura de la Gran Colombia han mantenido a ambas naciones secuestradas, absorbidas y maniatadas por temas y actores interesados en que se mantenga la tensión por encima de la cooperación.

Para ponerlo en perspectiva histórica, ambos países estuvieron obsesionados desde 1830 hasta 1941 por resolver el tema limítrofe, llegando finalmente a un mal acuerdo para Venezuela que dejó una huella de desconfianza y animadversión entre ciertas élites de aquí y de allá.

Lo que se había resuelto perversa o descuidadamente, o ambas a la vez, con el "Tratado de Demarcación de fronteras y Navegación de los ríos comunes entre Colombia y Venezuela", trajo consecuencias retorcidas que aún duran, tanto así que fueron esgrimidas hasta por los integrantes del MBR-200 el 28 de marzo de 1992 para "justificar" sus acciones golpistas contra la democracia y acusar de "traición a la patria" al presidente Carlos Andrés Pérez.

Toda esa historia plagada de vericuetos y pertinaces promotores es larga, compleja, dramática y atormentada. Viéndolo bien y en definitiva no nos ha hecho ni mejores países, ni más prósperos, ni más solidarios, olvidándonos sí de lo que nos une, que es tanto, frente a lo que nos separa, que es tan poco, pero que ha logrado contaminar en buena parte nuestra vida en común y ha sido aprovechado, terreno propicio para la demagogia, por más de un avispado de tanta pelambre que se asoma para dar gusto y sentido a sus carencias y apetitos personales de figuración y trascendencia.

Pero, además, así como en su momento ocurrió con la frontera terrestre (1830-1941), también se inició a partir de mediados de los 60 sobre las áreas marinas y submarinas entre los dos países una controversia complicada, agresiva y sin solución fácil, que enajenó las energías negociadoras de ambos países para impulsar tantos temas en común. Se olvidó la vida de ambos pueblos y nos dedicamos a arar nuevamente en el mar.

En esta perturbadora teatralidad binacional, la de la definición de las áreas marinas y submarinas correspondientes a cada país, es que se producen los eventos que aquí se mencionan en agosto de 1987 que trajeron nuevas consecuencias nefastas, nueva herida abierta, para la relación entre los dos países.

A pesar de ello dos años después, buen ejemplo, en 1989 ambas naciones deciden emprender un nuevo camino de integración y de progreso con ciudadanía que padeció de los embates tempraneros de "El Caracazo" y lo que le siguió, sigue, persistente y corrosivo.

Ese esquema de negociación se trazó y puso en práctica tomando en cuenta toda la compleja realidad binacional e incluyó los más significativos asuntos de nuestra relación: la gente, el desarrollo humano y social, las comunicaciones, la educación, la cultura, la salud, el comercio, los negocios, las inversiones, la infraestructura, la vecindad, todo ello sustentado en principios básicos de entre los cuales destacamos: la "desgolfización" que implica que sin excluir el tema de la delimitación de la agenda común se le resta protagonismo; la "globalidad" mediante la cual se incluyen todos los temas de nuestra bilateralidad, y finalmente "conversaciones directas", es decir, sin la intervención de terceros.

Todo este proyecto de integración binacional se llevó a cabo dentro de las limitaciones que la realidad imponía, pero podríamos afirmar que entre 1989 y 1999 se vivió uno de los períodos con propósitos más claros y prósperos entre los dos países.

Pero como lo conflictivo vende más que lo cooperativo, el caso de la corbeta Caldas siguió jugando dentro del inconsciente colectivo que "patriotas" y medios de comunicación reforzaban dándole un extraño brillo repetitivo y ensordecedor; para los partidos políticos como tema electoral, para los militares ni se diga, para los académicos como tema de investigación.

Menos mal, al día de hoy el tan cacareado asunto de la corbeta Caldas ya ni se celebra ni se conmemora ni se publicita como era habitual. Ahora las necesidades y retos, las prioridades, son otras, mientras los dos gobiernos se dan la espalda porque sus diferencias que son todas se han mudado de territorio y tal vez estén más envenenadas que nunca antes. Justo es decir que Colombia ha abierto sus puertas para recibir a los millones que huyen en desbandada de la tragedia que hoy vivimos aquí y puedan buscar, a trompicones y a cualquier costo, un destino mejor.

Pero ocurre además que el tema de las soberanías, del Golfo entre ellas, el Caldas y todas esas veleidades, defensivas o agresivas, se han convertido más bien en prioridad para los estudios de la Paleontología, tan importante ella, pero que no genera interés en las generaciones jóvenes.

En esos 32 años que van desde aquel agosto de 1987 hasta el presente, el tiempo ha pasado demasiado rápido. No hay reloj que dé cuenta de la vorágine que ha sacado del foco como a tantos otros al tema del Golfo de Venezuela. No posee ahora aquella capacidad imantadora de ayer, sus promotores han salido del juego por razones de edad u otras y ya ni siquiera se celebran o mencionan tan ingratos eventos que algunos convirtieron casi en mitológicos, embadurnados de heroísmo, de gesta, de banderas, de himnos, de escudos nacionales, patrioterismo y xenofobia.

Puedo suponer que por allí aún exista algún "estratega" en busca de notoriedad que esté pensando, esperando y calculando la oportunidad para utilizar, como en el pasado, el tema para ponerlo sobre el tapete y usarlo como arma de ataque o de defensa, de distracción, de victimización, trapo rojo para entretener de otras debilidades, zona de conflicto geoestratégico mundial, foco de atención. Siempre es bueno estar pendientes del posible reestreno de esos bodrios.

Está visto que aquél rimbombante titular, aquí y allá, sobre la delimitación de las áreas marinas y submarinas entre Colombia y Venezuela no levanta ni un suspiro, forma parte de la exhibición arrinconada y polvorienta del museo del desencanto, lugar al que asisten si acaso los amantes de las extravagancias de los dinosaurios.

Ojalá que, mirando hacia el futuro, en lo que de bueno podemos llegar a ser y hacer ambas naciones conjuntamente a favor de nuestra gente, no caigamos en la trampa voraz del peligroso "Golfosaurio Rex" y demos aliento creativo y propicio a un proyecto común que incluya ciudadanía y progreso para nuestras gentes, en libertad y democracia plena, con especial atención en los habitantes de la frontera común hoy en manos de la perversidad.

Por eso es que hay que preparar desde ya esa agenda provechosa sobre lo que nos incumbe en lo nacional, binacional e internacionalmente pero antes que nada humanamente.

Pongamos freno a esa mitología que desde nuestra Independencia nos secuestra, en la que se subraya la guerra como alta expresión del quehacer humano, de lo conflictivo sobre lo cooperativo, concentrada en lo militar, en el guerrerismo y en el patrioterismo, que son las razones fundamentales por las que nuestras sociedades siguen padeciendo de sus males ya cumplido este bicentenario de la Independencia aún sin rumbo cierto. Realismo frente a romanticismo sí, ética sobre pragmatismo barato también, porque no está demás, como dice la vieja conseja, prevenir antes que lamentar.

En ese mismo sentido, es oportuno recordar aquí "El dinosaurio", aquel micro relato de Augusto Monterroso publicado en 1959 donde se cuenta que: "Cuando despertó, el dinosaurio todavía estaba allí".

## "EN ESTA ADUANA NO SE HABLA MAL DE CHÁVEZ" (26.11.2019)

Cuando pienso en la relación colombo-venezolana respira en mí dubitativo la sempiterna frase o letanía suspensiva e inconclusa de "lo que nos une, lo que nos separa", que se rellena cambiante de calificativos acordes con los tiempos, las circunstancias, los intereses y a la que le calzan cómodas todas las preposiciones posibles.

¿Será esta constante una trampa del pensamiento envuelta en lenguaje o una escaramuza de los sentimientos hecha obsesión? La duda que deja el recorrido entre lo permanente y lo cambiante bulle y aplica para cada sujeto, pareja, grupo, mundo, geografía, galaxia. No tiene límites.

De pura inspiración se me viene profesor a la memoria una idea en la que tantos pensadores han coincidido que es la de que todo fluye y cambia, nada se estanca o permanece inamovible para siempre. Y me doy cuenta que la fórmula sirve también para explicar tanto lo que nos une como lo que nos separa y que suele ser en suma una inconstante, el bendito fluir.

A partir de esa revelación paso a interrogarme además sobre la noción de distancia y acudo al DRAE desde donde se ofrecen varias definiciones. Me quedo con la que más me conviene para refutarla, a saber: "espacio o intervalo de lugar o de tiempo que media entre dos cosas o sucesos" y que me sirve por otra parte para acercarme mentalmente, relativamente, a la experiencia vivida en persona al atravesar, hace unos días apenas, el Puente Internacional "Simón Bolívar" que une y separa a Venezuela y a Colombia en su trayecto de tan solo 315 metros de largo, eternos hasta que se terminan, por 7,3 metros de ancho, ahora encogidos por los contenedores de la infamia.

Llegar a ese deslinde inaugurado el 24 de enero de 1962 por dos presidentes democráticos e integracionistas, Rómulo Betancourt y Guillermo León Valencia, es una aventura humana traumática cuya experiencia pone en jaque cualquier noción física o geográfica. Ahora sí que nunca tan distanciados, ni a caballo que fueran los 1.027,38 km que en línea recta separan a Bogotá de Caracas o los 50,1 km que por carretera hilan la geografía que transcurre entre San Cristóbal y Cúcuta. "Te lo dije, nada es lo que aparenta", refunfuña otra vez una voz coral a mis espaldas de autores que de tantos se disuelven.

Comienza mi trayecto entreverado y así telegráfico escribo: una vez en el sitio y realizados de antemano los trámites administrativos para obtener gratuitamente la Tarjeta de Movilidad Fronteriza, me bajo del vehículo y comienza una invasión de realidad circundante sobre mi sensibilidad atropellada por la incertidumbre de un viajero que sabe que va a regresar, sí, pero que vive la experiencia con la carga de tantos millones de venezolanos, gente de uno, que se han ido y que tal vez no vuelvan, y de otros tantos que quedamos esperándolos.

En estas, mirando el aviso gigantesco donde se lee "En esta aduana no se habla mal de Chávez", me despido de Venezuela. Atravieso el lugar acompañado por dos amazonas, Jenny y Kenny, que vigilan y cuidan mis inseguros pasos. Se encienden mis alarmas, trato de comprender, pero mis sentidos están ocupados en enfrentar las inseguridades y confusiones que se viven en ese extraño túnel apretujado entre marea de gente en el que asumo atravesar lo desconocido.

Colores, olores, ruidos, prevenciones, maleta en mano, minusválido y miope, ruedo siguiendo el vaivén humano en el que fluyen en armonía aparente el que va, el que vuelve, el que comercia, el pícaro, el bobo, el truhan, el menesteroso, el que ayuda, el perseguidor, el perseguido. Casi nadie habla entre sí en el mercado en que las ofertas no descansan. El alfabeto sobre ese puente habita en la desconfianza.

Oteo de reojo a la muchedumbre que regresa desde Colombia por el otro canal que en ese momento es mayor a la que se desplaza hacia allá. La Guardia Nacional ni nos mira con su máscara de siempre, mientras los funcionarios de la Policía Nacional Colombiana nos reciben, antes bien, cordiales y bien vestidos.

Siglos después, minutos nada más quise decir, la relatividad querido amigo, llego al hotel. Estoy de pronto en Cúcuta cumpliendo destinos académicos y humanos. De seguida me llevan de paseo y aquello me parece otro mundo, la Disneylandia más cercana a Venezuela, el capitalismo en ascenso, el imperio de la mercancía establecido en la frontera.

Transcurre el tiempo, ¿transcurre?, y a los dos días retorno de maleta pequeña, lástima, y vengo más sereno. Frente a mis ojos se asoma otra realidad, la del comercio que no cesa por la que en el pasado fue la frontera más viva de América Latina. Aparte, no sé qué nacionalidad tienen los que son, pero regresan en su mayoría cargados de mercancías apiñadas en bultos gigantes, en sacos de colores que flotan ingrávidos sobre los hombros de los "bulteadores".

La marea es terca y el camino culebrero. "Ojo e´ garza, Señor", me dice un paisano. Nos reciben, es un decir, las autoridades venezolanas con sus caras de cañón. "Hacia dónde se dirige usted ciudadano". "No voltee profesor" me susurra una de mis ángeles guardianas. Pero nada, el militar me sigue e inquiere: "te estás haciendo el loco; qué llevas ahí, párate a la derecha, ábreme la maleta" Parece más bien un fiscal de tránsito. No me río. Abro, revisa. "Ya no fumo Pielroja", le comento juguetón, pero no entiende, no le importa. "Enséñame los papeles" replica; se los enseño; "sigue" me dice, sigo.

166

El ruido provocado por las ruedas de mi maleta en contacto con el destartalado pavimento me despierta en otra realidad, la nuestra, en la que escucho altisonante y familiar la rocola gritona de siempre desde la que se oye la voz maravillosa de Javier Solís recibiéndonos, ahora sí, cantando aquel himno que asiente, "la distancia entre los dos es cada día más grande".

## VENEZUELA, COLOMBIA Y DEMÁS: LA POROSA PELIGROSIDAD
### (03.05.2021)

La especificidad, "originalidad" y peligrosidad de los inéditos eventos que ocurren actualmente en la fachada occidental del territorio venezolano, requieren del análisis profundo y obligan a la caracterización académica y a la determinación e intervención política, nacional, binacional e internacional.

Frente al espacio terrestre colombiano, complementario al nuestro, en los binomios estatales o departamentales constituidos por el Zulia-Guajira, Táchira-Norte de Santander, Apure-Arauca, Amazonas-Vichada, ocurren eventos protagonizados por actores y factores violentos que asolan sin más, yendo y viniendo, destruyendo a la libre, a personas, poblados, recursos naturales e instalaciones públicas y privadas, además de animales y tierras.

Es más que necesaria pues, obligante la actuación exclusiva en principio de autoridades venezolanas para poner fin a lo más parecido a guerra entre mafias por el control de territorio. Allí delinquir libremente o con la participación de jefes locales o nacionales en el despliegue compartido de sus fechorías, es la gimnasia diaria, ahí radica su santuario. Esas bandas parecen estar mejor dotadas de apoyos, pertrechos e inteligencia, que nuestro ejército en la zona, mientras la gente huye despavorida, se desplaza forzosamente, protegiendo cuando puede vidas personales, animales y enseres.

Ante la precaria presencia del Estado venezolano para proteger y preservar soberanía y defensa de dignidad nacional, el discurso del gobierno deambula torvo en el Olimpo, mientras el conflicto crece estrepitosamente a la vista cómplice de todos. El mismo ha sido denunciado por la ONG FundaRedes de manera minuciosa, aportando pruebas a través de la "curva de violencia", que se muestra a diario, que si no fuera por ellos quedaría esa realidad tapiada por el olvido y en la mayor impunidad.

Todo hace pensar en la coparticipación de actores y factores que atentan gravemente contra la paz y la estabilidad de la República y de la región que se incendia, además de la pandemia, por graves conflictos sociales.

No obstante, no se observa la intervención clara y definida de quienes debieron, desde hace tiempo, actuar con claridad para no dejar crecer aún más las malas hierbas que hacen a su antojo y rastrojo en lo que fue la frontera occidental venezolana, la más viva y pujante de América Latina de otros tiempos, hoy en manos ajenas.

Dentro de esta caracterización cabría sumar que es un conflicto interno que se da en una región que involucra a dos estados nacionales, Colombia y Venezuela que, entre esos dos gobiernos, imperdonablemente, no existen desde el 23 de febrero de 2019 relaciones diplomáticas y consulares, ni tampoco políticas o económicas.

Que coexiste además un nexo de penurias, que se ha trasladado explosivamente desde Venezuela hacia el vecino o a través de él, en una población que se calcula en 6 millones de personas de las cuales se tienen registrados alrededor de 2 millones de seres humanos que permanecen en territorio colombiano.

Otro asunto no menor a resaltar es que desde 1830, año en que se separaron ambas naciones de la Gran Colombia, no ha habido conflicto en la frontera terrestre más preocupante y revelador que este. Ni siquiera comparable a la masacre de El Amparo en 1985, o la de Perijá en 1987, o la de Cararabo en 1995, o las voladuras de oleoductos por parte de la guerrilla colombiana, o el secuestro y la extorsión, o el cobro de vacuna, o la persecución en caliente, o la violación del espacio aéreo y demás circunstancias conflictivas, ni siquiera todas juntas a la vez, son a mi manera de ver tan devastadoras y peligrosas como las que ocurren actualmente.

Y aparte valga la pena acotar que el otro conflicto de tanta envergadura, pero aquel entre ambas naciones y que llamó la atención del mundo, fue el ocurrido en áreas marinas y submarinas del golfo de Venezuela, sobre las cuales Venezuela ha ejercido y ejerce soberanía plena. En esos territorios marítimos, se creó un estado de pre guerra entre ambos países que a fin de cuentas fue resuelto por manos sabias y prudentes, pero que quedó grabado en la conciencia histórica del pueblo venezolano. Pero eso fue en agosto de 1987, fundamentalmente sobre el mar Caribe y en el golfo de Venezuela, y lo que ahora ocurre es sobre tierra firme creando una situación política internacional y de crisis humanitaria muy particular.

Porque además la guerra que allí y ahora se libra tiene unas connotaciones intolerables sobre la población que huye, que anda perseguida para colmo de males por la pandemia, la dictadura y la carestía material, espiritual y política de estos ingratos tiempos. Porque esa guerra no es suya, población civil desprotegida, sino entre bandas subversivas enfrentadas por razones poco ideológicas, por intereses en tensión entre narcotraficantes que se pelean por el control de zonas donde ejercer a la libre sus inocultables negocios de tráfico de drogas, de armas y de todo lo demás.

Agreguemos que según observan algunos analistas la presencia de estas bandas ya avanza por buena parte del territorio nacional creando así, si no se detiene esta plaga a tiempo, un estado de disolución de la nación que antes se conocía con el nombre de Venezuela. No agreguemos el tema de Guyana a esta letanía que multiplicaría aún más la preocupación sobre el análisis de la situación planteada.

Agreguemos y alertemos si a todos con un llamado de atención porque las repercusiones que a nivel hemisférico puede tener este ejemplo, en tiempos de desinstitucionalización generalizada, crecimiento exponencial de la pobreza, desplazamientos forzosos, crisis de los valores democráticos y avance del populismo, demagogia y mesianismos políticos, pueden ser devastadoras.

Quede claro que esta situación se da cuando Venezuela y Colombia no tienen relaciones sino de conflicto y en donde las posibilidades de diálogo por encima de coyunturas, hoy convertidas en constantes, están canceladas por distancias ideológicas, personales y viscerales.

Las relaciones entre Colombia y Venezuela están más allá de ser hoy por hoy una excelsa necesidad espiritual, un ostentoso apremio existencial o tan siquiera una frase feliz dentro de un discurso protocolar y enjundioso, pues la farisea cortina de hierro establecida entre dos países vecinos que rechazan los canales diplomáticos e institucionales para solucionar conflictos y atender emergencias humanitarias o catástrofes naturales si fuese el caso, están levantadas y son muy altas.

Porque si bien es una verdad a medias que el problema se está produciendo en territorio venezolano, el mismo posee una urdimbre multiplicadora, una maraña siniestra de actores proclives al conflicto, su negocio, que involucra energías de uno y otro país y tal vez más, que pudieran estar jugando a un plan regional de desestabilización pendenciera que en el fondo hace girar la ruleta de la posible aparición de soluciones de fuerza como ha ocurrido en otros momentos en América Latina en tiempos de crisis y radicalización.

La situación es grave, compleja y de repercusiones insospechadas. El gobierno venezolano fiel al discurso según el cual siempre la culpa está en los demás, quiere achacar al gobierno colombiano y al imperialismo norteamericano la razón de estos y demás males. Pero a la vista de todos está la terrible y porosa peligrosidad de los actores involucrados en lo que ocurre en la frontera occidental de Venezuela y que sigue su curso. El gobierno venezolano, el colombiano, además de la comunidad internacional, tienen la responsabilidad y la palabra.

## PARTE II
## A VUELO DE PÁJARO: LA DELIMITACIÓN DE LAS ÁREAS MARINAS Y SUBMARINAS CON LA REPÚBLICA DE COLOMBIA AL NORTE DEL GOLFO DE VENEZUELA[*]

*Dedicado a la memoria de*
*Pompeyo Márquez Millán*
*(1922-2017)*

## INTRODUCCIÓN

En estos tiempos adversos en los que Venezuela padece el trance de la dictadura y los ciudadanos enfocamos nuestras luchas en el rescate de la libertad, la democracia, el respeto por la dignidad, los derechos humanos y la soberanía, se cumplen treinta años de una experiencia histórica que incluye, en el caso venezolano, la reacción unánime de los componentes del hacer y del sentir nacional a favor del liderazgo político de aquellos tiempos, que parecen remotos a la luz de las comparaciones, cuando en agosto de 1987 un buque de la Armada Colombiana, el ARC Caldas, irrumpió sin más en áreas marítimas territoriales venezolanas.

Se creaba así un escenario de conflicto que de no haber sido por los elementos antes apuntados de coherencia institucional y compromiso democrático, fortalezas todas administradas bajo la gerencia prudente y asertiva de la diplomacia que supo con muy bajo perfil como corresponde,

---

[*]    Artículo publicado originalmente con el título "A vuelo de pájaro: La delimitación de las áreas marinas y submarinas al norte del Golfo de Venezuela", en *La diplomacia venezolana en democracia (1958-1998)*. Fernando Gerbasi, compilador. Kalathos Ediciones. España, 2018.

sumar y evitar, habría podido generar hechos de consecuencias irreparables para la relación bilateral colombo-venezolana de equilibrio histórico inestable, es verdad, pero hasta hoy sin rupturas trascendentales, de guerras hablo, que lamentar.

El fantasma de esa tragedia aparecía como nunca antes en esos días de agosto de 1987, hace 30 años, de la manera más cruda, repentina y sin tapujos. Tan solo la firmeza política de Venezuela y el cálculo de las consecuencias de sus actos por parte de aquellos otros promotores de la trama, que dieron marcha atrás a regañadientes, pero en todo caso a tiempo, acompañados ambos y bien aconsejados por la comunidad internacional, hicieron desactivar el absurdo escenario de una confrontación bélica entre dos vecinos tan hermanos.

No es fecha pues digna la de hoy, por esas dos razones apuntadas, para celebraciones u onomásticos, al contrario, aunque sí para aprovechar y sugerir enseñanzas, precauciones y prevenciones sobre contextos de posible ocurrencia en el futuro, que manejados con turbia intención e irresponsabilidad de unos o de otros, o de ambos, o de tercerías, pudieran repetirse y provocar un tumulto o una guerra en un mundo distinto.

El escenario internacional de hoy es de intereses geoestratégicos desalineados y de ambiciones de ideologías políticas fracasadas pero vigentes que corren desbordadas sin dirigencias políticas mundiales o regionales de contrapeso real y disuasivo o preventivo, siquiera conciliatorio, ni frenos institucionales, ni paradigmas morales o teorías creíbles para definir salidas exitosas y ponerlas en práctica.

En tal sentido, para ampliar la comprensión de estos eventos tan puntuales, valdría la pena recordar, en ejercicio de prudencia académica y memoria selectiva, aunque sea somera e indicativamente, los hitos más relevantes, los escalones de esa larga y escabrosa escalera que explicarían las razones elementales de aquél desaguisado que significó la provocación de Colombia a través de la ya mencionada Corbeta Caldas en áreas sobre las que Venezuela ha ejercido y ejerce soberanía plena por tratarse de áreas marinas y submarinas en las que sin discusión se ejercen derechos reales, históricos, raizales, vitales y simbólicos de trascendencia soberana.

Y habría que subrayar a favor de lo expuesto que un ejercicio intelectual en la perspectiva que otorgan los treinta años cumplidos y transcurridos sobre esta materia y su recordatorio ciudadano, quiere poner al tanto a la juventud venezolana y a otras gentes de estos tiempos, absorbidas por distintas prioridades, intereses, necesidades y luchas, de lo ocurrido en esta fundamental materia de nuestra vida republicana, sobre todo en Democracia.

Ello a objeto quizás de sensibilizarlas de la manera más sensata y cabal, ¿tendría que adelantarme a la objeción y alegar que atemperadamente subjetiva?, sobre aspectos que sobrepasan lo coyuntural de ese agosto de 1987 y que constituyen temas, políticas de Estado trascendentes de nuestro pasado, presente y futuro como nación y continente, a saber: su soberanía, su dignidad y su capacidad para elaborar respuestas inteligentes ante problemas y conflictos futuros. En suma, observancia de nuestra razón de ser como entidades políticas e independientes y amantes de la integración, frente a torvos intereses mezquinos. Proteger las fronteras es conservar la paz para que estas al fin desaparezcan.

## LA PROFUNDIDAD HISTÓRICA

Venezuela y Colombia serán vecinos para toda la vida y mudarse no depende de sus voluntades o caprichos. Estos dos países han mantenido unas relaciones complejas, difíciles, que algunos autores han definido como epilépticas o atormentadas, luego de que, en común y aturdida orfandad de madre y padre, España y el Libertador Simón Bolívar, nos descubriéramos inmaduros y de nuestra cuenta, "libres" nos atrevemos a decir en los libros de texto, viviendo entre controversias y caprichos de caudillajes que es el mejor sinónimo de tropelía, atraso, personalismo político y sumisión. Vea pues usted cómo fue ese pasado que tantas veces nos prologa.

En buena medida ello ha sido así pero no alcanzan los adjetivos hasta ahora utilizados, realidad superando al idioma, para describir y cubrir en su compleja urdimbre a todo el tenso y entramado conjunto político, económico, social y cultural de nuestras relaciones. Se combinan en ella más bien lo agrio con lo dulce y lo picante, lo tenso y lo fraterno, amores y resentimientos, lo coyuntural con lo estructural, los intereses nacionales a veces en tensión con lo regional y fronterizo.

Somos energías que se integran contradiciéndose, que se repelen acercándose, que se estrechan en privado a la sombra de una memoria que no se desea compartir en lo público, que se buscan pero que por no entregarse frente a otros se desmienten o agreden. Así ha sido nuestra vida en pareja, y allí la geográfica vecindad no perdona pues estamos obligados por ese destino implacable a vivir juntos para siempre así borremos nuestros nombres de pila, pero sin que nos sea posible cambiar de dirección ni de caballo ni de caminos ni de horizontes ni de circunstancias. Restas y haberes, lo vivido, de ambos dos uno solo.

# LA SUPERFICIE: EL LADO TENSO DE LA CUERDA

Aparte de otros elementos de fondo, que no tocaré en estas páginas, la tensión, el conflicto entre Colombia y Venezuela ha sido su apariencia más evidente. Aspecto y cáscara. Estamos inclinados a remachar y estudiar, como aquí, lo traumático antes que lo cooperativo.

Materia pendiente esa la de construir escuelas de vida para la integración. Los pueblos de la frontera común serían los primeros maestros que deberían pasear sus enseñanzas por los predios políticos, las universidades, los medios de comunicación, los cuarteles, cancillerías, iglesias, bufetes y demás foros, donde tanto se habla de tensiones y tan poco de integración y desarrollo.

Esta situación enfermiza se expresa sobre todo en el espectáculo que brindan las diferencias de carácter territorial. Es allí, en esos contenciosos, donde encuentran expresión y cauce las razones profundas de las desavenencias entre ambos. Así lo fue y así lo ha sido hasta el presente. Es el escenario ideal para la demagogia. Bueno saber de ellos, sí, en profundo, para evitar o rebatir su influjo.

Desde 1830, separadas ambas naciones del sueño integrador del Libertador Simón Bolívar, se inicia con más de un sobresalto el cronograma de esa relación tan impetuosa como insatisfecha, tórrida y al mismo tiempo frígida, no más que improductiva.

Luego de tendidas, complejas y farragosas negociaciones para por un lado saldar deudas comunes adquiridas para librar la Guerra de la Independencia y por el otro definir fronteras terrestres, respetando el principio del *Uti Possidetis iuris* (como poseísteis jurídicamente, así poseeréis), se promueven y finalmente se producen en el tiempo cuatro controvertidas decisiones que definen desde antes la arquitectura problemática de los asuntos limítrofes que determinarán los términos de la delimitación futura, que aún sigue pendiente, de las áreas marinas y submarinas, cuyo proceso no comenzará formalmente sino hasta el año 1970 y sobre cuyas etapas discurriremos más adelante.

Estamos haciendo mención a esas cuatro controvertidas resoluciones que definieron los límites terrestres entre los dos países, a saber: a) el Laudo Arbitral sobre Cuestión de Límites entre Venezuela y Colombia (Madrid, 16 de marzo de 1891); b) el Acta de Castilletes (Los Castilletes, 29 de abril de 1900); c) la Sentencia del Consejo Federal Suizo (Berna, 24 de marzo de 1922); y, d) el Tratado entre Venezuela y Colombia sobre Demarcación de Fronteras y Navegación de Ríos Comunes (Cúcuta, 5 de abril de 1941)[1].

En este último acuerdo, colofón injusto de un proceso, se afirma en su Artículo 1° lo siguiente:

> "Los Estados Unidos de Venezuela y la República de Colombia declaran que la frontera entre las dos naciones está en todas sus partes definida por los pactos y actos de alindamiento y el presente tratado; que todas las diferencias sobre materia de límites quedan terminadas; y que reconocen como definitivos e irrevocables los trabajos de demarcación hechos por las Comisiones Demarcadoras en 1901, por la Comisión de Expertos Suizos y los que se hagan de común acuerdo por los comisionados designados ..."[2].

Entre 1830 y 1941 transcurren 111 años. ¿Es posible no imaginar las implicaciones políticas e institucionales, con todas las derivaciones sociales del caso, que se pueden y deben haber causado en el seno de ambas sociedades y de sus mentalidades más profundas?

¡Herida abierta! exclamó en su momento Miguel Antonio Caro (1843-1909), 25° presidente de la República de Colombia (1892-1898), ante usurpación tan descarada y descomunal con la cual la sociedad venezolana se sintió despojada de lo que consideraba remoto, pero suyo, mientras la colombiana disfrutaba oronda de su aparente éxito como si de saldo de deudas o ajuste de fracasos, frustraciones desplazadas, se tratara. ¿Qué tendría que ver el Libertador con todo esto? ¿Qué tendría que ver la pérdida de Panamá por parte de Colombia en 1903 en toda esta maraña? ¿Algún proceso arcano de compensaciones freudianas? Eso quedó grabado en la memoria colectiva. Tatuaje testarudo al olvido en el imaginario perceptivo que ambas naciones guardan la una de la otra. ¿Hasta cuándo?

¡Qué bueno hubiera sido para ambos países que nuestro límite norte con Colombia hubiera comenzado, como lo establecían historia, documentos y mapas, en El Cabo de la Vela! ¡Cuánto nos hubiéramos ahorrado!

---

[1]    Ver Ministerio de Relaciones Exteriores, *Documentos Relativos a los Límites entre Venezuela y Colombia*, Tomo 1, Caracas, 1988.

[2]    Ver Ministerio de Relaciones Exteriores, *ob. cit.*, pp. 272-274.

## LAS FRONTERAS SALADAS

¿Y qué de las posesiones marítimas de dos países costeros? En el lapso mencionado las áreas marinas incluyendo costas, islas, islotes, archipiélagos, etcétera, ocupaban un solitario interés secundario, si acaso. Comparándolo desde la perspectiva del presente, el mar era apenas significativo en términos de seguridad, de distancias, de alcance de balas de cañón, de comercio, de pesca y de contacto cultural entre naciones. De ensoñación también; de miedo incluso. De piratería. De literatura.

Su aparición definitiva en el escenario de la agenda de los asuntos globales corresponde a la década de 1940 cuando se desarrolla y consolida con vigor la formación de lo que hoy conocemos como Derecho del Mar.

Las prácticas imperialistas, por un lado, las preocupaciones de países menos favorecidos y de los organismos internacionales por el otro, el desarrollo tecnológico, las capacidades militares, las ambiciones privadas, las necesidades alimentarias, la urgencia de recursos energéticos, petróleo, convirtieron al tema del mar-océano, en lo que es hoy y más que nunca, asunto vital para la humanidad, supervivencia de la especie. "Agua": el planeta vecino más cercano.

En el caso que aquí nos ocupa, en ninguno de los hitos documentales principales de la fijación de la frontera terrestre entre Venezuela y Colombia se hace mención al tema marítimo. Tierra, ríos, comercio, paz, seguridad, alianza, transporte de bienes y personas, son aspectos que allí se precisan, pero nada en lo atinente al mar. De delimitación de áreas marinas y submarinas ni palabra, y de aéreas ni se diga.

No es que el tema como tal no haya recibido atención puntual como lo fue en relación al Archipiélago de los Monjes, el cual miraremos más adelante, pero más como un litigio jurídico relacionado con la asignación inadecuada del negocio del guano que allí se producía de manera natural y cuya explotación, colonización y aprovechamiento se otorgó indebidamente por parte del Gobierno de la Nueva Granada a los ciudadanos norteamericanos, Gowen y Copeland, el 20 de febrero de 1856, asunto éste que trajo como consecuencia el reclamo del gobierno venezolano que recibió como respuesta inmediata la explicación de que todo se trataba de un error tipográfico; que cuando se escribió "Los Monjes" en realidad debió decirse "Los Mangles". El tema quedó allí, en puntos suspensivos…

# CAMBIO DE HORIZONTES

En 1939 se producen revoluciones importantes en lo relativo a la significación e impacto que sobre las naciones el mar puede tener como escenario de conflictos. Se iniciaba la Segunda Guerra Mundial.

Inmediatamente Venezuela, a través del Decreto del Ejecutivo del 4 de septiembre de 1939, declara su condición de país neutral frente al conflicto bélico mundial.

Días más tarde, el 16 de septiembre del mismo año, en Gaceta Oficial 19.981, se publica también el "Decreto que fija aguas territoriales de la República de Venezuela", en cuyo artículo segundo se señala lo siguiente:

"En las bahías, golfos y senos sujetos a la exclusiva jurisdicción de la República, las aguas territoriales son el espacio marítimo que se extiende 5 kilómetros y 556 metros (tres millas náuticas) hacia el mar, medidos desde una línea recta trazada a través de la apertura"[3].

Ese mismo año, el 17 de diciembre, se firma en Bogotá el Tratado de No Agresión, Conciliación, Arbitraje y Arreglo Judicial entre Venezuela y Colombia". En su artículo segundo establecen:

"Las dos Altas partes contratantes se comprometen a someter, de conformidad con las estipulaciones del presente tratado a los procedimientos de solución pacífica en él establecidos las controversias de cualquier naturaleza o que por cualquier causa surjan entre ellas y que no haya sido posible resolver amigablemente por los medios diplomáticos ordinarios, **exceptuando** solamente las que atañen a los intereses vitales, a la independencia o a la integridad territorial de los Estados Contratantes"[4].

Meses después de la firma del Tratado de No Agresión, pero también y paradójicamente meses antes de suscribir en 1941 el Tratado entre Venezuela y Colombia sobre Demarcación de Fronteras y Navegación de los Ríos Comunes, el 17 de junio de 1940, sobresale la voz del Canciller venezolano Esteban Gil Borges, quien con motivo de un incidente en aguas

---

3    Ver Leandro Area y Elke Stockhausen, *El Golfo de Venezuela. Documentación y Cronología. Volumen I. (1790-1981)*, Caracas, Universidad Central de Venezuela, Instituto de Estudios Políticos, Facultad de Ciencias Jurídicas y Políticas, pp. 167-168.

4    Area y Stockhausen, *ob. cit.*, pp. 168-174.

interiores del Golfo de Venezuela, entre el buque de guerra francesa "Barfleur" y el buque mercante italiano "Alabama", se dirige al Ministro Plenipotenciario de Francia y le expresa, en la que es tal vez la afirmación de mayor reciedumbre histórica pronunciada por canciller alguno en relación a nuestros derechos soberanos en y sobre el Golfo de Venezuela, lo siguiente:

> "Por su configuración geográfica, este Golfo que en las cartas geográficas es conocido con el nombre de Golfo de Venezuela, por su profundidad en el territorio venezolano, por el uso económico que está limitado al transporte del exterior para puertos venezolanos y de puertos venezolanos para el exterior, por el hecho de no tener sino una salida hacia el mar libre y de no ser vía de paso internacional, por consideraciones vitales de seguridad nacional, se caracteriza como un golfo histórico y sus aguas como nacionales".[5]

Luego de la respuesta del ministro francés a la comunicación del canciller Gil Borges, éste responde:

> "Reservando las reclamaciones que puedan ser exigibles por las consecuencias materiales del ataque ejecutado por el "Barfleur" en aguas territoriales de Venezuela, mi Gobierno presenta al Gobierno de la República Francesa su protesta por esa violación de la neutralidad de Venezuela y ofensa a la soberanía".[6]

Pero a pesar del notable trabajo de la Cancillería venezolana en estos años, de lo que no queda la menor duda, la firma del Tratado de Límites del 41 en el que se fijan los términos territoriales entre Colombia y Venezuela no dejó buenas migas en la opinión pública. Sectores importantes de la vida política nacional, Congreso de la República, intelectuales y demás, criticaron duramente esa decisión del gobierno venezolano que no hacía sino convalidar en la práctica la injusticia que se había cometido con Venezuela a partir del Laudo Español de 1891, ratificando con ello los documentos y actos lesivos antes mencionados.

## LOS MONJES: DEL GUANO A LA SOBERANÍA

El tiempo siguió su curso hasta que, en 1951, es decir, diez años después, caracterizados por los ires y venires de una relación parpadeante,

---

[5]      Area y Stockhausen, *ob. cit.*, pp. 175-176.

[6]      *Ibid.*, pp. 16-177.

Venezuela en Gaceta Oficial 23.568 del 30 de junio de ese año publica el Reglamento que determina la jurisdicción de la Capitanía de Puerto de la República. Allí se incluye el Archipiélago de Los Monjes. Razones habría. Texto en contexto.[7]

A continuación, el 22 de noviembre de 1952, el Ministerio de Relaciones Exteriores de Colombia en la Nota G-M-542, enviada al Embajador de Venezuela en Bogotá comentando un comunicado del Ministerio de Relaciones Exteriores de Venezuela firmado en Caracas el 17 de enero de 1952 declara formalmente que:

"...es indiscutible la soberanía de Venezuela sobre esos territorios insulares sometidos a su jurisdicción, soberanía que ejerce conforme a sus legítimos derechos...",

y agrega que:

"...el gobierno de Colombia declara que no objeta la soberanía de los Estados Unidos de Venezuela sobre el Archipiélago de los Monjes y que, en consecuencia, no se opone ni tiene reclamación alguna que formular al ejercicio de la misma o cualquier acto de dominio por parte de este país sobre el Archipiélago en referencia".[8]

Así pues, lo de Los Monjes era caso cerrado, aunque para ciertos sectores colombianos ello siga siendo considerado como un acto de traición a la patria, una entrega inaudita y desproporcionada del gobierno de entonces, si se le compara con el regalo del tesoro de Los Quimbaya obsequiado a la Reina de España en tiempos del Laudo de 1891.

Como podía esperarse, el caso ha sido llevado en la actualidad a los fines de su anulación hasta el Consejo de Estado, Sala de lo Contencioso Administrativo, quien así lo consideró y sentenció a favor de los demandantes, en Santafé de Bogotá el 22 de octubre de 1992[9], sin que ello tenga ningún impacto real sobre la soberanía que Venezuela ha ejercido y ejerce sobre el archipiélago, ni en nada cambia la observancia de los derechos que ellos generan sobre áreas marinas y submarinas, ni sobre el reconocimiento cabal de terceros sobre los mismos. Caso cerrado. Pero...

---

[7]     *Ibid.*, p. 181.

[8]     *Ibid.*, pp. 182-185.

[9]     Ver Area, L., *ob. cit., Volumen III*, pp. 479-490.

## LOS TIEMPOS DE LA DELIMITACIÓN DE LAS ÁREAS MA-RINAS Y SUBMARINAS

Para los venezolanos el Golfo de Venezuela ha ido adquiriendo una especialísima importancia a lo largo del tiempo debido a razones que van desde las geográfico-territoriales, pasando por las económicas, para llegar a las electorales, deteniéndose antes en las personalísimas y arraigadas siempre en el complejo mundo de lo simbólico. ¿Salvavidas o válvula de escape ante nuestras frustraciones y dramas nacionales?

Allí, además, ¡caramba!, nació Venezuela. Aguas de nuestro bautismo colectivo. Desde allí mismo adentro surgió el nombre que llevamos. Tiene forma de cavidad materna, de regazo, de puerta de entrada y de salida. Su tratamiento siempre es complejo. Allí radica una especie de virginidad ancestral, paraíso perdido, hendija telúrica que cuando sentimos la invaden o penetran, siempre estamos a punto de estallar en defensa del honor de la familia frente a una violación por parte de tribu ajena. El Golfo es femenino, salino, oloroso, materno, amoroso, complejo, garganta, cuna, sexo, amniótico, cuenca, chinchorro, recipiente, frágil, mujer, orgullo, nuestro.

Siempre en todo caso vital e histórico, el tema se ha ido transformando en el tiempo y con él ha ido adquiriendo, en ejercicio comprensivo nuestro, los siguientes rostros y tratamientos: Ha mutado de lo estrictamente territorial para anclar en la etapa de la petrolización y su complemento la "despetrolización". De allí ha visitado seguidamente el territorio de los personalismos y la politización electoral. Ha recalado en el turbulento puerto de la "golfización" y luego zarpado, con todo ese equipaje del pasado, al espacio ignoto de la "desgolfización" y de la integración binacional, que tejidos y juntos bajo el principio de la "globalidad", las conversaciones directas y sin apremios obsesivos, sigue vigente al menos en la textura epidérmica de los acuerdos. A lo mejor en la realidad de hoy el asunto ande por otras dimensiones.

¿Seguirán "congeladas" esas conversaciones? Depende. ¿Se regolfizarán las relaciones? Nunca digas jamás. ¿Aparecerá una novedosa etapa de acuerdos? Ojalá. ¿Qué lugar ocupará en la nueva agenda mundial, internacional, regional, binacional el tema petrolero? Ya veremos ¿Vendrán tiempos de prosperidad o antes bien de fricciones, tensiones y agriamientos? Apostemos a lo mejor sin dejar de prepararnos para lo peor.

# EL PARÉNTESIS FRONTERIZO (1941-1969)

Regresemos. Luego de firmado el Tratado de Límites entre Venezuela y Colombia de 1941, se abre un período que pudiéramos llamar "especial", de "paréntesis fronterizo", en el sentido de que ambas naciones se abocan por fin al diagnóstico de la frontera común, y en paralelo se plantean soluciones puntuales sobre temas de desarrollo económico y social de la misma. En este lapso que va desde 1941 hasta 1969 se firman y levantan importantes Actas, Acuerdos e Informes concernientes a la integración binacional. Así encontramos:

- El Estatuto del Régimen Fronterizo, firmado en Caracas el 5 de agosto de 1942[10];

- Comisión Mixta Colombo-Venezolana, Caracas 17 de julio de 1959[11];

- Acuerdo de Tonchalá. Cúcuta, 6 de noviembre de 1959[12]

- Acuerdo Colombo-Venezolano o Convenio Comercial y de Desarrollo Económico entre Colombia y Venezuela, Caracas, 20 de junio de 1963[13];

- Acta de San Cristóbal. 7 de agosto de 1963.[14]

- Informe de la Misión del Banco Interamericano de Desarrollo "Posibilidades de las Zonas Fronterizas Colombo-Venezolanas", abril de 1964.

Una vez analizados todos los textos citados se observa que en ningún caso se alude al tema de la delimitación de áreas marinas y submarinas ni al golfo de Venezuela. ¿Cálculo, prudencia, indefinición, precaución, suspicacias, desinterés, dudas, conveniencia, tanteos, temores? ¿No eran fronteras las marinas? ¿Por qué no era tema de la agenda?

---

[10]   Ver Ministerio de Relaciones Exteriores, *ob. cit.*, pp. 287-291.

[11]   Citado en el Informe de la Misión del Banco Interamericano de Desarrollo presentado a los gobiernos de Colombia y de Venezuela: "Posibilidades de Integración de las zonas fronterizas", Mimeo, 1964, p. 3.

[12]   Ver Ministerio de Relaciones Exteriores, ob. cit., pp. 298-300.

[13]   Ver Informe del BID, Anexo G.

[14]   Ver Informe del BID, Anexo H.

Dentro de este ambiente de referencias binacionales, de esfuerzos legítimos, definiciones tardías pero válidas, de zonas fronterizas imprecisas, es que sorpresivamente el 26 de octubre de 1964 se publican en Bogotá los decretos 2657 y 2658 mediante los cuales se otorgan concesiones petroleras a la Mobil Oil, Superior Oil y Cities Service, para la explotación de petróleo en áreas interiores de Venezuela, hecho éste denunciado en Caracas en el Congreso de la República por el Senador Claudio Bozo, lo que produjo cierta sorpresa, perplejidad y malestar en medios políticos, diplomáticos, intelectuales, militares y de la comunicación social.

El caso regresa al tapete cuando al año siguiente, en 1965, de manera informal, importantes autoridades del gobierno venezolano, Gonzalo Barrios y Manuel Pérez Guerrero, invitan y reciben en Caracas al recién electo presidente de Colombia, Carlos Lleras Restrepo y a Virgilio Barco, a la sazón alcalde de Bogotá, provenientes de Surinam, para intercambiar opiniones sobre dichas concesiones.

Por esos años, 1967, el presidente Raúl Leoni respondiendo a las insinuaciones de diálogo provenientes de Colombia sobre el tema de la delimitación de áreas marinas y submarinas, afirma lo siguiente:

"Venezuela no puede siquiera convenir en discutir sobre soluciones que fueron expresamente rechazadas por el Congreso Nacional en el momento de sancionar las leyes aprobatorias de los Tratados Internacionales".[15]

## ROMA: LA ILUSIÓN DE LOS ÁNGELES

El 9 de agosto de 1969 firman la Declaración de Sochagota los presidentes de Colombia y Venezuela, Carlos Lleras Restrepo y Rafael Caldera, respectivamente. Allí se establece en su artículo 9°:

"...la conveniencia de proseguir, en un término razonable, las amistosas conversaciones tendientes a buscar soluciones justas y equitativas para delimitar las áreas marinas y submarinas entre los dos países".[16]

---

[15]  Citado por Jorge Olavarría, *El Golfo de Venezuela es de Venezuela*, Caracas, E. Armitano, Editor, 1988, p. 124.

[16]  Ver Ministerio de Relaciones Exteriores, *ob. cit.*, pp. 321-323.

En esta fecha, por primera vez en la historia de ambas repúblicas, se dan por iniciadas formalmente las conversaciones para delimitar las áreas marinas y submarinas. Se abre una nueva etapa de la relación bilateral, en la cual la frontera pasa a ocupar una envidiable y excitante posición. Frágil en todo caso. "El Dorado" es ahora el petróleo y hacia allá enfocaremos nuestro esfuerzo nacional. Otros también lo harán.

Así es pues que, en desarrollo de lo pautada en Sochagota es que al año siguiente y firmado en Bogotá el 14 de mayo de 1970, se establece el *Modus Operandi* acordado entre las delegaciones de Venezuela y Colombia para llevar a cabo negociaciones sobre delimitación de áreas marinas y submarinas, que es firmado por Carlos Sosa Rodríguez, ilustre diplomático venezolano y por Carlos Raúl Arrieta, ministro de Minas de Colombia. Olía a petróleo, y así lo evidencia el hecho de que la delegación colombiana estuviera presidida por la máxima autoridad del área. Y es bajo esa atmósfera como en Caracas el 8 de junio del mismo año, según estaba previsto, se reúnen ambas comisiones en este primer encuentro en el Salón Cumaná del Hotel Caracas Hilton.[17]

En apariencia se trataba de un tema técnico, económico y de prudente acompañamiento diplomático, y no fundamentalmente político y mucho menos militar, aunque las delegaciones estuvieran conformadas por personal de las áreas mencionadas. Pero "sorpresivamente" se produce el incidente de "La Aventurera", una nave pesquera colombiana que fue interceptada por el buque patrullero "Calamar", de las fuerzas navales venezolanas en áreas que Venezuela ha considerado históricamente suyas y cuya soberanía Colombia ahora objeta.[18]

En medio de tal situación la Cancillería colombiana deja caer la siguiente perla al expresar:

> "Recientemente, a raíz de la visita de los negociadores colombianos que fueron a Caracas con el objeto de delimitar las áreas marinas y submarinas del Golfo de Venezuela, el Ilustrado Gobierno de Vuestra Excelencia reconoció el derecho que asiste a las embarcaciones colombianas para pescar más allá de las doce millas de mar territorial no solo

---

[17]    Ver Ramiro Pérez Luciani, *Con Colombia ¡ya basta!* Caracas, 1988, pp. 195-ss.

[18]    Ver Area y Stockhausen, *ob. cit.*, *Tomo I,* p. 203.

en el mar abierto, sino en el interior del Golfo de Venezuela, a donde Colombia tiene acceso en razón de su posición geográfica como nación costanera".[19]

Ante tales eventos las negociaciones entre los dos países, que ahora se llevan a cabo en la ciudad de Roma para evitar así las "tergiversaciones de la prensa venezolana" se enrarecen y el gobierno de Venezuela responde el 3 de septiembre en una nota en la que fija posición y argumenta sobre un posible malentendido de la Cancillería colombiana sobre el derecho de pesca en el interior del Golfo de Venezuela. Expresa lo siguiente:

"...la Cancillería Venezolana desea también aclarar que debe haberse deslizado algún malentendido [...] por cuanto el Gobierno de Venezuela en ninguna oportunidad ha reconocido derecho a las embarcaciones colombianas ni a las de ninguna otra nacionalidad para pescar en el interior del Golfo de Venezuela, sin la autorización de las autoridades venezolanas".[20]

Está visto, a estas alturas, que el tema ha dejado de ser técnico petrolero para convertirse en político, diplomático, estratégico y militar.

Fracasadas las conversaciones de Roma queda claro que el interés de Colombia en ese momento es el de llevar el asunto de la delimitación a manos de la Corte Internacional de Justicia de La Haya, a pesar de que Venezuela insista en la continuación de la negociación directa a través del diálogo bilateral. Así lo hace saber de la manera más formal el comunicado del Ministerio de Relaciones Exteriores de la República de Venezuela, firmado en Caracas el 17 de abril de 1973:

"El Ministro de Relaciones Exteriores informa que las conversaciones amparadas por el *Modus Operandi* suscrito en Bogotá el 14 de marzo de 1970, sobre delimitación de áreas marinas y submarinas entre Venezuela y Colombia, las cuales han venido celebrándose en Roma entre los plenipotenciarios de los dos países, han quedado interrumpidas en vista de la voluntad expresada por el Plenipotenciario de Colombia. El gobierno de Venezuela considera que es posible y deseable la continuación del diálogo sobre la materia...".[21]

---

[19]    Ver Area y Stockhausen, *ob. cit., Tomo I*, p. 203.

[20]    *Ibid.*, pp. 204 y 205.

[21]    Ver Pérez Luciani R., *ob. cit.*, p. 401.

184

Con el fracaso de Roma queda en evidencia que Colombia tiene, aunque equivocada, una posición clara y firme; una ambición; la fase de los supuestos "tanteos angelicales" ha sido superada y sus acciones están dirigidas claramente a lograr sus objetivos que van más allá de lo puntual económico-petrolero. Hay visión geoestratégica, territorial, económica y militar.

Venezuela se protege frágil a la defensiva. En el tapete está planteada, como en el pasado, la posibilidad de la intervención de terceros, método a través del cual Colombia ha salido siempre favorecida. ¿Y por qué no ahora también? Venezuela se escuda en la defensa de los principios, en la diplomacia, en la virtud ingenua, en el anhelo del diálogo directo, en los románticos valores patrios.

## EL "CONDOMINIO" O LA EXPLOTACIÓN CONJUNTA: EL NEGOCIO REDONDO

En 1974 se inicia una nueva etapa en el manejo de la delimitación, conocida comúnmente con el nombre de "condominio" a la que otros llaman, disfrazadamente petrolíferos, "explotación conjunta".

Dos viejos amigos de la política, Carlos Andrés Pérez y Alfonso López Michelsen, ambos ahora en el poder presidencial de sus naciones, tratan de buscar obsesivamente y de manera "novedosa", una solución al tema de la delimitación.

La opción lleva algún tiempo madurándose y tiene como fin, para que sea aceptada pasando por debajo de la puerta, la de despetrolizar el tema dándole visos de negocio redondo para ambos; inversión, ganancias, bambalinas. Era la estrategia, válida desde sus perspectivas, para evitar las reacciones nacionalistas que se producían cada vez que un proyecto era ventilado como un asunto exclusivamente territorial.

En tal sentido, en junio de 1975, el presidente López lo plantea así:

"¿Por qué no pensar y declarar de una vez a la faz del mundo, que, de acuerdo a una vieja aspiración de Venezuela, el Golfo de Venezuela es una bahía histórica, condominio de dos Estados ribereños, ¿Colombia y Venezuela? (...) la delimitación de las áreas en proporción a nuestros respectivos perímetros vendría por añadidura". ¿En qué podría ser incompatible la declaración de un condominio colombo vene-zolano en el Golfo con una futura delimitación de las áreas marinas y submarinas en el interior del Golfo?"[22]

Este espejismo personalista les duró poco y recibió en Venezuela un definitivo rechazo porque a pesar de que Colombia abandonaba en la práctica el criterio de la "línea Boggs", desconocía igualmente el principio de la prolongación de la frontera terrestre que se había decretado desde 1939 y que nunca había sido rechazado por Colombia.

Las conversaciones se encontraban nuevamente en un punto muerto y se habían politizado, partidizado y personalizado de manera definitiva en el quehacer sociopolítico y psicosocial de ambas naciones, valga decir que, aparentemente, con mayor exasperación en Venezuela que en el lado de allá de la frontera.

De esa hipótesis no quedó nada positivo y el barniz engañoso con que se quiso presentar ante el público, no atrapó ni al más tonto. Es, a mi manera de ver, el punto clave para entender la transición efectiva entre la fase que hemos definido como de petrolización y la de la politización con el agregado peligroso de la personalización.

Carlos Andrés Pérez, se comenzó a decir con insistencia, no era solo colombiano sino además pro colombiano. Nunca pudo quitarse esa fama de encima, ganada por él mismo. Ni siquiera en su momento, años más tarde, en 1992, cuando ya fracasado el golpe de Estado, y desde la cárcel, nos dimos el tupé de hacerle propaganda y publicarle a Hugo Chávez Frías, en prensa nacional y demás medios, las razones que apuraba para justificar el intento de golpe de Estado que lo era, en cualquiera caso, contra la Democracia toda, alegando que el Presidente Pérez era un traidor a la patria y exigía "la paralización de todas las negociaciones con Colombia".[23]

Luego de esta experiencia fracasada, la de la hipótesis del "Condominio", de la cual muchos de sus gestores quisieron en su momento desmarcarse, es importante decir, textos y contextos, que tanto Venezuela como Colombia emprenden o aceleran una carrera vertiginosa por definir sus límites. Parecen ambas dos adolescentes en búsqueda de identidad.

---

[22]    Ver Olavarría, J., *ob. cit.*, p. 103.

[23]    Ver Area, L., *ob. cit., Tomo III*, pp. 433-439.

Miremos: Venezuela promulga las siguientes Leyes y Tratados: Ley aprobatoria de la Convención sobre la Plataforma Continental (1961); Ley aprobatoria de la Convención sobre el Mar Territorial y la Zona Contigua (1961); Ley por la cual se establece una zona económica exclusiva a lo largo de las costas continentales e insulares (1978); Ley Aprobatoria del Tratado de delimitación de Venezuela y el Reino de los Países Bajos (1978); Tratado de Delimitación de Áreas Marinas y Submarinas entre la República de Venezuela y la República Dominicana (1979), etc.

Paralelamente Colombia define sus límites marítimos con Ecuador (1975); con Panamá (1976); con Costa Rica (1977); con República Dominicana (1978); con Haití (1978); con Honduras (1986); con Jamaica (1993), etc.

Con Nicaragua se trata de un caso más complejo en el que Colombia, después de una larga historia que tiene como hitos temporales los años 1928, 1933, 1969, 1980, 2001 y 2012, perdió en la Corte Internacional de Justicia de la Haya el cuarenta por ciento de su mar territorial, decisión sobre la cual opinó el presidente de Colombia Juan Manuel Santos en su momento lo siguiente:

> "Las fronteras terrestres y los límites marítimos entre los Estados no deben quedar en manos de una Corte, sino que deben ser fijados de mutuo acuerdo por los Estados… Ese principio esencial es compartido por países en diferentes continentes del mundo que han tomado la misma posición que ahora adopta Colombia".[24]

En todo caso y frente a los resultados obtenidos, aquella vieja ambición colombiana de llevar nuestras diferencias ante jueces, terceros, Papas, Comisiones de Conciliación, ex presidentes, etc., parece haberse diluido en el fracaso de los adversos resultados. Eso, imagino, no se quedará así, tendrá repercusiones y salpicaduras. Tomemos previsiones.

## LA HIPÓTESIS DE CARABALLEDA

Estaba claro que la situación se había politizado, personalizado, salido de los viejos patrones de la negociación diplomática, en el sentido de que la administración de estos temas debía hacerse ahora de cara al país con todos los riesgos que ello, en la práctica, conllevaba. Apuros y responsabilidades, escenarios de opinión que la Democracia implica.

---

[24]  Ver Elsa Cardozo, "Colombia y Londoño, antes y ahora". Publicado en *El Nacional*, Caracas, 30 de diciembre de 2012.

El tema de la delimitación ahora ya formaba parte sustantiva de las agendas políticas partidistas de Venezuela y también, aunque menos, de Colombia. Era una mercancía que rodaba a diario por las calles, era negocio periodístico. Alumbraba en los semáforos, se discutía en los foros académicos y en las barberías por igual, se susurraban chismes y se hacían chistes, se pontificaba en los medios de comunicación social. Su posible solución había caído en una inextricable tela de araña. En Colombia más bien se hablaba del asunto, en estancias públicas pero privadas, acompañados de un "tinto", mientras caía la lloviznosa tarde bogotana.

El presidente Herrera Campíns, fiel a sí mismo, se aprovechó de sus propias declaraciones y de su estilo juguetón para echar por la borda la conocida y traumática "Hipótesis de Caraballeda", cuando ésta ya se le había hecho incómoda por impopular. Hasta el representante del partido Acción Democrática, Luis Esteban Rey, había renunciado a la Comisión. Su propio Canciller y sus negociadores pagaron el precio que los platos rotos dejan en las conveniencias del poder. Y así decidió decapitarlos de manera fraterna.

Luis Herrera Campíns y Julio César Turbay Ayala, presidente de Colombia, habían informado un año antes a ambas naciones en 1979[25] que quedaban abiertas nuevamente las conversaciones bilaterales sobre la delimitación de las áreas marinas y submarinas.

Luis Herrera en todo caso cuidaba sus espaldas y declaraba el 21 de octubre de 1980:

> "Quiero ratificar una vez más ante el pueblo de Venezuela, la decisión que siempre he tenido en relación con este asunto: es menester un consenso nacional y una determinante mayoría de la representación parlamentaria para poder suscribir el gobierno de Venezuela que hoy presido, un convenio sobre esta materia con la hermana República de Colombia. Si ese consenso nacional y popular se da, y esa mayoría está a favor de su firma, el convenio se firma; si el consenso no se logra y esa determinante mayoría parlamentaria no se obtiene, el convenio no se firma".[26]

---

[25]    Ver Alfredo Vázquez Carrizosa, *Colombia y Venezuela. Una Historia Atormentada*, Tercer Mundo Editores, 2da. Ed., Bogotá, 1987, p. 368.

[26]    Ver Olavarría, J., *ob. cit.*, p. 114.

El trabajo de las comisiones negociadoras duró exactamente un año desde octubre de 1979 hasta octubre de 1980, cuando la comisión negociadora venezolana remitió al Canciller José Alberto Zambrano el proyecto, expresando:

"Damos a continuación el texto completo del proyecto de acuerdo sobre delimitación de áreas marinas y submarinas en el Golfo de Venezuela, logrado después de doce años de negociaciones entre delegaciones de Venezuela y Colombia: El proyecto es el siguiente: ...".[27]

La Hipótesis de Caraballeda, como se le conoce, obtuvo en Venezuela, el más devastador de los rechazos y el más ocurrente de los procedimientos para desecharla. Lo cierto es que el presidente Herrera Campíns había ofrecido a los venezolanos que ninguna decisión se tomaría sobre tan vital materia si no se llegaba a un "consenso nacional". En tal sentido, en su alocución ante el Congreso de la República, el 12 de marzo de 1981, transcurridos cinco meses luego de la entrega del proyecto y su amplia discusión en todos los sectores de la vida nacional para llegar al consenso nacional declaró lo siguiente:

"Afirmé que el gobierno procedería en concordancia con lo que la opinión nacional decidiera. Si se daba el consenso se firmaba. Pero si el consenso no se daba, el acuerdo no se firmaría y habría, por consiguiente, que reconsiderarlo en bien de las partes... (...) ...con independencia de las observaciones hechas al proyecto, resulta claro que la opinión mayoritaria del país entiende la necesidad de la negociación y apoya una solución por la vía de las conversaciones directas, pero una materia tan delicada debe ser tratada en un ambiente de máxima racionalidad".[28]

La Hipótesis de Caraballeda quedaba así sepultada. La controversia que se desató en Venezuela sobre el particular tuvo un carácter apocalíptico y los negociadores venezolanos, más que defensores garantes de nuestra soberanía se convirtieron en parte del problema, en militantes de un debate crispado que les restó la credibilidad y la objetividad requerida frente a la opinión pública. Tanto así que el presidente Herrera prefirió desmarcarse y dejar al garete a sus representantes entregando el Proyecto de acuerdo a los medios de comunicación. Allí se volvió leña. Aún flotan las astillas.

---

[27]    Ver Area y Stockhausen, *ob. cit., Tomo I,* pp. 335 y ss.

[28]    *Ibid.*, p. 492.

# EL "INCIDENTE" DE LA CORBETA ARC-CALDAS

He entrecomillado en el subtítulo el término "incidente", tal y como se le conoce comúnmente en la literatura sobre el particular porque no lo considero tal. Es más bien producto del cálculo político, del objetivo militar y el acompañamiento y coordinación diplomática. Un plan. Fue pues una política de Estado elaborada desde sectores importantes del poder a través del gobierno, teniendo como cabeza más visible al Canciller Julio Londoño Paredes, nombrado a la sazón por el presidente Virgilio Barco. Esa historia ha sido contada hasta la saciedad en lo que de apasionante, tormentosa, espectacular y peligrosa tiene, incluyendo al que escribe.[29]

Los eventos fundamentales de esta novela por entregas son los que siguen:

Recordemos de entrada que previamente, el 14 de mayo de 1985 en la Declaración del Arauca, los presidentes Jaime Lusinchi y Belisario Betancur declaran:

> "Al reiterar el propósito que anima a los dos gobiernos de preservar en los esfuerzos por resolver, mediante soluciones justas y equitativas, los asuntos relativos a la delimitación de áreas marinas y submarinas, ambos presidentes renuevan su especial interés en asegurar el buen éxito de las negociaciones que habrán de proseguirse y con ese fin han resuelto iniciar el estudio del *Modus Operandi* de las mismas".[30]

Coincidiendo "casualmente" con este reinicio de las negociaciones, se introduce en Colombia una demanda de nulidad contra la ya citada nota GM-542 del 22 de noviembre de 1952, relativa al reconocimiento de la soberanía de Venezuela sobre Los Monjes. Casi que una nueva "Aventurera" pero esta vez jurídica.

Días después el Congreso de la República de Venezuela reacciona ante tal hecho y en un acuerdo público reitera la soberanía de Venezuela sobre Los Monjes y en su considerando afirma:

---

[29]  Sobre este tema ver Edgar C. Otálvora, *La Crisis de la Corbeta Caldas*, Caracas, Rayuela Taller de Ediciones, 2003. También Leandro Area, *Auxilio Freud*, Huella Editores, Caracas, 2012, pp. 133-138.

[30]  Ver Area y Stockhausen, *ob. cit.*, *Tomo II*, p. 200.

"...que tal tipo de debates es un factor de perturbación en las relaciones amistosas entre ambos países que la situación latinoamericana y del Caribe hacen más necesarias que nunca".[31]

En Colombia ha cambiado el escenario partidista, hay un nuevo presidente, Virgilio Barco Vargas, pero no el escenario político en relación a Venezuela. Hay un plan, he mencionado, en curso y es así que días después de haber sido condecorado por el gobierno venezolano con la Orden del Libertador en el Grado de Gran Cordón[32], el nuevo canciller colombiano, Julio Londoño Paredes, ex miembro de la primera delegación para la delimitación de áreas marinas y submarinas con Venezuela de 1970, para aquel entonces Mayor y director de fronteras del Ministerio de Relaciones Exteriores, y posteriormente ascendido a Coronel y nombrado Miembro de la Comisión Negociadora que definió la Hipótesis de Caraballeda, el 6 de mayo de 1987 envía una "sorpresiva" comunicación al Canciller venezolano Simón Alberto Consalvi, en la que sin más "invita" al gobierno venezolano a que se tomen los pasos necesarios para nombrar la Comisión de Conciliación prevista en el Tratado de No Agresión, Conciliación y Arreglo Judicial, firmado por ambas repúblicas el 17 de diciembre de 1939, en Bogotá, al cual hemos hecho alusión en páginas anteriores.

Valga insistir que en él se establece taxativamente que lo pactado se aplicará:

"...**exceptuando** solamente (de dichas posibles controversias) las que atañen a los intereses vitales, a la independencia o a la integridad territorial de los Estados Contratantes". [33]

¿Habrá que remachar hasta el cansancio que el golfo de Venezuela es de Venezuela?

No nos explayaremos aquí en el desarrollo de los detalles de una situación que puso al borde de la guerra a dos países de vecindad irrepetible. Me detendré en su epílogo, cuando el 17 de agosto de 1987, las 11.45 de la noche, a través de cadena nacional de Colombia el presidente Virgilio Barco en mensaje a la nación se dirigía al pueblo colombiano en estos términos y en breve discurso de 51 segundos precisos de duración:

---

[31]     *Ibid.*, p. 233.

[32]     Ver República de Venezuela, Imprenta Nacional, Gaceta Oficial No. 33.603 de fecha 21 de noviembre de 1986.

[33]     Ver Area y Stockhausen, *ob. cit., Tomo I*, p. 169.

"Compatriotas: Atendiendo los llamados urgentes formulados por el Secretario General de la OEA y del presidente de la República Argentina, el gobierno de Colombia fiel a los principios de la solución pacífica de las controversias, ha ordenado las medidas pertinentes para contribuir a la normalización de la situación creada y confía en que el gobierno venezolano hará lo propio".[34]

Un día después, el presidente Jaime Lusinchi en un excelente y visionario mensaje se dirigió al país explicando la situación vivida, definiendo nuevamente derechos y estableciendo parámetros de negociación futura.

Así expresó en histórico discurso:

"Puedo informar que afortunadamente en las últimas horas la nave incursora colombiana, que aún permanecía en nuestro territorio marítimo, lo ha abandonado en una decisión prudente. Se ha pretendido justificar la incursión, alegando que el incidente es resultado de la falta de delimitación de las áreas marinas y submarinas entre Venezuela y Colombia. Rechazamos categóricamente está interesada y tendenciosa interpretación. La falta de delimitación, en ningún caso, puede servir de pretexto para la utilización de vías de derecho en actos que traten de alterar el *statu quo*. Nada puede justificar la invasión de un territorio marítimo sobre el cual nuestro país no solo tiene derechos irrefutables, sino que mantiene de manera efectiva su soberanía en forma pública, pacífica y por tiempo inmemorial, repito. Entre dos países vecinos como Colombia y Venezuela existen muchos problemas comunes pendientes. La delimitación de áreas marinas y submarinas es tan solo uno de ellos. No el más importante, por cierto. Pero de ningún modo discutiremos bajo presión a plazo fijo o sobre un solo aspecto de la problemática que una parte señalase unilateralmente. Tiene que ser un diálogo abierto, sin sobresaltos y con dimensión de globalidad. Será cuestión de esperar sin impaciencias agónicas o evasivas injustificadas a que el clima haga propicias las posibilidades".[35]

## LA "DESGOLFIZACIÓN"

La suerte estaba echada, la invasión rechazada y el futuro definido. Había concluido una etapa de la que todavía se pasea su fantasma como

---

[34]    Ver Otálvora. *ob. cit.*, p. 207.

[35]    Ver Area y Stockhausen, *ob. cit.*, *Tomo II*, pp. 272-274.

otra "herida abierta" que restañar, pero también en positivo destaquemos que el Presidente Lusinchi había establecido en ese discurso lo que sería a partir de 1989 con los presidentes Carlos Andrés Pérez y Virgilio Barco Vargas, con el Acta de San Pedro Alejandrino (6 de marzo de 1990)[36], la nueva etapa de las relaciones colombo-venezolanas, bajo los principios de las conversaciones directas y de la globalidad; "desgolfización de las relaciones colombo-venezolanas" hemos bautizado en otros textos.[37]

No se excluía el tema vital e histórico para Venezuela de la delimitación de las áreas marinas y submarinas al norte de su golfo matriz, sino que se lo incluía en una agenda global y continente de todos los asuntos pendientes entre ambas naciones. Se trataba de reencontrarnos con los proyectos olvidados, por ejemplo, con aquellos que hemos llamado aquí del "paréntesis fronterizo" y otros que tenían posibilidad y urgencia de ejecución más inmediata de cara a las olvidadas poblaciones de frontera. La inclusión, el progreso, los peligros de las maldades crecidas, reinventarnos en lo positivo, construir país, reivindicar la Democracia, dejar obra, dominar lo que nos separa, que es lo menor, con los lazos de lo que nos enaltece como hermanos, que es la integración.

Soñando con todo eso se produjo el "Caracazo", y los posteriores golpes de Estado contra la Democracia. Nos tembló la tierra. A partir de entonces nada fue igual a pesar de que la pasión del trabajo siguió intacta.

De esos hervideros emergería, quién lo habría imaginado, el fallecido presidente Hugo Chávez quien con su homólogo Andrés Pastrana suscribirían la Declaración del Táchira del 4 de mayo de 1999, en la que:

> "…reiteraron la determinación de ambos gobiernos de mantener la negociación directa y el enfoque de la globalidad, **en particular** para el tratamiento y solución de los asuntos pendientes asignados a la Comisión Negociadora".[38]

Después aparecería en escena el presidente Álvaro Uribe Vélez y luego Juan Manuel Santos quien se encontró, así no más, con "mi nuevo mejor amigo", Hugo Chávez Frías. El presidente Nicolás Maduro Moros emergería años después, inesperadamente, de un luto.

---

[36]    Ver Area, L., *ob. cit, Volumen III (1989-1999)*, pp. 252 y ss.

[37]    Ver Leandro Area y Pompeyo Márquez. *Venezuela y Colombia. Política e Integración*, Caracas, Editorial Panapo, 1994, pp. 117 y ss.

[38]    Ver Area, L. *Ibid.,* p. 148.

## CONCLUSIONES

En lo que va de 1830 a 2017, 187 años, que es el espacio de tiempo que hemos sobrevolado en estas páginas, a pesar de todo lo ocurrido entre Venezuela y Colombia no se ha librado guerra alguna, es verdad; pero tampoco se ha invertido aún lo suficiente en dejar raíz y aprovechar energías que separadas se diluyen o dispersan y que unidas pudieran multiplicarse en beneficio de sus gentes. En eso estamos en deuda con nosotros mismos.

También, que ha habido momentos en que actores nacionales o internacionales o la combinación de ambos han pensado y apostado a la confrontación armada mientras que la realidad les ha quitado la oportunidad de satisfacer sus ambiciones económicas, militares, ideológicas y políticas. La diplomacia venezolana, y aseguro también que buena parte de la colombiana, lo digo con conocimiento de causa, han jugado un papel de primer orden, junto a la ingeniería social, política y militar, para poner dique a esas aspiraciones.

Por otra parte, creo también que a veces se exagera y mucho, cuando se le achacan las culpas del llamado "despojo territorial" que sentimos y sufrimos, a la indolencia o irresponsabilidad de los encargados de la política exterior de Venezuela. Creo que se ha desplazado o exagerado el peso de la culpa, si la hubiera, de lo que pudo ser más que falta de amor patrio o desdén por lo propio, carencia de criterio y perspectiva, excesos de presente, ingenuidad, desconocimiento, mayor capacidad del otro para llevar adelante sus asuntos. Debilidades y fortalezas que se enfrentaron bajo determinadas circunstancias históricas y arrojaron finalmente resultados.

Valga la ocasión además para dejar constancia de admiración y respeto para aquellos venezolanos que a veces en desacuerdo con las posiciones de nuestra cancillería han opinado y actuado fijando posición, para bien del país, en temas atinentes a nuestra soberanía, bien sea como individualidades, bien sea de manera asociada. Avezados conocedores de la cuestión limítrofe, no solamente con Colombia, académicos, abogados, comunicadores sociales, militares y sacerdotes, ciudadanos, que si bien es cierto resultaban incómodos para los gobiernos en la era democrática y aún hoy, ayudaron como los que más a definir y hacer respetar el perfil territorial y soberano de la República de Venezuela, dejándonos enseñanzas y conciencia imperecedera sobre dicha materia. Honor a quien honor merece.

En fin, en mis tiempos vividos en la Casa Amarilla me sentí hijo y nieto de toda una generación y en compañía de colegas que tuvieron como uno de los motivos fundamentales de sus vidas y razón de ser, la defensa del país y su soberanía como política de Estado, la proyección internacional con destino común de una nación llamada Venezuela, la búsqueda de la paz y la defensa de los Derechos Humanos, dentro y afuera, y con una noción de dignidad republicana que nos hace sentir orgullosos de lo que fuimos y de lo que podemos llegar a ser cuando regresen la libertad y la democracia que son nuestras formas de pensar, de ser, de hacer y de sentir más extrañadas y entrañables en estos tiempos de dictadura.

El tema de la delimitación de las áreas marinas y submarinas al norte del Golfo de Venezuela anda hoy guardado en el clóset de los asuntos pendientes y por resolver. Menos mal que ha perdido momentáneamente protagonismo conflictivo en la agenda equívoca de ambos países que andan pendientes de otros asuntos en los que la importancia del petróleo y sus precios, valga decirlo, ya son distintos. La realidad internacional es diferente. Venezuela es otra. Colombia anda exigida por nuevas agendas y apetitos viejos. Pareciera que ya no fuéramos los mismos. Pareciera.

Por eso me atrevo a sugerirle a las nuevas generaciones que no desmayen en el estudio y conocimiento de estos temas que simulan arcaicos, pasados ya de moda, y que tienen que ver con la soberanía nacional y la integridad territorial en tiempos de globalización.

La diplomacia, brazo diestro, afinado y grácil de la política, por encima de gremialidades o de profesiones, es un estado del alma, una vocación de servicio que busca hacer grande y próspera a la patria a la que representa, sin dobleces ni dudas, para así evitarle las cicatrices que dejan los fracasos, las guerras, las pasadas o las que pueden ser, los negocios mal pensados o perdidos, los documentos mal redactados.

No es hora de llorar derrotas ni de olvidar laureles. Es tiempo, más bien, de buscar y encontrar en la viruta frutal que queda y hoy se enseña y exige, la constancia de la nobleza de los que actuaron y aún ejercen en Venezuela, y también en Colombia, con pasión e inteligencia en función de país, del suyo y el de otros, de bondad, de fraternos. Esto es lo que me digo debo dejar como susurro a los que siguen. Semilla ilusionada de hermandad y respeto.

# VENEZUELA Y COLOMBIA: UNA RELACIÓN INCONCLUSA *

En estos muy personales apuntes deseo revisar caminos recorridos, prevenir de obstinados tropiezos, sugerir perspectivas en diálogo sincero conmigo mismo y por supuesto con el posible lector que me acompañe, a fin de presentar mis ideas producto de experiencias académicas, institucionales y personales, vividas en permanente trato con un tema que me apasiona desde hace tanto tiempo, que es el de las relaciones entre Venezuela, Colombia, y viceversa.

Así pues, se intentarán expresar, y ojalá se entiendan, inquietudes, hipótesis, razonamientos, logros, desencantos e ilusiones ganadas, que atesoro todas como producto irreemplazable de lo vivido. Nada se pierda, todo se transforme en anhelo y esfuerzo de lo que puede ser, tiene que ser así, la construcción de futuro en razón de una voluntad política y social común que se sostenga en evidencias determinantes que nos hagan ser optimistas, con fe y con argumentos, y nos ayuden a resistir los embates de la perversidad en lucha convencida.

Y no es discurso de baranda el que pretendo para ganar adeptos a una causa. Antes bien, mi ambición se soporta en el convencimiento sereno y pleno de que nuestras naciones pueden realizarse en armonía construyendo ciudadanía, que es una forma elevada de honor y de respeto cotidiano en vida colectiva, sumada a la creación de progreso y de riqueza, ética y material, dentro de un marco democrático que estimule el ejercicio de la libertad y el respeto por los derechos humanos.

---

*     Artículo publicado originalmente con el título "A vuelo de pájaro: La delimitación de las áreas marinas y submarinas al norte del Golfo de Venezuela", en *La diplomacia venezolana en democracia (1958-1998)*. Fernando Gerbasi, compilador. Kalathos Ediciones. España, 2018.

Todo en complementario, ambas dos una sola, abiertos a los otros, construiríamos un territorio de nobleza y confianza, constituido por seres humanos fortalecidos en la cooperación, el entendimiento, y con una voluntad solidaria para encontrarnos sin complejos, sin fronteras mentales, con distancias comunes en lo que a soñar corresponde, con ilusión y coraje de llegar sanos, salvos y provechosos, donde nadie imaginó pudiéramos y está tan cerca, aunque no lo parezca.

Y la política, reitero lo dicho en otras partes, es el barco común de nuestro destino. Los dos juntos, cada uno, uno solo, confiados en el otro, pues bailar bien es arte de cuerpos en armonía de movimientos y propósito.

En el fondo de toda esta tramoya que nos ha dejado la historia, y el presente lo es, hemos sido también indivisibles a pesar y en razón de las grietas que han quedado. Pero eso sí, evidentemente relación inconclusa y pendiente, y por ello nos mueve con apuro el deseo, ese que se aprovecha de lo bien habido para insistir a pesar de las tribulaciones que son tantas, que qué bueno que existan estos retos para superarlos, indivisibles, ambos dos uno solo.

## LA RUTA RECORRIDA

Históricamente hemos sido "nosotros". Quiero decir que, en lo atinente a la geografía, a la política, a la cultura, a los vínculos sociales y económicos, a los éxitos y a los fracasos, hemos sido "nosotros", pues si el parto fue común en lo que a madre y padre corresponden y la ruta posterior por igual, cómo desentendernos de todo ello. Sí claro, tú y yo, distintos, amigos, vecinos, hermanos, contrincantes, rivales, enemigos nunca, distancias y proximidades, pero siempre "nosotros".

Los vaivenes también han sido nuestros, el otro irremplazable. Los mitos y los símbolos, los colores, sabores, amores, olores, pleitos, arrebatos, divorcios, reacomodos también han sido nuestros; las rupturas, los cambios, las brusquedades, tantas cosas que no se pueden escurrir, diluir en el panorama de las tendencias mundiales ni siquiera regionales, porque siempre se nota un tinte nítidamente colombo-venezolano, una familiaridad, un aroma que domina como energía peculiar y distintiva.

A pesar de lo íntimo, hemos vivido en común dentro de una perspectiva bipolar donde el otro persiste ora como modelo, ora como amenaza, pero sobre todo ambas al mismo tiempo en una especie de contradicción complementaria. Conocer al otro para conocerse a sí mismo, el espejo del "yo", y cuando me separo me le acerco, me entiendo distanciándome.

# CUATRO MIRADORES

He utilizado en algún otro lugar una generalización, siempre arriesgadas, sobre las razones profundas del comportamiento del venezolano y ahora me doy cuenta que si queremos ser coherentes con lo que venimos destacando en estas páginas pudiera ser aplicada en principio también a la psicología social de ambos pueblos.

Dicho enfoque estaría dispuesto desde los siguientes miradores:

- **Somos y nos sentimos huérfanos**, con toda la carga abrumadora que ello conlleva en nuestra percepción del mundo, del otro y del nosotros. De lo que espero, del impacto de la recurrencia del abandono, la carencia real o supuesta de afecto, de protección, de compañía, de autoestima. La debilidad empática transformada en agresión, violencia; ensimismamiento. La búsqueda de hospicio, de padre sustituto, de líder, de caudillo, de héroe, de cueva protectora. Una marca, herida sin sutura que predice y provoca a quien hemos sido y podemos seguir siendo interminablemente si no intervenimos para que ocurra algo que nos cure. Eso está allí y vemos se repite y reitera.

- **Somos o nos sentimos invadidos**, conquistados, despojados. El causante, el culpable, queda "allá", en el Imperio, por ejemplo, en cualquiera y en sus representantes domésticos; y por qué no el vecino, el tiempo, siempre en definitiva cualquier cosa; los demás. Por qué no Dios o el destino o el mal de ojo, los políticos, "el sistema", en fin. En todo caso eso nos "explica" y libera de saldos en contra y nos exime falsamente de responsabilidades.

- **Somos o nos sentimos restringidos en nuestra libertad**, la cual profesamos como un derecho irrenunciable que tenemos todos y que ese "alguien" nos quitó, y en consecuencia de ese arrebato debemos luchar, rescatarla por alguna peregrina razón que no es consciente sino como pura "sentimentalidad", interrogación, imaginería, escape por lo que no hemos podido llegar a ser por nuestra propia y responsable cuenta; duda fantástica que añora de socorro, salvación y epopeya. Esa irrefrenable y confusa ilusión de libertad nos hace débiles. ¿Libertad como sinónimo de qué, de desorden, de bochinche, de incapacidad para la ciudadanía? Desde la época de la independencia andamos con el Acta de nuestras ambiciones de libertad tocando en cada puerto, en cada puerta, en todo tiempo y lugar, aún ahora, y la gente no sabe si sonreírnos o insultarnos, pero asiente desde la indiferencia porque el jeroglífico que le presentamos rebasa los límites de comprensión real sobre una vaga libertad a la que aspiramos. "Soñadores, poetas, idealistas, románticos, locos", nos llaman.

• **Somos o nos sentimos dominados de un apetito irrefrenable por el poder**. Y no solo por el poder político, sino que el poder es marco y sustancia de nuestras relaciones personales y sociales. El ascenso social, la riqueza, la corrupción, el machismo de nuestros comportamientos, y la escalera de creencias-valores-actitudes que nos conducen a ellos, están adheridos, subordinados, a nuestra visión del mundo golosa de poder. Dominación-sumisión, estereotipos o modelos sociales, nuestra concepción consciente o inconsciente del mundo está permeada por esa condición.

Estos cuatro trazos aquí dispuestos sobre lo que he llamado rasgos primordiales de ese "nosotros", deberían ser objeto de reflexiones más hondas, detalladas y críticas, pero de detenimiento improbable en estas páginas. Ellos por separado cada uno, pero sobre todo en su amalgama llena de interminables relaciones y contradicciones internas, podrían ser de utilidad para el análisis escrupuloso y en perspectiva de lo que venimos siendo desde el pasado, de lo que somos en el presente y de lo que podríamos llegar ser en el futuro si no tomamos las decisiones correctas.

## LAS MARCAS DEL CAMINO

Destaco ahora cuatro nuevos elementos que pudieran ser, en mirada subjetiva, los rasgos básicos y más resaltantes, elementales, en los que se pudieran identificar en maneras y formas de ser las históricas relaciones entre Venezuela y Colombia y que en conexión con los "miradores" anteriores permitirían una explicación de los hechos en base a criterios de análisis y no solamente en predicados, conjeturas o suposiciones.

Estos nuevos cuatro miradores serían los que siguen:

• **Tensas**: nuestros acercamientos y aconteceres desde la muerte del libertador común, Simón Bolívar, en 1830, y la paralela separación de Venezuela de la gran Colombia, han sido principalmente tirantes y dominadas casi con exclusividad por litigios territoriales y beligerancias personales entre caudillos y demás oficiantes, convertidos ambos en irrefrenables "temas de interés, seguridad y soberanía nacional". Desde esos tiempos hasta 1941 por lo menos, 111 años, más de un siglo, fueron invertidos nuestros esfuerzos binacionales casi exclusivamente en esos temas, hasta que firmaran ambos países el Tratado de límites y Navegación Fluvial, sin que por ello se resolviera en el sentimiento de la opinión pública, al contrario, el misterio calamitoso del esclarecimiento justo y confiable de nuestros precisos límites terrestres. Esos viejos apetitos y distanciamientos reaparecieron luego en la década de los 60, ahora enfocados en codicias por soberanía marítima, por una de las partes, sobre el histórico y vital Golfo de Venezuela.

En contadas y muy puntuales oportunidades, no deleznables en todo caso y que han dejado el sabor y la memoria de que sí podemos construir en común, hemos tenido la decidida disposición política conjunta para construir agendas de cooperación global. Ejemplos para mirar el horizonte de futuro.

- **Dispersas**: en ese ambiente de desconfianza mutua, los Estados se han visto maniatados por la prevención, la suspicacia y la susceptibilidad basadas en los prejuicios construidos y manipulados. En dicha pandemia de ojerizas, los esfuerzos y logros han sido dispersos, contradictorios y volátiles. Las fuerzas de la cooperación se han visto disminuidas por el apetito del conflicto. Los logros han sido importantes, sí, cómo negarlo, pero puntuales, epilépticos, sin constancia institucional, administrativa, política, ni consistencia social, con excepción tal vez visible en las regiones de la frontera común, donde se desarrollan vínculos y vivencias casi que independientes o singulares, amores propios y permanentes en casi toda vecindad.

El mercado de los buenos propósitos, de los intereses honestos, los numerosos afanes incluidos en discursos y planes de gobierno, democráticos o no, nunca han marcado tendencia firme, aunque fueran, es verdad, comedidamente coherentes, también lo eran sobradamente inconstantes, hechos a la medida de las buenas formas enriquecedoras de expectativas, ofertas tumultuosas que finalmente caían en el eterno saco roto de los compasivos propósitos; siempre a la larga pues habitantes herederos de alguna frustración. Todo al azar de la improvisación, del esfuerzo o el desgano personal, en un mar de fuerzas a contracorriente que no ha dejado sino lo que se ve a simple vista: pobreza y naufragio a lo largo del tiempo, aunque ahora por razones distintas.

- **Cíclicas**: cada tanto tiempo un empujón de optimismo, cada cierto tiempo un frenazo de conflicto, normalmente ambos a la vez, en eterno tropiezo, sin planes previos de tan siquiera mediano plazo, ensimismados en el cortoplacismo o la relativa y pasajera bonanza de una u otra de las partes, todo lo cual nos ha llevado y traído por oleadas, bamboleantes a lo largo del histórico acontecer, sin institucionalidad sólida y segura cultura para la integración, para la cooperación, con abruptos cambios políticos, en lo que todo se repite en persistente y sudoroso Sísifo, en lo económico, en lo político, en lo social. Cíclicos cíclopes trastabillando a cada tanto, comenzando cansados siempre desde antes de cero. Allí aparece además el complejo de Adán tan vinculado a nuestra desmemoria, siempre queriendo comenzar desde nunca, descubriendo a cada tanto la existencia del agua tibia.

- **Frágiles**: quiero referirme en nuestro particular caso a la histórica incapacidad para formar lazos firmes de trabajo en conjunto, de falta de habilidades mentales y políticas con las que debiésemos comprender y superar esos obstáculos creados por los distanciamientos adquiridos, promovidos, utilizados con fines de toda índole por quienes no desean la unidad. Frágiles porque todo lo emprendido se desmorona o se pervierte, se pudre a veces, casi sin tan siquiera ser inaugurado, o se corrompe en el torvo manejo de los dineros públicos o privados, o se cierra así no más como los pasos fronterizos para que no entre la ayuda humanitaria internacional para los que están urgidos de ella.

Ese de nuevo "nosotros", aquí esbozado, el acomplejado, que como sombra y carcelero nos persigue, no nos ha permitido aprovechar el campo fértil que tenemos enfrente y que en vez de aprovecharlo hemos rechazado. Nos han dominado, a cada uno y a ambos, las fuerzas corrosivas. Mire como se mire, centrífugas o centrípetas, seguimos buscándonos sin encontrarnos, ahora ya ni eso, al contrario, y así se repite incansablemente por voz de causantes y silencio cómplice de indiferentes, perseguidores y víctimas, enfermos bipolares, el fácil mecanismo de los distanciamientos.

El rompecabezas así se ha llenado de epítetos, de calificativos, "patriotas y realistas", "buenos y malos", "leales y traidores", y hemos dejado todo, desde la colonia hasta hoy, sobre todo a los "contantes", cleptómanos y manipuladores de las verdades históricas, quienes han construido una narrativa bipolarizada donde se vocea la supuesta maldad de los otros, las causas de todo en los enemigos de la patria.

Relación acuartelada y amurallada de virosis compartida, estigmatizada en una teatralidad preconizada y asentada tantas veces en repetidores o constructores de "novedosas" mitologías y prejuicios. Visiones excluyentes en suma del otro, fanatismos, obsesiones, animadversiones, xenofobia, rabias, ojerizas, -el diccionario crece-, complejos y reservas, prevención, aprehensión, discordia, mecanismos de defensa, complejos de inferioridad o de superioridad que en tanto se complementan.

Encerrados en esa percepción, nos hemos dedicado al marasmo improductivo y cansino de los axiomas territoriales: Hasta aquí…, desde allá…, se dijo en tal o cual documento que ya no existe…, el Laudo español… el Congreso es el culpable…, herida abierta…, el tesoro de los Quimbaya…, el mapa del Duque de Tetuán…, el árbitro suizo…, el río cambió de curso…, el golfo de Venezuela…, debajo de la mata de mango…, allí comienza el límite. Y quién, me pregunto, atesora esos bienes. ¿La Patria? La fiesta interminable de los eunucos héroes de cartón y medalla en busca de epopeya.

## PERO NUNCA UNA GUERRA

Así se ha construido desde 1830 o desde antes esa teología en la que se justifica la tensión y el negocio de los conflictos. Pequeños, grandes, altos, bajos, al mayor y al dedal. La religión de la desconfianza difundida desde la cofradía de los defensores de la soberanía, la invención de la invasión, la pérdida del Dorado violado, y el giro incansable de la tuerca infructuosa, otra vez sobre sí misma, cumpliendo con su persistente encargo de polilla.

Pero en todo caso, algo debió existir, alguna fuerza allá en el fondo del "nosotros" que no dejó que lo peor ocurriera. Cálculo, desconfianza en la capacidad de ataque, buenos oficios de terceros, razones hasta del alma o del hígado o de la racionalidad que tuvimos y aparecieron en el momento crucial, al borde del abismo.

Porque "hipótesis de guerra" siempre hemos sido el uno para el otro, ahora por razones distintas," ideológicas", "geo estratégicas", en las que se camuflan otras dentro de las cuales pudieran estar y aparecer las territoriales. ¿Se regolfizarán las relaciones colombo venezolanas en escenarios mundiales ahora muy distintos a los de 1987? ¿Se desconocerán los Tratados internacionales en materia territorial? ¿Iremos a una guerra? ¿Qué nuevos elementos podrían provocar esa tragedia?

Pero hasta la fecha algunos factores han funcionado para evitarla. Mecanismos institucionales como los que tienen que ver con resolución de conflictos y medidas de fomento de la confianza, asuntos que parece desde hace ya tiempo estar en crisis. Pero en verdad algunos resortes han amortiguado los conflictos: ¿la conciencia, el miedo, la estrategia, el retroceso calculado, la prudencia?

# ORA MODELO, ORA AMENAZA

En medio de las constantes vicisitudes que imponen los tiempos y los espacios, las realidades que son múltiples y variantes condicionan a los seres humanos que las vivimos entre necesidades, logros, frustraciones y expectativas, que nos empujan y obligan.

Somos arrastrados tantas veces por esos ires y venires del azar, épocas de pasajera bonanza o de penuria, o el mal tiempo; situaciones de guerra y de desplazamientos; hambrunas, desastres naturales, y tantos imprevistos más; o los polos cambiantes de la atracción, que como leyes físicas y socialmente naturales, ayudan u obligan a la huida, al exilio, a la migración ineludible o voluntaria, legal o ilegal, ya planificada, ya estrepitosa, la más de las veces tortuosa, por lo que se deja y pierde, por lo que no se sabe vendrá, el miedo a lo desconocido a cambio del terror de lo que se está viviendo.

Venezuela hasta hace poco, no tanto, fue un país receptor de migraciones, y mucho bien hicieron los que vinieron y tantos otros que se quedaron en conformación y confirmación de un yo-nosotros abierto, espléndido, acogedor y múltiple, Rico, minero y hermoso; además, fácil a las ambiciones pequeñas y también a las grandes. El oro negro, el petróleo.

Ya finalizada la segunda guerra mundial y necesitado de mano de obra especializada que aquí escaseaba en cantidad y calidad, para enfrentar los retos impuestos desde de la concepción de "progreso" que tenía el gobierno del país de entonces, de y con una mentalidad esponjosa y creativa, abrimos de par en par puertas y ventanas a ese proceso de integración racial, cultural y social que nos define.

Muchas veces pues, geografía sin gente, ganas sin destino, distancias y caminos, pueblo con necesidad de narrativa, se fueron llenando interminablemente de ambiciones y proyectos de vida en un ambiente paradisíaco, interminable de bellezas y oportunidades, y de calidad de gentes. ¡Ahora cuanta nostalgia no suspiramos!

En esas llegaron individuos y familias de todo origen, condición y latitud. Desde el faquir hasta el bodeguero, desde el cura hasta el ladrón, desde el industrial hasta las bailarinas, desde la costurera hasta el maestro, para el trabajo y para el descanso, para enseñar y para aprender, para el pecado y para la bendición, todos se incorporaron, y el tesón y la diosa fortuna jugaron su papel, a veces por separado a veces en conjunto, para definir sus existencias. La mayoría decidió su destino, quedándose.

De Colombia específicamente llegaron por docena, detrás fueron cientos, miles después, millones en suma sin orden ni concierto e hicieron nido en estas tierras en desmedida cantidad y sin control alguno. Ya en la década de los 80 alguien bautizó este proceso subrayando lo nocivo del mismo y olvidando lo positivo que podía tener y lo definió como "la colombianización de Venezuela", aludiendo además a la descomposición social que se vivía en Colombia producto de factores internos y que se inoculaba aquí.

Algunos de los que así opinaban y tenían vara alta en los medios de comunicación venezolanos, se dedicaron a vender su teoría de la leyenda negra de la migración colombiana. Enemigos perversos del "otro", jugando con el odio y el conflicto, estimularon desde sus púlpitos el ensillar de los caballos del apocalipsis que en nuestro caso se llaman: huérfano, invadido, libertario, y enfermo de poder, y con ellos la pólvora del prejuicio encontró chispa, y ocurrió lo previsto en el cuento de Augusto Monterroso donde se narra que: "Cuando despertó, el dinosaurio seguía allí",

Ese juguete narizón convertido en matriz de opinión, guion ya puesto en marcha a través de la historia con los resultados inhumanos de siempre, sirvió de catapulta para reunir, por razones políticas internas, a enemigos jurados de ciertos líderes políticos democráticos venezolanos. Quebraderos de política que buscan y encuentra apuro en sentimientos de venganza y oprobio, como si la culpa de todo residiera otra vez en la esponja absorbente de nuestros fracasos, individuales o colectivos, en aquel, en "el otro", que sirve al parecer hasta de instrumento para la carambola.

Acá y allá, modelo y amenaza, apetito perverso, insatisfecho e incesante, ganas perdidas, obsesión por derrotar el modelo socio-político de vida abierto y auspicioso pero en crisis, frágil y cómo, comenzó la democracia a dejar de ser lo que había sido en el inconsciente colectivo, quimera realizable, fuerza política y social frente a las dictaduras, fuente de paz y de fe en el porvenir siempre cercano; y el "anti colombianismo" fue utilizado junto a tantos otros alegatos como bandera política para derrota a la política e imponer la fuerza. ¿Lo sabían los energúmenos cruzados de la primera fila o fueron inocentes palomas o pagadas marionetas de la otra infamia, la mayor?

## AHORA

Ahora, no solo ellos, los colombianos digo, ya se han ido en buen número de aquí; éxodo, huyendo de este infierno cotidiano que ha impuesto, "a paso de vencedores", el socialismo del siglo XXI. Se calcula que, a la fecha, son aproximadamente 5 millones de venezolanos y contando, los que han migrado con destinos diversos y dispersos, pero se establece que a la fecha de por estos días, dicen las cifras oficiales de Colombia, que son 2 millones aproximados de venezolanos los que viven allí.

Unos legales y otros ilegales, son tantas las razones por las cuales nos quedamos allá, como por ejemplo la facilidad de la cercanía, las ganas y la oportunidad de regresar, la escasez de recursos, el calor y la solidaridad de amigos o familia asentados allá, el sentimiento del "nosotros" que emerge o que regresa en esos momentos de necesidad y urgencia de apoyo y solidaridad. Y allí nos han tratado tan bien como se puede, pues allá llegamos de golpe y sin aviso por millones, con un colchón de recursos y de mentalidad que nunca se compara a los que teníamos como país para recibir a colombianos aquí, entre otros, con los brazos abiertos y en un mundo distinto, casi que otro planeta.

Pero a pesar de lo bueno, hay una realidad y un sentimiento en Colombia y en otras partes, tan hermanas cuando estábamos en las buenas y ellos en las malas, que preocupa y es el de la xenofobia. Puntual y pasajero, ojalá, pero alentado nuevamente por los que quieren crisis de gobernabilidad allá en Colombia. "La venezolanización de Colombia" proferirán algunos en imitadero de los que aquí fueron, para multiplicar la desconfianza de la gente en líderes e instituciones del Estado, para finalmente, si los dejan, tomar el poder por las vías que ofrecen las libertades de la "democracia burguesa", como las tildan los marxistas, a través del voto para muestra, pues mire que los ejemplos en el continente sobran y los apoyos ni se diga; "y si se firmó la Paz por las buenas, camarada, y además ganamos tantas elecciones en el vecindario, por qué tomarnos el poder por las malas. Gritemos más bien, ¡Viva la democracia!, que qué más da la mascarada".

## LOS APREMIOS DE HOY

Los apremios de hoy radican pues en donde los peligros crecen, los enemigos hacen fiesta y la indecisión y la indiferencia, que no son sino indolencia disimulada, cobran víctimas inocentes. Los apremios gritan en los estómagos de tanta pobreza, en la carencia de hospitales, en la falta de servicios básicos. Los apremios quedan en estimular la decencia, la honestidad, la mística.

Los apremios quedan también en el combate contra la injusticia, la corrupción, la guerra y sus "perros", con el perdón de los caninos. Los apremios apuntan hacia la lucha contra la falta de convicción de los mansos que somos mayoría, frente al exceso de ambición de los lobos que son tan solo unas manadas. Los apremios nos hacen señas desde los que no nos quieren y nos quieren también. Los apremios gritan por la construcción de una nueva sensibilidad.

Los apremios obligan a producir, invertir, construir, alimentar, proteger para que aprenda el protegido a enseñar lo recibido. Los apremios radican en la carencia de respeto por los derechos humanos y en la desprotección del medio ambiente que ello sí que urge porque protejamos nuestra soberanía vital, la madre tierra. Los apremios faltan en el incremento sustancial en conciencia y recursos para la educación y la cultura, y no para el indecoroso aumento en gasto militar.

Los apremios apuntan a la falta de líderes honestos con convencimiento del "nosotros" por encima de su invasivo yo. Los apremios no existen para la bondad o la avaricia sino para la sabiduría creadora. Los apremios se oyen en la punta de nuestras narices y están en el resplandor de la cultura productora de bienes colectivos y enriquecedores.

Los apremios no esperan y no están allí para la bondad o la mezquindad, sino para aprender de su sabiduría el valor de la paz que es el mayor de los apremios de este mundo, pues sin paz no habrá mundo o al menos el mundo que queremos.

El apremio que guía nuestros pasos es en definitiva el de la constitución de una República de y para ciudadanos que provea de riqueza a todos por igual, material y espiritualmente, prosperidad generosa y compartida bajo el requisito de la Democracia que no estorbe la libertad, sino que la constituya y promueva como requisito fundamental de su propia existencia.

## EL BIEN ATESORADO

Nada se pierda, todo se transforme, lo reitero en forma de espiritualidad, que la realidad no es nada más lo que ocurre sino la persistencia de la voluntad creadora y el deseo de superación frente a lo corrosivo y absurdo.

A pesar o en razón de nuestra esquemática y repetitiva historia de desencuentros y fracasos, de sometimiento a tanta hipótesis de guerra, es necesario que prevalezca una visión y un convencimiento común en la búsqueda de soluciones consensuadas, por las buenas y civilizadamente.

Desde 1810 queriendo ser ese ser nebuloso que no hemos llegado aún a alcanzar, países en gerundio, "nosotros", insistiendo, perdiéndonos, buscándonos, tropezándonos, sin sentido en común, no hemos llegado a nada más que lo que está a la vista.

No podemos volver a desperdiciar nuestros esfuerzos en disputas territoriales que absorbieron tanta energía de lo que fuimos y seguimos siendo. Temas de discutida soberanía, terrestre o marítima, detrás de los cuales pueden esconderse, como siempre, intereses dañinos que componen las inconstancias del presente. Ni siquiera de espaldas, uno contra el otro, eso es lo que somos ahora por razones distintas.

Porque dígame usted en dónde quedaron esas glorias, esas derrotas, quién se enriqueció o empobreció de ellas, cuáles los héroes, el orgullo de la gesta; dónde la sacrosanta libertad, la soberanía, su valor en oro o en especies, en honor, en dignidad, en conciencia.

No podemos regodearnos en el vicio hipnótico del resentimiento que ha sido utilizado como consigna estridente o subterránea de guerra que se expresa en la incultura de los nacionalismos, de los patrioterismos, de los militarismos, de los individualismos posesivos, todas formas del personalismo más rampante. Qué liderazgo adecuado puede establecerse dignamente en las ganas de dominación y en el rechazo del otro que también es prójimo.

No podemos tampoco abrigarnos en la liturgia plañidera de los bostezos idílicos mientras la verdad se nos viene encima. No queda más que el humano sudor del esfuerzo vital y sostenido, del horario cotidiano con proyecto de vida humanizada. Que los partidos no distraigan, que las sectas no logren, que hagamos lo que el bien del "Nosotros" remite a la conciencia y a la acción para que seamos por fin alguna vez ambos dos uno solo.

# LAS COMISIONES PRESIDENCIALES COLOMBO-VENEZOLANAS DE ASUNTOS FRONTERIZOS (COPAF) Y DE NEGOCIACIÓN (CONEG) EN MARZO DE 1989: UNA EXPERIENCIA INÉDITA, PRODUCTIVA Y TRUNCADA

## INTRODUCCIÓN

El presente ensayo tiene como interés y finalidad la exploración abreviada de un momento magnífico de la historia de las relaciones entre Venezuela y Colombia.

Es verdad que con la suscripción del Acuerdo de Caracas el 4 de febrero de 1989 por parte de los presidentes de Colombia y Venezuela, Virgilio Barco Vargas y Carlos Andrés Pérez, con motivo del inicio de un nuevo período de gobierno en Venezuela, se inaugura, no sin contradictores ni contradicciones, una etapa paradigmática en la historia de nuestras relaciones internacionales, binacionales y fronterizas jamás antes vista. "Paréntesis de integración binacional y fronteriza" he llamado en anteriores textos a este raro tipo de experiencia colombo-venezolana.[1]

Posteriormente, con la Declaración de Ureña del 28 de marzo del mismo año, suscrita por ambos presidentes, en el Puente Internacional "General Francisco de Paula Santander", sobre el Río Táchira, se

---

[1] Ver Leandro Area. "A vuelo de pájaro: la delimitación de las áreas marinas y submarinas al norte del Golfo de Venezuela", en *La diplomacia venezolana en democracia (1958-1998)*, Fernando Gerbasi (Compilador), Kalathos Ediciones, Madrid, 2018, pp. 193-225.

complementa la decisión política con el marco jurídico e institucional que regulará las novedosas relaciones entre los dos países.[2]

En tal sentido, la intención de estas páginas es la de hacer conocer e involucrar a las nuevas generaciones en esta importante iniciativa binacional; evaluarla ahora con histórica perspectiva; e igualmente comprenderla en su singularidad y complejidad, contextualizándola a la luz de las realidades políticas nacionales, así como también de las tendencias y procesos políticos, económicos, sociales y culturales, observados en el plano internacional, regional y nacional, de aquella época.

Resaltemos también que más allá de la inquietud y la aspiración académica, siempre puntillosa y ambiciosa en construir memoria, se pretende aquí abonar e invitar al debate acerca de la posibilidad de rescatar para el futuro la labor truncada de esta experiencia, cuando las condiciones que hoy son adversas lo permitan.

La posibilidad de reconstruir su funcionamiento como política de Estado dentro de una estrategia gubernamental común reelaborada, sosegada y amplia, está por verse. Ello sí y por supuesto, si fuera el caso, de acuerdo a las necesidades sociales de emergencia humanitaria y de inseguridad binacional fronteriza observadas, que marcan la agenda del presente tan distante pero tan similar a la de ayer.

Eso sí, nunca más traumática que ahora ha sido la relación bilateral. Ella requiere se reconstruyan con solidaridad y apremio los canales de diálogo político, social, económico y militar, institucionales y privados, de reflexión, comunicación y de acción, hoy inexistentes entre los dos países. De esa manera se podrían atender los problemas que la realidad impone a los gobiernos y pueblos que se resume en el corto plazo, una vez superadas las emergencias de la primera y compleja fase, en la constitución de civilidad con progreso económico y social, es decir dignidad y trabajo, en democracia, más allá del simple, manipulado e insuficiente derecho al ejercicio del voto.

---

[2]    Ver Leandro Area y Elke Nieschulz de Stockhausen, *El Golfo de Venezuela: Documentación y Cronología, Vol. II (1981-1989)*, Instituto de Estudios Políticos, Facultad de Ciencias Jurídicas y Políticas, Universidad Central de Venezuela, Caracas, 1991, pp. 511 y ss.

Habría que agregar que quien escribe participó activamente en los asuntos aquí analizados. Declaro pues subjetivo que narro parte minúscula de lo construido desde mi experiencia personal vivida dentro del proceso que se trata de desmenuzar con el rigor y el espíritu crítico necesarios. Autor comprometido pues con todo lo que ello implica.

Hablamos en suma de la instauración de aquel novedoso mecanismo institucional colombo-venezolano, a través del cual se administró el conjunto de temas de la integración, de la cooperación, así como también el tratamiento y posible solución de asuntos irritantes pendientes. Todo ello organizado en base a una agenda múltiple y compleja, encomendada a dos comisiones por cada país, responsables de actividades específicas, tal como quedó establecido en los documentos ya referidos de creación y posterior desarrollo institucional del mecanismo.

Este esquema cooperativo, el de las Comisiones Presidenciales de Asuntos Fronterizos por un lado y de Negociación por el otro, definió e incluyó en una "agenda global" de cuestiones, todos los aspectos posibles de una relación históricamente complicada y prejuiciada, que algunos han dado en llamar "atormentada", "epiléptica" otros, "inconclusa" también; en fin.

El proyecto perseguía superar, restablecer e impulsar las relaciones, deterioradas desde agosto de 1987, cuando se produce la incursión de la Corbeta ARC- "Caldas" en aguas interiores, históricas y vitales del Golfo de Venezuela, sobre las cuales no hay argumentos jurídicos o históricos que pongan en discusión la soberanía venezolana sobre esas áreas marinas y submarinas.

El nuevo esfuerzo se sustentaba en los auténticos principios de la integración binacional, el desarrollo fronterizo y la negociación directa, sin la intervención de terceros; con una agenda múltiple y globalizante, conflictos, contratiempos y consensos, incluidos en un solo paquete de resolución de problemas, cimentación de lazos y firma de acuerdos si fuese el caso, sin plazos fijos ni apremiantes, con el fin de establecer los pilares fundamentales de la complementariedad binacional, postergada en lo económico, político, social y cultural.

Se intentó y logro generar medidas de confianza mutua; "desgolfizar" en la superficie aparente de nuestras circunstancias la corrosiva animosidad entre los dos países superando la traumática y quebradiza relación que estuvo marcada a partir de la década de los años 60 por la obsesiva fijación colombiana en definir a su manera las áreas marinas y submarinas en el

Golfo de Venezuela, paralizando de esta forma, sustancialmente, el avance de tan variados temas cooperativos y exacerbando en cierta opinión pública ánimos y expresiones xenofóbicas y belicistas.

No hay que olvidar, hablando de obsesiones, que entre 1830, año de la muerte del Libertador Simón Bolívar, la posterior separación de Venezuela de la Gran Colombia, y 1941, durante más de un siglo entonces, ya la atención de ambos países se concentraba principalmente en la definición de las fronteras terrestres, según el principio del *Uti Possidetis iuris*, hasta que finalmente se firmara el tan discutido Tratado de Demarcación de Fronteras y Navegación de Ríos Comunes entre Colombia y Venezuela, en Cúcuta, el 5 de abril de 1941, por los Ministros de Relaciones Exteriores Luis López de Mesa por Colombia y Esteban Gil Borges por Venezuela, en representación de sus presidentes Eduardo Santos Montejo que gobernó a Colombia entre el 7 de agosto de 1938 y 7 de agosto de 1942, y Eleazar López Contreras que hizo lo propio en Venezuela entre el 17 diciembre de 1935 y 5 de mayo de 1941.[3]

Es relevante destacar, y de qué forma, que la fuerza y dinámica impulsada por las mencionadas comisiones en su esfuerzo integracionista más allá de limitaciones y errores propios que pudieran observarse contó desde un principio con la animadversión de los enemigos históricos, de aquí y de allá, de la integración.

Además, superados en apariencia los efectos del llamado "Caracazo" del 27 de febrero de 1989 en Venezuela, levantamiento social de amplias repercusiones, el ambiente político se vio contaminado y degradado, ya aceleradamente, de manera calculada y artera por múltiples factores de poder desde que Hugo Chávez apareciera en la escena política venezolana el 4 de febrero de 1992, cuando fracasara en su intento de golpe de estado contra la democracia venezolana de fuerzas ya abreviadas es verdad.

En ese contexto, al mes de estar preso, a través de las insólitas oportunidades que le brindaban tanto el gobierno como los medios de comunicación, en una situación de descomposición política y social innegable, explicó y justificó expresamente sus acciones golpistas en el hecho supuesto de que el gobierno de Venezuela estuviera obsequiando soberanía a

---

[3]    Ver Leandro Area y Elke Nieschulz de Stockhausen, *El Golfo de Venezuela: Documentación y Cronología,* Tomo I, Instituto de Estudios Políticos, Facultad de Ciencias Jurídicas y Políticas, Universidad Central de Venezuela, Caracas, 1984, pp. 178-180.

Colombia, a espaldas del país, lo que convertía al presidente Pérez, según la perspectiva de los golpistas, en reo de la justicia por el delito de "Traición a la Patria".[4]

Tampoco era verdad, quién podría creerlo, que los sublevados militares golpistas anduvieran solos en esa desmesura. En qué pulpito no encontraron aplauso. Desenterraron o los convencieron de que el anti colombianismo era una útil y hábil arma de propaganda política en la fragua de sus ambiciones. A su discurso se le unieron, o ambas partes coincidieron estratégicamente en el momento adecuado para satisfacer planes desestabilizadores, aspiraciones políticas notables, colectivas o particulares, sobre todo estas últimas, frustradas en y desde el pasado.[5]

Una vez en el poder, luego de salir electo presidente en 1998, por razones de cálculo político las comisiones objeto de nuestro trabajo, desmanteladas ya y jugando un papel de relleno en un ambiente binacional ahora descompuesto, fueron dejando de existir, ahogadas paulatinamente, calculadamente, así como los proyectos que se habían presentado de común acuerdo para la frontera binacional que allí seguía con su vida de trabajo y penurias crecientes.

Ahora bien, aunque el mecanismo haya sido desatendido y dejado de tener vigencia en los hechos, aún sigue conservando valor jurídico y sobre todo político pues hasta la fecha no ha sido denunciado por ninguna de las partes entre las que no existen hoy ni de lejos relaciones, siquiera diplomáticas o consulares, sino antes bien enfrentamientos, silencios, tensión, pandemias ideológicas, en suma, conflicto creciente y permanente desde la llegada de Hugo Chávez al poder hasta el día de hoy, con el temor, la indiferencia, complacencia o apoyo real e interesado de factores internos y externos.

No hay que olvidar que, en algún momento en Colombia y más allá, se percibió a Chávez como un factor que podía ayudar, serles útil, en el logro de La Paz y otros menesteres. Por allí se estableció un sistema de manipulaciones consientes y compartidas de chantaje bilateral. Terminaron siendo el uno para el otro "mi nuevo mejor amigo", en razón de una creciente contraprestación de servicios; pero esa es otra historia.

---

4    Ver Alberto Garrido, *Documentos de la revolución bolivariana*, Ediciones del autor, Caracas, 2002, pp. 123-137.

5    Ver Mirtha Rivero, *La rebelión de los náufragos*, Editorial Alfa, Colección Hogueras, Caracas, 2010.

## I.  LOS CONTEXTOS

Si la manida afirmación de José Ortega y Gasset, "yo soy yo y mi cir-cunstancia, y si no la salvo a ella no me salvo yo" está dirigida particular-mente a los individuos, puede que sea útil también para atender y entender hechos políticos y sociales en su conjunto.[6]

Aunque pienso que no necesaria y fatalmente marquen destinos; las circunstancias son nuestro nexo más apremiante, lo que el sujeto percibe como "su" realidad. Puede que sean, eso sí, influencia, alimento, cauce, pero no por ello puedo llegar a afirmar que sean su fórmula matemática implacable. Existen ingredientes especiales, biografías incluidas, eventos fortuitos, detalles que animan a que las circunstancias sean aprovechadas plenamente; fluyan aún más a favor, al contrario, o ambas al mismo tiempo y en tensión. Todo depende; empuja y suma.

Porque en el caso estudiado en estas páginas queda claro que no tan solo fue el contexto político nacional e internacional presentes para ese momento preciso, el exclusivo elemento que condujo a ambos gobiernos no solo a escoger este mecanismo de negociación, sino que además funcionara tan bien, que hasta imitadores tuvo, a pesar de los obstáculos y en la medida en que las mismas circunstancias lo permitían. Tuvieron que juntarse demasiados detalles a la vez, incluyendo en este caso sobre todo los personales, para que los eventos tomaran el curso que tomaron con tal grado de entusiasmo y efectividad desplegada. Si no fuera así, la historia no estaría llena de sorpresas, positivas o no, sino que sería un guion inexorable; un destino cumplido como un vicio.

Que coincidieran en la presidencia de ambas Repúblicas dos hombres vecinos de una misma frontera, Táchira y Norte de Santander; que habían trabajado en el pasado en labores de gobierno relacionadas con la integración binacional; que eran amigos en la confianza mutua; constructores ambos de las nacientes democracias en sus respectivos países, todo ello reunido constituía haz de factores que contribuiría definitivamente a la creación de un ambiente decisional promisorio, aunque no desprovisto de desconfianza, es verdad.

---

[6]  José Ortega y Gasset, *Meditaciones del Quijote*, Publicaciones de la Residencia de Estudiantes, Madrid, 1914.

Precisamente por esa misma cercanía, el ojo crítico y a veces malicioso de ciertos sectores de la opinión pública, principalmente de la venezolana, veían en esa "familiaridad" un elemento peligroso a los intereses de Venezuela, basados en anteriores intervenciones del "Gocho" Carlos Andrés Pérez, propenso por más de una razón a intervenir muy a favor de los provechos de Colombia. También, es cierto que esta visión, fundamentalmente venezolana, estaba avivada por la opinión amistosa y codiciosa que se tenía en Colombia de Carlos Andrés Pérez por idénticas circunstancias.

Y, por si fuera poco, que además se decidiera nombrar como presidentes de las Comisiones de Asuntos Fronterizos de ambas naciones a gente de la frontera común, Enrique Vargas Ramírez, cucuteño él, y al tachirense de San Juan de Colón, Ramón J. Velázquez, no deja duda sobre el acento tan poco circunstancial del asunto, en el cual la "paisanidad o paisanía", fraternidad vecinal, jugó un destacado papel dentro del exitoso trabajo de la integración binacional fronteriza y la creación de la indispensable confianza mutua para abonar el camino y hacerlo prospero.

## 1. *EL PANORAMA MUNDIAL*

La década de los ochenta en que transcurren los hechos que nos interesa destacar, está marcada fundamentalmente por dos eventos, a saber, a) las tensiones entre los Estados Unidos y la Unión Soviética que caracterizaron la llamada "Guerra Fría" y con ella la amenaza nuclear que se hacía cada día más real, a pesar de que a mediados del decenio se produce un acercamiento entre las potencias con la llegada al escenario político de Mijail Gorbachov en la Unión Soviética y las políticas iniciadas por él, conocidas con el nombre de *Glasnot* y *Perestroika*; y, por otra parte, b) la caída del Muro de Berlín en 1989, con las consecuencias que en todos los ámbitos estos eventos históricos generaron a nivel mundial. Mientras tanto Ronald Regan intenta sentar las bases para un gran proyecto mundial de economía neoliberal que repercute por supuesto a nivel global.

En lo que se refiere a la persistencia de la guerra y al peligro de una confrontación nuclear, los Estados Unidos bombardean a la Libia de Muamar Gadafi (1986); continúa la guerra afgano-soviética (1978-1992) iniciada en la década de los setenta. Estalla la guerra Irán-Irak (1980-1988); la guerra del Líbano (1982); y la primera intifada (1987-1993).

En este contexto internacional, evidentemente confrontacional, se registra también un hecho de alta significación ya mencionado y es que en noviembre del año 1989 cae el Muro de Berlín dando fin a la era soviética, convirtiéndose en origen de las conocidas como "revoluciones de 1989" en

Europa del Este (Polonia, Alemania Oriental, Checoslovaquia, Hungría, Bulgaria, Rumania), derrumbándose la Cortina de Hierro y erosionándose gravemente la ideología del comunismo. [7]

Estos hechos tan significativos de cambios ideológicos, políticos, económicos, socioculturales y demás, produjeron un efecto dominó que se vio reflejado a nivel global. Después de las revoluciones de 1989 y como colofón, George Bush y Mijail Gorbachov firmaron en Malta el 3 de diciembre de 1989 una declaración en la que daban cuenta del fin de la Guerra Fría; el conocido como Pacto de Varsovia se disolvió formalmente el 1 de julio de 1991; los países bálticos se separaron de la Unión Soviética en agosto del mismo año, y la Unión Soviética como tal dejó de existir el 25 de septiembre de 1991.

Vale la pena destacar en este momento que, así como hablamos en estas páginas de "la relatividad de los contextos" para explicar los hechos, también pontificar sobre el fin de las ideologías, del fin de la historia, del fin del comunismo, etcétera, implica afirmaciones y pretensiones demasiado tajantes frente a la experiencia histórica que es en principio un proceso de continuidades y rupturas, de sinuosidades, de sorpresas, que se van complementando; rechazos y acercamientos, y lo que parece haber terminado en un momento específico puede volver a surgir nuevamente o ser parte constitutiva de otros eventos aparentemente nuevos pero que son o pueden ser, desarrollo evolutivo y dialéctico de la misma historia.[8]

## 2. *LAS TENDENCIAS REGIONALES*

América Latina no estuvo ajena, cómo estarlo, a las tendencias mundiales de su momento. En lo político se destacó la confrontación militar en Centro América, con la participación directa de los Estados Unidos en su afán de mantener un cierto orden y control en su entorno más cercano. Cítese por ejemplo la Revolución Sandinista (1979-1990); la guerra civil en El Salvador (1980-1992); la guerra de Las Malvinas (1982); la invasión a Grenada (1983); la invasión a Panamá (1989-1990). Estas tensiones son producto de movimientos subversivos, insurreccionales, con gran influen-

---

[7]   Ver sobre este particular Eric Hobsbawm, *Historia del Siglo XX*, Grupo Editorial Planeta, Buenos Aires, 2007.

[8]   Ver John Gray, "¿Otro apocalipsis?", publicado originalmente en el diario *El País* de España, el 23-05-2020.

cia cubana, o golpistas de derecha o de izquierda o cívico-militares, que denotan una crisis profunda de los sistemas políticos y sociales y de la democracia en América Latina.

No debe olvidarse en todo este recorrido histórico, que en 1961 se crea en Punta del Este, Uruguay, la Alianza para el Progreso, diseñada por los Estados Unidos para brindar apoyo y soluciones a los países de América Latina, así como para enfrentar el comunismo que comenzaba a instalarse en la región con el triunfo (sic) de la Revolución Cubana en 1959.

En lo económico también se hace patente la debilidad de los modelos de desarrollo instaurados en América Latina desde los años 50, de industrialización y modernización, financiados a través del endeudamiento, que hacen crisis detonante en 1982, con la llamada "crisis de la deuda". No es gratuito que esta década sea llamada por algunos autores "la década perdida" de América Latina.

Sumadas las crisis económicas y políticas, dan pie a unas bombas y estallidos sociales de la población sumida en creciente pobreza y marginalidad. Los gobiernos regionales acuden a sus organismos internacionales, como la Comisión Económica para América Latina y El Caribe (CEPAL); el Banco Interamericano de Desarrollo (BID); la Corporación Andina de Fomento (CAF); la Asociación Latinoamericana de Integración (ALADI); la Junta del Acuerdo de Cartagena (JUNAC), etc., en la búsqueda de soluciones al callejón sin salida que enfrentan los gobiernos, incapaces de afrontar los pagos y servicios de la deuda contraída principalmente con bancos norteamericanos, que demandaban la cancelación inmediata de las acreencias.

Los organismos regionales consultados desempolvan los viejos ideales de la integración tan propios al proceso de independencia de América Latina. Se producen reuniones, documentos, acuerdos, contactos a los más altos niveles, dirigidos a cristalizar esos proyectos de integración que buscan mitigar los efectos de la crisis y compartir objetivos y soluciones regionales a la medida de las capacidades. El axioma central es el que relaciona integración con desarrollo. La retórica institucional está plagada de frases en este sentido.

De esos diagnósticos y lineamientos generales de política, llamémosla sin intención peyorativa "ideología integracionista", aparecen las propuestas de financiamiento a proyectos de inversión que estimulen la integración. Siguiendo en ese orden de ideas, los organismos andinos proponen en concreto el impulso de la integración binacional de las fronteras comunes, es

decir "la binacionalidad como requisito estimulante, como paso fundamental de la integración multilateral". Aparece un nuevo diccionario político en tiempos de crisis. [9]

En suma, la respuesta de los organismos regionales a la crisis económica de la década puede resumirse en tres puntos, a saber: a) que se estan-
daricen las políticas económicas de los países miembros; b) que se presen-
ten proyectos conjuntos de dos o más países para su beneficio mutuo; y c)
que se consolide el intercambio fronterizo.[10]

Es dentro de estas circunstancias azarosas de búsqueda de soluciones
teóricas y prácticas que aparecieron teorías como las de la Dependencia y
el Subdesarrollo o las "Cepalistas", como alternativas autóctonas, "propias", para explicar realidades políticas de países no hegemónicos, como
los casos de Colombia y Venezuela que interesan para este trabajo. No se
olvide que también estaban las visiones extremistas del cambio radical, de
izquierda marxista o de derecha militarista, antidemocráticas ambas, sus-
tentadas en la acción revolucionaria o en los golpes de estado para cambiar
las estructuras políticas, económicas y sociales en América Latina. Existía
pues un abanico de opciones contradictorias para enfrentar los problemas
de la agenda regional.

---

[9]   Ver *Las Relaciones Fronterizas entre los Países del Pacto Andino*, Universidad Central de Venezuela, Centro de Estudios del Desarrollo, Cendes –
Universidad de Los Andes de Colombia, Centro Interdisciplinario de Estudios Regionales, Cider, Colección Luis Lander, No. 3, 1ª edición, 1991. Ver
también *El grupo de los Tres en el Gran Caribe*, República de Colombia,
Ministerio de Relaciones Exteriores, Presentación del Canciller, Bogotá,
1996, pp. VII-IX. Ver igualmente Juan Carlos Sainz Borgo, *La Articulación
de los Sistemas de Integración en América del Sur,* Edición del autor, Caracas, 1996.

[10]  Ver Celestino del Arenal, Coordinador, *Las Relaciones de Vecindad*, Asociación Española de Profesores de Derecho Internacional y de Relaciones
Internacionales, Servicio Editorial Universidad del País Vasco, San Sebas-
tián, 1985. En esta obra ya se refleja, aunque dentro de las circunstancias
europeas, el interés por comprender las relaciones de vecindad desde una
perspectiva crítica y novedosa, donde se percibe la ambición por superar la
visión del límite y de frontera tan arraigadas a la ideología del conflicto.

## 3. *EL AMBIENTE BINACIONAL*

En principio, no estaban dadas las condiciones políticas, institucionales, ni psicosociales para que se iniciaran los procesos de integración colombo-venezolanos. No olvidemos, con la intención de contextualizar aún más, que desde agosto de 1987 cuando se produjeron los hechos conocidos eufemísticamente con el título del incidente de la corbeta Caldas, la relación entre ambos países se había deteriorado profundamente.[11] Algunos investigadores han caracterizado ese período como de "tensa calma", "árido distanciamiento", "tiempo perdido", después que estuvimos realmente al borde de una guerra.

Pero a partir de 1989, dentro del marco de las medidas sugeridas por los organismos mundiales y regionales de integración, sumadas a la voluntad política de dos presidentes, se pusieron en funcionamiento un conjunto de mecanismos y metodologías de negociación específicos, casi que autóctonos, que permitieron salir del bache histórico en que se encontraban las relaciones entre ambas naciones.

Todo este esfuerzo se concretó en las ya mencionadas Comisiones Presidenciales para Asuntos Fronterizos Colombo-Venezolanas, unas, y Comisiones Presidenciales de Negociación, otras, unidas bajo el tan discutido concepto de "globalidad", que requerirá de una evaluación posterior.[12]

---

[11]   Ver Edgar C. Otálvora, *La crisis de la corbeta Caldas*, Rayuela Taller de Ediciones, Caracas, 2003.

[12]   Para entender el concepto de globalidad puede verse Juan Carlos Rey, "La Delimitación de áreas marinas y submarinas con Colombia", en *El Futuro de la Democracia en Venezuela*, Serie Estudios, Colección IDEA, Caracas, 1989, pp. 201-216. Y también Leandro Area, *¿Cómo negociar con los países vecinos? La experiencia colombo-venezolana,* Serie de Investigación 4, Instituto de Altos Estudios Diplomáticos Pedro Gual, Ministerio de Relaciones Exteriores, Caracas, 2000. Ver además Francisco Mujica B. y Pedro Apolinar Rojas, Nuevo Enfoque de las Relaciones Colombo-venezolanas, Perspectivas a la solución del Diferendo Marítimo en el Marco del Derecho Internacional y en el Contexto Global de Negociación, Separata del Anuario Hispano-Luso-Americano de Derecho Internacional, Vol. XIII, pp. 419-468, 1997.

Como ya hemos afirmado, tuvo que ocurrir un evento especial y específico que cambiara o apurara el juego de las circunstancias orteguianas y que pusiera a ambos países en una nueva relación y sintonía, que algunos definieron irónicamente, juguetonamente, "como si no hubiera pasado nada"; "borrón y cuenta nueva". Y lo que desenredó ese nudo de conflicto fue el otra vez aludido triunfo electoral de Carlos Andrés Pérez en 1988, "hombre de ambas fronteras", como lo llamó maliciosamente alguien en su momento, cuyo mandato coincidió en parte con el período del presidente colombiano Virgilio Barco Vargas, otro hombre de frontera, cucuteño él, con el que el presidente Pérez, siendo ambos funcionarios de gobierno, había impulsado en el pasado proyectos de integración binacional fronteriza. Parecía el tiempo de reiniciarlos; soplaban vientos internacionales a favor.

Para muestra un botón: en buena medida ambos mandatarios habían sido responsables en su momento de la solicitud formulada por los presidentes Rómulo Betancourt y Guillermo León Valencia, en el Acta de San Cristóbal, el 7 de agosto de 1963, al Banco Interamericano de Desarrollo (BID), para la elaboración de proyectos de desarrollo económico y social que favoreciera a las regiones limítrofes colombo-venezolanas. Dicha petición estaba en sintonía con el espíritu y lineamientos de la Alianza para el Progreso citada anteriormente. Esta petición se concretó con un importantísimo informe presentado por el organismo en el que participaron investigadores y especialistas connotados, sobre el cual cabe resaltar que en muchos aspectos allí tratados aún guardan vigencia y cuyas recomendaciones están pendientes de ejecución.[13] Meses antes, el 20 de junio de 1963, ya Pérez y Barco en calidad de ministros, habían firmado además el Acuerdo Comercial y de Desarrollo Económico colombo-venezolano.[14]

Valga subrayar aquí que ese esfuerzo cooperativo que hemos dado en llamar como parte del esfuerzo comprensivo de nuestras relaciones binacionales, "Primer paréntesis de Integración fronteriza", de proyectos de mutuo interés, cambió de rumbo cuando en 1965 la relación binacional se petroliza con la aparición del interés de Colombia sobre áreas marinas y submarinas, históricamente venezolanas, en el vital Golfo de Venezuela,

---

[13]   Ver el Informe de la Misión del Banco Interamericano de Desarrollo, *Posibilidades de Integración de las Zonas fronterizas colombo-venezolanas,* presentado a los Gobiernos de Colombia y Venezuela, mimeo, 1964.

[14]   Ver *Antecedentes de las Relaciones Fronterizas Venezolano Colombianas,* Tomo II, Corpoandes, 1982, pp. 13-19.

regresando de nuevo las tendencias conflictivas aparentemente dormidas desde 1941, año de la firma del aludido Tratado entre Venezuela y Colombia sobre Demarcación de Fronteras y Navegación de los Ríos Comunes.

A pesar de que no estaban dadas las "condiciones objetivas" para que se creara este idílico ambiente que se inicia en 1989, nunca lo están en su totalidad y hay que crearlas, la luna de miel sí pudo comenzar. Hay realidades que se dan dentro de contextos, pero también hay "circunstancias subjetivas", sorpresas, voluntad política, eventualidades que pueden darle curso distinto a las que parecen sólidas tendencias. Ese experimento colombo-venezolano se convertiría en ejemplo provechoso, aunque inconcluso, que fue puesto en práctica por otros países de la región y que aún persiste.

## 4. *LAS REALIDADES NACIONALES*

Es imprescindible hacer mención a algunos elementos importantes que ayuden a comprender el contexto dentro del cual se inscribe este ambicioso proceso cooperativo y de integración binacional en el que se intenta romper con la visión conflictivista de las relaciones colombo-venezolanas.

En tal sentido, Colombia se sigue administrando políticamente bajo el tradicional sistema bipartidista de liberales y conservadores en el manejo del gobierno y así se desarrollan en la década del ochenta la administración del presidente Julio César Turbay Ayala (1978-1982); Belisario Betancur Cuartas (1982-1986), aunque valga la pena subrayarlo ahora que con la llegada de Virgilio Barco Vargas (1986-1990) al poder, se rompe dicho esquema de colaboración bipartidista y se instaura un nuevo esquema Gobierno-Oposición que implica la no coparticipación de la oposición, como en el pasado, en la gestión de gobierno.[15]

---

[15]   Ver el discurso de Alberto Lleras en la Universidad de los Andes, de Bogotá, al recibir el grado "Honoris Causa" en filosofía y letras, el 16 de diciembre de 1957. Publicado en Cuadernos de la Casa de los Derechos N° 1, Fundación Universidad de América, Editorial Iris Bogotá, s/f.

Sobre el esquema gobierno-oposición durante el gobierno de Virgilio Barco ver Monika Rug, "El diferendo colombo-venezolano durante el gobierno del presidente Virgilio Barco: el incidente de agosto de 1987 y la posición conservadora", en *Las Relaciones entre Colombia y Venezuela: Dos*

En esa misma época el sistema político venezolano es también fundamentalmente bipartidista; bipartidismo en crisis, igual que en Colombia. Se suceden durante ese mismo período en la Presidencia de la República, Luis Herrera Campíns (1979-1984); Jaime Ramón Lusinchi (1984-1989), y; Carlos Andrés Pérez (1989-1993).

Es importante señalar aquí que ambos países inician sus períodos democráticos y de partidos casi que simultáneamente y luego de sendas dictaduras. En el caso colombiano es en 1958 con el llamado Frente Nacional, conformado por los partidos liberal y conservador, excluyendo al Partido Comunista, esquema que se conserva durante 16 años.

En el caso venezolano, la democracia comienza el mismo año que en Colombia, en 1958, con el conocido como Pacto de Punto Fijo, en el que los partidos Acción Democrática, COPEI y U.R.D, con igual exclusión del Partido Comunista, establecen unas reglas de juego, Plan Mínimo Común, arquitectura central del período democrático venezolano, que duró apenas cuarenta años.

Dos sistemas políticos en paralelo que se distinguen, entre tantas otras peculiaridades, porque en Colombia la dictadura del General Rojas Pinilla deja el poder a través de una solución institucional: el plebiscito. En cambio, la dictadura del General Marcos Pérez Jiménez lo hace de manera violenta, a través de un amplio movimiento político, que ve sus frutos definitivamente el 23 de enero de 1958 a través de la insurrección cívico-militar y la final huida del dictador.

En ese contexto de democracias formales se desarrolla la década de los ochenta en ambos países no ajenos, cada uno en su especificidad, a períodos de inestabilidad política, económica y social. Si en Colombia el conflicto más destacado es el de la guerra contra la subversión armada y el narcotráfico, y la búsqueda de la paz, en Venezuela las características críticas más significativas son la inequidad e inestabilidad económica, la corrupción y la pérdida de confianza y de legitimidad de los gobernantes y de la Democracia. A pesar de los innegables esfuerzos y logros, histórica-

---

*aproximaciones,* Universidad de los Andes, Centro de Estudios Internacionales, Bogotá, 1989.

Para una revisión general de la política exterior colombiana ver Rodrigo Pardo y Juan Tokatlian, *Política Exterior Colombiana. ¿De la Subordinación a la Autonomía?*, Tercer Mundo Editores, Bogotá, 1988.

mente incomparables en tantas áreas, ésta se vio corroída por el cáncer de la corrupción y el desapego creciente del ciudadano con su sistema político y el extravío de sus dirigentes.

Tanto en Venezuela como en Colombia esta década se vería apremiada por un clima de inestabilidad en lo político, en lo económico y en lo social, que requeriría de inmensos esfuerzos, no siempre exitosos.

## 5. *LOS INGREDIENTES PSICOSOCIALES*

Cansones, repetitivos, oxidados pero constantes y sonantes, fluyen variopintos dos discursos maniáticos y obsesivos. Romanticones y roussonianos unos, apocalípticos y hobbesianos los otros, pretenden dar cuenta de causas y destinos, ora paradisíacos ora conflictivos, de la relación colombo-venezolana. Todos los argumentos posibles se utilizan, sea edulcoradamente sea envenenadamente, para explicar el porqué de enamoramientos o de distanciamientos posibles, y así oscilan entre la necesidad ontológica de feliz matrimonio para siempre, y la imposibilidad congénita de unas relaciones sinceras y en paz.

Una versión es entonces la que con "argumentos históricos" confecciona teoría y concluye en razón reluciente de una supuesta e inocultable hermandad, matriz común de origen y de inexorable vínculo, especie de ADN originario, siendo la existencia de un padre único -a la madre España ni se la nombra- junto a la vecindad geográfica, los 2.219 km de frontera, unos de los aspectos más aludidos, aderezado además con la existencia del idioma compartido, de la cultura palpitante, de la geografía ineludible, que en suma constituirían fundamento del inexorable e implacable destino manifiesto.

En la calle de enfrente están organizados y alerta, los que sostienen con otros "argumentos históricos" todo lo contrario. Es la ya dicha visión existencial de la discordia, del conflicto, de la guerra y de la necesidad de una fuerza militar modernizada constantemente que contenga esos invariables embates en la que Venezuela ha sido, dicen los paladines de la patria, "invadida y despojada" en su mermada soberanía por Colombia.[16]

---

[16] Ver Leandro Area, "Venezuela y Colombia: Una relación inconclusa", en *Venezuela y Colombia: una relación de Encuentros y Desencuentros*, Edmundo González Urrutia Coordinador, Abediciones Digital y Grupo Ávila, Caracas 2021, pp. 29-41.

En esas circunstancias, casi que queda poco espacio para las posiciones intermedias o terceras vías, para que por encima o en razón de distanciamientos o históricas afinidades, haya un margen operativo, razón pragmática, para la cooperación, el acuerdo y la adecuación negociada de los intereses entre las partes.

Bajo esos paradigmas y desde 1830, con la muerte del Libertador Simón Bolívar y con la posterior ruptura definitiva de la Gran Colombia en 1831, son pocos los momentos en los que los dos países han podido superar, vivir sin la presencia previa de esas visiones excesivas y excluyentes ambas.

Se han abierto, eso sí, en algunas circunstancias muy especiales los ya mencionados "paréntesis de cooperación binacional fronteriza". El primero de ellos puede ubicarse aproximadamente entre 1958 y 1963, y el segundo, que es el que precisamente se trata de revisar en estas páginas, que se concreta formalmente en 1989 con la ya mencionada Declaración de Ureña que se erosiona definitivamente en 1999 con el cambio de régimen político en Venezuela.[17]

Estas realidades psicosociales y políticas, mitos y símbolos compartidos en tensión, creencias, percepciones comunes, convertidas en valores, actitudes y comportamientos, constituyen los "contextos ideológicos" los sustratos antropológicos, que marcan cualquier tipo de explicación que pueda hacerse sobre la realidad intima de las relaciones colombo-venezolanas. La Historia en común es una herida abierta que aún no sana. La espada y la cruz aún vigentes en el gobierno de nuestros destinos. Ambiciosos de libertad no salimos del deseo que no se realiza.

## II.  LOS INTERESES DE LAS PARTES

Vistos los contextos anteriores pasamos a puntualizar, sin pretensión exhaustiva y sin orden de relevancia, el conjunto de intereses más destacados que se expresan en las agendas visibles de ambos gobiernos para el año 1989. No se olvide que los intereses no son estáticos porque los cálculos políticos varían y las coyunturas los transforman de acuerdo a necesidades y ambiciones.

Es bueno insistir en la idea que en ningún caso el nuevo esquema de negociación puesto en marcha por los presidentes Barco y Pérez puso fin a la áspera situación que históricamente habían vivido ambos países. Tanto

---

[17]     Leandro Area, "A Vuelo de Pájaro…", pp. 193-225.

los elementos cooperativos como los conflictivos, sobre todo éstos últimos, estaban en la palestra del debate político. Lo que pasó es que ambos gobiernos tomaron la decisión política de un camino, que sin olvidar lo que el Canciller colombiano, Alfredo Vázquez Carrizosa, llamó una "historia atormentada", invirtiera el esfuerzo binacional en la construcción de integración en paz.

A continuación, la tabla comparativa anunciada.

| Colombia | Venezuela |
|---|---|
| Descongelar las conversaciones con Venezuela.<br>Atender los problemas de soberanía: Golfo, demarcación de la frontera terrestre, navegación fluvial.<br>Resolver el problema de la delimitación de áreas marinas y submarinas.<br>Diálogo directo pero dado el caso con la intervención de la Comisión de Conciliación prevista en el Tratado de 1939 | Desgolfizar y despolitizar las relaciones bilaterales<br>"Globalizar" las relaciones<br>Diálogo directo sin la intervención de terceros y sin tiempos perentorios. |
| Acceder al conocimiento, manejo y tecnología involucrados en la industria petrolera | Despetrolizar las relaciones |
| Modernizar la plataforma comercial en búsqueda de nuevos mercados | Acceder a los mercados colombianos para la diversificación de la economía exportadora |
| Compartir ventajas en los escenarios internacionales | Compartir ventajas en los escenarios internacionales |
| Reactivar el tema de la libre navegación fluvial | Conservación y manejo racional de las cuencas hidrográficas comunes |
| Lograr mejoras en el trato a la población colombiana en Venezuela | Reafirmación del respeto de Venezuela por los derechos humanos |
| Trabajar conjuntamente en el tema de la seguridad | Control al contrabando, narcotráfico, guerrilla, abigeato, robo de vehículos y la migración ilegal. |
| Cooperación militar para atender conjuntamente los temas de seguridad | Cooperación militar para atender conjuntamente los temas de seguridad |
| Construcción de una cultura para la integración | Construcción de una cultura para la integración |

## III.    EL ANDAMIAJE DE LA NEGOCIACIÓN

No es nuestra intención en estas sucintas notas explicar o narrar en todos sus detalles lo que ya otros han hecho con mayor destreza, a cuyas lecturas referimos al lector, así como a los documentos originales contenidos en la bibliografía recomendada, cuya revisión y estudio minucioso resultan imprescindibles.[67]

En lo que se refiere a las reglas e ingredientes formales y sustanciales del esquema, que son por una parte de integración fronteriza y por la otra de negociación de asuntos aún pendientes en materia de límites y soberanía, reunidos bajo el principio de la "globalidad", igualmente guiamos al lector hacia la revisión indispensable de las fuentes originales.

Pero en apretada síntesis podemos afirmar que para llevar adelante los objetivos que ambas naciones de común acuerdo dispusieron, se nombraron sendas comisiones a cada una de las cuales se le fijaron unas tareas establecidas con toda claridad en lo que se refiere a responsabilidades y especificaciones procedimentales en Modus Operandi elaborados para cada tema en cuestión.

Además de las Comisiones ya señaladas se incluyó desde un primer momento (Acuerdo de Caracas) la Comisión Permanente de Conciliación prevista en el Tratado de No Agresión, Conciliación, Arbitraje y Arreglo Judicial de 1939 y posteriormente se nombraron sus Miembros (Declaración de Ureña) sin que, en la práctica, a decir verdad, tuviera alguna presencia efectiva o resplandor protocolar. Fue su inclusión producto de una fijación de ciertos sectores colombianos de llevar el específico caso de la delimitación de áreas marinas y submarinas al norte del Golfo de Venezuela a una tercera instancia a pesar de que el propio Tratado del 1939 ya citado lo excluye en su artículo segundo cuando declara taxativamente que: "...exceptuando solamente las que atañen a los intereses vitales, a la independencia o a la integridad territorial de los Estados Contratantes".[68]

---


[67]    Fernando Gerbasi, "De la confrontación a la cooperación: la relación bilateral entre Colombia y Venezuela", en *La diplomacia venezolana en Democracia (1958-1998)*, Kalathos Ediciones, Madrid, 2018, pp. 251-268.

[68]    Ver Leandro Area y Elke Nieschulz de Stockhausen, *El Golfo de Venezuela,* Tomo I, pp. 168-174.

Se nombraron además dos Altos Comisionados por cada país para hacer el inventario de las principales cuestiones por examinar y para formular propuestas de tratamiento y solución: los conocidos con el nombre de Metodologías de Tratamiento y Solución (*Modus Operandi*).

Se crean además las "comisiones encargadas de la preparación y estudio de los convenios y tratados relativos al desarrollo económico y social de las áreas fronterizas", que según la Resolución para la parte venezolana tendrán carácter de asesoras del Presidente de la República y en ningún caso podrán suscribir compromisos a nombre de la Nación; servirán igualmente de enlace entre el Estado venezolano y las comisiones colombianas debidamente designadas a fin de elaborar proyectos técnicos sobre materias de interés común relacionadas con las zonas fronterizas compartidas.[69]

Igualmente se propone, sin que lamentablemente fuese nombrada, una Comisión de Alto nivel y de carácter permanente con funciones de consulta, coordinación, verificación y seguimiento de las propuestas formuladas.

Justo es incluir aquí la posterior declaración, conocida como la Declaración de San Cristóbal, 11 de noviembre de 1990, con cuya firma se estrena Cesar Gaviria Trujillo en la Presidencia de la República en los asuntos con Venezuela y en la cual se pasa revista al avance de las conversaciones entre los dos países, se ratifica el esquema de negociación acordado con anterioridad y ambos presidentes constatan complacidos el avance de las actividades realizadas y los logros obtenidos por las comisiones de integración y negociación designadas.[70]

Posteriormente, en Bogotá, el 8 de mayo de 1991, los cancilleres de ambos países firman un Memorándum de Entendimiento para el Establecimiento de un Mecanismo de Consulta y Concertación Política, a nivel de los Ministerios de Relaciones Exteriores, que lamentablemente en la práctica tampoco se concretó.[71]

Baste hasta aquí, sin excesivos detalles, el esqueleto básico de un esquema de negociación específico que tratamos de entender en estas páginas y sirvan estas referencias para dar una idea de la complejidad fundacional y operativa del esquema acordado que requeriría de una labor que supera los objetivos de este ensayo.

---

[69]    Ver Leandro Area, *El Golfo de Venezuela, Tomo III*, pp. 206-210.

[70]    Ver Leandro Area, *ob. cit.*, pp. 314-315.

[71]    Ver Leandro Area, *ibidem*, pp. 353-354.

## IV.    LA PARTICIPACIÓN DE MÚLTIPLES ACTORES

Quiero resaltar el tema de la participación de múltiples actores. El novedoso esquema asumido por ambos países suponía una nueva manera de hacer política y de hacer política internacional, en donde si bien es cierto las relaciones formales se realizaban entre Estados, en la práctica, sobre todo en el tratamiento de los temas fronterizos, se imponía una lógica que superaba los límites impuestos por las formalidades y que sorprendía en sus rutinas ancestrales a quienes en el pasado dominaban el escenario institucional de lo fronterizo el cual fue adquiriendo en la opinión pública especificidad, significación, peso determinado, voz propia. Frontera humana, complejidad social, vigorosa presencia.[72]

Se inauguraba así un nuevo paréntesis de integración binacional fronteriza con una característica muy particular: la participación ansiosa, plural y decisiva, de las comunidades involucradas.

En el caso estudiado debí decir que en la constitución de las Comisiones de Asuntos fronterizos existían dos representantes por país oriundos de los estados o departamentos que coincidían en el límite fronterizo que en nuestro caso son: Zulia-Guajira, Táchira-Norte de Santander, Apure-Arauca, Amazonas-Vichada, encargados de coordinar lo que a su región involucraba. Ello obligo, esa fue la decisión asumida, a la participación de múltiples actores, nacionales, regionales, sociales en temas como la definición de agendas y de organización social en torno a necesidades y exigencias. Las regiones de frontera adquirieron cédula de identidad adecuada y manifiesta.

Postergados en el pasado comenzaron a jugar papel protagónico. Se observó en las regiones una "menor sumisión complaciente" por parte de los actores sociales involucrados en la integración. Política exterior y política interna al unísono; cómo separarlas, a través de qué artificio. Vecinos interiores ni más ni menos. Difíciles manejos de temas atinentes a la sobe-

---

[72]    Quien desee profundizar en la complejidad institucional reflejada en buena parte de los Acuerdos suscritos entre Colombia y Venezuela entre 1989 y 1993 puede ver *Colombia-Venezuela: Un Nuevo Esquema Bilateral,* Tomo I y II, República de Colombia, Ministerio de Relaciones Exteriores, Bogotá, 1993.

ranía, a la seguridad, a la educación, la salud, la infraestructura, la protección del medio ambiente, la interconexión eléctrica. ¿Una sola vida separada por las incongruencias que impone el límite territorial?[73]

La realidad descomponía el viejo ajedrez en el que cada actor jugaba un papel determinado de acuerdo a leyes no siempre escritas que la costumbre imponía. Se requirió de una grandiosa voluntad y paciencia para vadear a contracorriente el inmenso peso de las históricas costumbres adquiridas, de los prejuicios, de los intereses disyuntivos, para intentar romper ataduras, atascos, vicios compartidos; se necesitó de un robusto esfuerzo de creatividad y paciencia para iniciar el sueño de ir creando una cultura para la integración.

Tarea complicada para la cual no teníamos, ni aquí ni allá, un recetario específico; al contrario, debíamos construirlo internamente y binacionalmente en la conciencia y en la cultura administrativa de ambos Estados, en el trabajo diario de organizaciones y empresas, en la actitud de funcionarios y ciudadanía, en la vocación de administraciones y mercados, en el desvelo e interés ciudadano. Se trataba, para que el proyecto tuviera factibilidad y proyección, de la constitución de una nueva sensibilidad con la que mirarnos en el espejo del otro, con el otro, desde el otro, pues acostumbrados a entender la totalidad desde nuestras peculiaridades y pequeñeces, se pierde la perspectiva del vecino, que es la que permite tener una visión del conjunto, contextualizada, armónica, complementaria, empática.

Pero se presentaban los problemas de siempre. Si bien es cierto que en el papel la arquitectura del proceso decisional otorgaba a las Comisiones el rango de presidenciales, en la realidad, en el trabajo práctico y diario estas Comisiones comenzaron a trabajar conjuntamente con sus cancillerías dentro de unas relaciones no siempre cooperativas. Tensión que al final fue en buena parte ganada por los Cancilleres y sus despachos, quienes absorbieron en lucha desigual el rol protagónico que al principio se le asignó al esquema de las "comisiones presidenciales".

En muchos casos las comisiones fueron vistas por cancillerías y demás ministerios con los que estaban involucradas, como organismos extraños, intrusos que debían ser absorbidos y controlados por la organización mayor. Siempre se trabajó en estado de tensión y tanto así que a veces era más sencillo llegar a acuerdos con el vecino que con los propios entes nacionales. La complicada búsqueda de los consensos.

---

[73]    Harold Nicholson, *La Diplomacia*, F.C.E., 3ª Ed., México, 1994.

Porque en definitiva las Comisiones Presidenciales para la Integración y Negociación no tenían en la práctica facultad de decisión, no manejaban presupuesto, no tenían capacidad de ejecutar proyectos; tan solo procesaban demandas, sugerían cursos de acción y los presentaban ante las entidades administrativas del caso, para que estudiaran en conjunto, binacionalmente, su factibilidad. Propósitos que se anquilosaban en la pastosa tinta de las burocracias.

Eran pues, tan solo, comisiones de enlace y ello también les hizo perder *autoritas* frente a comunidades y opinión pública que deseaban y requerían avances, decisiones, medidas económicas, construcción de puentes, de escuelas, de hospitales, etc. Y las comisiones no fueron hechas para suplir lo que era responsabilidad de ministerios y organizadores de presupuesto y de la administración pública. Allí había un problema de diseño o de incomprensión. Faltaba una gerencia para lo vecinal.

Pero lo que sí se logró, que no fue poco, fue en gran medida la democratización de los temas de frontera, de la vecindad, de la construcción de una agenda que no estaba prevista en los documentos o planes de ninguno de los dos estados, y que los rebasó en la práctica; agenda para la cual, como ya hemos dicho, no estaban preparadas las instituciones nacionales pues en la práctica no existía binacionalidad administrativa. Cómo hacerlo. ¿Construiríamos un nuevo Estado binacional lo cual era rechazado por los principios de la soberanía, por los defensores de la seguridad y de la defensa, del gasto militar, por la histórica constitución del Estado-Nación?

También se puso en evidencia en el manejo de la opinión pública, y eso debemos resaltarlo, la especificidad de lo vecinal que supera la noción territorial de límite y de frontera, y que superaba las atribuciones de las Fuerzas Armadas, de las cancillerías, de los gobernadores y demás autoridades, dando espacio, democratizando la vida de las regiones de frontera, incorporando a los sectores económicos, religiosos, educativos, laborales, medios de comunicación y demás, en la construcción de una agenda que ya no era ni exclusivamente colombiana ni exclusivamente venezolana sino binacional.

Se complicaba además la noción de lo bilateral, porque la bilateralidad se basa en la idea espacial y simplificadora, de un lado frente al otro, siendo aquí superado por la noción de vecindad social. Ello creó una serie de conflictos y roces entre los actores que deseaban jugar un papel protagónico en la nueva situación. A la cabeza de esta nueva realidad, jamás antes conocida por ambos países, estaban en teoría las Comisiones Presidenciales de Asuntos Fronterizos y de Negociación, que como su nombre lo indica, dependían jerárquicamente del presidente de la República. Pero una cosa es un Decreto presidencial y otro la realidad.

No era fácil. Los prejuicios, la incomprensión, las burocracias, los egos, la costumbre, las circunstancias otra vez. La nueva dinámica con la que se pretendía darle sentido a actores y esfuerzos nacionales, estatales y fronterizos estaba empañada con estos viejos vicios. Si se quiere, por primera vez y de manera pacífica irrumpió la voz de la frontera. La historia de las percepciones en común sobre la vida cotidiana tan esquiva a las alcabalas, físicas y mentales, a los artificiales distanciamientos institucionales impuestos, a las legislaciones insólitas que provocan el alzamiento del frenético mundo de la informalidad. La práctica obligada de los caminos verdes, de las trochas como modo de vida, de las alcabalas como fuentes de corrupción. ¿Qué hacer ahora que se había puesto en conocimiento de todos, luces y sombras, el tema fronterizo?

Esto causó, tenía que ser así, una serie de fricciones, incomprensiones, retrocesos, que impidieron que el nuevo esquema fluyera como las urgencias así lo requerían. Aparecía otra vez el problema del consenso interno como motor de una política pública cargada de legitimidad democrática.

Lo cierto es que múltiples actores comenzaron a intervenir y de manera heterogénea y sorprendente. Actores políticos más allá de los gobiernos, actores sociales por encima de los partidos políticos, actores económicos internacionales, regionales, binacionales, nacionales y fronterizos. Sectores financieros, académicos, sociales, sectoriales, gremiales, de opinión pública, religiosos. Se puede afirmar que nunca antes en la historia entre Colombia y Venezuela había habido una participación tan amplia y diversa en la discusión de temas comunes. La política exterior se convirtió en política interna. Vecinos interiores. Estábamos en presencia de un nuevo tejido binacional. Una realidad con empuje constructivo postergada salía a flote.

Ninguno de los temas de la agenda de cada país por separado era exclusivo de ese país. Se acuño la frase de que "todo lo que pasa en Colombia incumbe a Venezuela, y todo lo que pasa en Venezuela incumbe a Colombia". Y así era; y así es. Vecinos como nunca antes. Este es un dato sumamente significativo en lo que a la binacionalidad se refiere. El que no conoce a Venezuela, no conoce a Colombia, y viceversa.

Además, la multiplicidad de actores trajo como consecuencia el desplazamiento del actor militar como eje central de la visión que tenía cada uno del otro. Es bueno recordar que tanto en Venezuela como en Colombia las fronteras constituyen aún hoy y lo hacían en ese momento, especies de estados independientes dentro del Estado Nación, administrados por las Fuerzas Armadas de ambos países.

A partir de 1989, las fuerzas armadas mantuvieron un papel importante pero no el más significativo. Se puede afirmar que por primera vez en la relación bilateral se establece una agenda civil desde lo civil. La relación bilateral ya no es exclusivamente tema de soberanía y de orden público, seguridad y defensa, sino que en ese momento la presencia de múltiples actores con variados intereses liberados del monopolio de lo militar un área históricamente asignada a ellos. Aparece la frontera como actor emancipado o con ambiciones de ello, tratado con respetuoso lenguaje civil, democrático e inclusivo, que pretende mayor protagonismo y conexión natural. Seguridad para el desarrollo. Y la seguridad estaba en vilo.

Otro elemento al que se debe acudir para dar una visión completa del conjunto es la de la presencia creciente y permanente de universidades y medios de comunicación, que nunca antes habían ocupado un papel tan protagónico en estos temas. Fueron escasos los asuntos y los foros a los que tanto los unos como los otros no tuvieran acceso y membrecía. El esquema de integración y negociación acordado entre los dos países les permitió participación amplia y destacada en los diagnósticos. Actores, ya no simples observadores, del proceso.

De hecho, se realizaron reuniones binacionales de medios de comunicación porque en el espíritu de ambos gobiernos estaba, salvo casos particulares, la idea de que la opinión pública tenía que estar bien informada de lo que estaba pasando. Ello ayudaba a restarle territorio a las tendencias exclusivamente conflictivistas tan presentes y pugnaces diariamente en todos los medios de comunicación desde los años sesenta, creando matrices de opinión beligerantes y muy poco constructivas, y así crear un ambiente propicio a los fines establecidos.[74]

Por su parte estaban las Comisiones Presidenciales de Negociación, presididas para la época por Pedro Gómez Barrero por Colombia y Reinaldo Leandro Mora por Venezuela, que jugando su papel con bajo perfil mediático llevaban sobre sus hombros el manejo de temas considerados vitales, ¡peligrosos!, controversiales, espinosos, difíciles, sensibles, como

---

[74]    Sobre estos aspectos ver Rodrigo Pardo y Juan Gabriel Tokatlian, *ob. cit.*, pp. 197-215.

lo eran en verdad: la Delimitación de Áreas Marinas y submarinas, la Demarcación y Densificación de hitos fronterizos; los Ríos Internacionales; las Cuencas Hidrográficas Internacionales; las Migraciones.

Recordemos que el ambiente político venezolano estaba dominado por la evidente y creciente inestabilidad, por lo que hubo que manejarse con manos sabias y de seda sobre todo en lo relativo a la delimitación de Áreas Marinas y submarinas sobre el Golfo de Venezuela. En todo caso y a pesar de ello en oportunidades, como lo evidencia la cronología de los eventos ocurridos entre 1989 y el 2000, la opinión de enemigos, bien de la Democracia, bien de la Integración, o de ambas al mismo tiempo, se salía a cada tanto de control.

Dichas Comisiones Presidenciales de Negociación fueron concebidas como comisiones políticas, representativas del panorama político partidista de cada país. En el caso venezolano correspondió la responsabilidad a AD; COPEI; y; MAS; y en el colombiano al Partido Liberal; Partido Conservador; e; Izquierda (Unión Patriótica y Alianza Democrática M-19).

Su perfil era reservado, discreto y prudente, sobre todo por el tratamiento de temas que podían tener repercusiones indeseadas sobre el proceso global en marcha y sobre el funcionamiento del sistema democrático. Eso sí, en relación constante y necesaria con todos los sectores posibles de la escena nacional, incluyendo a los reticentes a la negociación, buscando establecer posiciones consensuadas, siempre complejas. Con alta responsabilidad patriótica, los de aquí y los de allá; lejos de cámaras y escenarios, jugaban su difícil papel de negociadores, prudentes mas no esquivos; seguros más no viscerales; hacia adentro, hacia afuera.[75]

## V.  A MANERA DE CONCLUSIÓN: LA EXPERIENCIA VIVIDA

No puede ser esta una conclusión objetiva. Cómo exigírmelo si fui actor participe en los eventos que trato de sistematizar y hacer comprensibles e interesantes para el lector. Y me declaro a favor de todo lo que se intentó, y de todo lo que se logró que no fue poco, y de todo lo que quedo por hacerse y está pendiente. Y me declaro aquí de nuevo convencido de

---

[75]  Puede leerse la versión sobre este aspecto, desde la perspectiva colombiana, en Pedro Gómez Barrero, *Memorias,* Villegas Editores, Bogotá, 2021, pp. 185-292.

la integración inconclusa y por forjarse entre Colombia y Venezuela, dentro de nuevas realidades y con más amplias perspectivas y más afinados instrumentos.

A favor mío y de lo escrito está el tiempo transcurrido y la madurez que puede dar la perspectiva. Sin la memoria de los actores, tan esquivos a escribir sobre sus experiencias, se está a merced de lo puramente cronológico y eventual o de lo que dicen otros que pasó que es lo que más aparece en los enfoques casi que periodísticos que priman para analizar estos temas en medios académicos tan ganados y satisfechos en "pasar revista" a los problemas.

Estos aportes realizados desde la evocación de lo vivido, sin aspiraciones de vender un dogma, amplían la visión del mundo para otros contagiándolos efectivamente de subjetividad. Para que el que lea sienta, en los supuestos fríos hechos de la historia, el calor, la inquietud, la pasión invertida, las tendencias presentes para el momento, los contextos, también los sicológicos, y así viajar intelectualmente, humanamente, más allá del simplismo conceptual, para poder mirar los objetos de estudio desde unos observatorios más comprensivos y sensibles. La sensibilidad comprensiva.

Otro aspecto a resaltar es que casi que por primera vez ambos países le dan importancia a lo fronterizo como lugar de encuentro. Que la vecindad surge como una realidad superior a las que se dibujaron o desdibujaron a lo largo de la historia desde 1810. Porque no es lo mismo límite que frontera que vecindad. El hombre de frontera, la economía fronteriza, la cultura de frontera, el idioma de lo vecinal. Temas viejos, esperanzas permanentes. Fronteras con aspiraciones de escribir una historia en común desde ellas mismas, sin intervención de terceros. Gentes con aspiración de biografía y de historia.

Sin interdependencia fronteriza es imposible la integración binacional, y sin integración binacional es inconcebible la producción de riqueza regional. Lo que vendría a ser un paradigma de sumatorias de interdependencias, en las que todas dependen de las otras, construyéndose así un tejido social inclusivo y capaz de enfrentar en conjunto cualquier trance. Lo que es bueno para la frontera común lo es mejor para los países a los que ellas pertenecen y más aún para la viabilidad de un proyecto de integración regional o continental. Eso es sentido en común.

Otra conclusión es la de que a estos modelos de integración fronterizos como el estudiado aquí, debería dárseles, si es que en el futuro llegaran a reactivarse, una capacidad de acción mucho más específicas y tal vez más ejecutivas y expeditas, puesto que se crean unas expectativas nobles pero complejas, desmesuradas a veces, pero no por razones prose-litistas o populistas, sino las que surgen en el fragor de las necesidades y del sueño integrador.

Por falta de esa capacidad ejecutiva los proyectos se quedaban en el aire del papel y en el oscuro mundo de las burocracias. ¿Habría que crear instituciones binacionales, legislación supranacional? Y cómo resolvemos el problema de las soberanías. Temas que tienen solución pero que no ha sido posible enfrentarlos. ¿Falta de voluntad política, viejos esquemas de concepción, prejuicios históricos, cunas compartidas?

Ahora bien, es indudable el rol que jugó el mecanismo a manera de resorte político porque al mismo tiempo que tramitaba y resolvía desen-cuentros de la vida cotidiana, también alentaba al desarrollo de una cultura integradora. Se construía una urdimbre social, económica e institucional; se inauguraba una ilusión democratizadora de unidad binacional más allá de los caminos verdes de la histórica y tradicional hermandad entre las gentes de esa frontera que administradas a través de trochas ancestrales, distancias creadas por ambos estados nacionales, cultura heredada desde el proceso de colonización, no encontraban vías institucionales de desarrollo social.

Por otra parte, no siempre se entendió la relación entre lo fronterizo, lo nacional, lo binacional y lo multilateral. Se observó falta de coordinación, pérdida de tiempo, desgaste, deterioros, incomprensiones, que poco aportaban al desarrollo del objetivo común. Esta falta de coordinación entre los actores, hacen afirmar que las leyes del mercado no funcionan por sí solas. A pesar del benéfico y saludable pluralismo, a veces una dosis de racionalidad y de brújula concertada no está demás. Los gobiernos, a veces con agendas tan exigidas, difusas y complejas, dejaron en manos de las comisiones tareas en las que ellos debieron estar más involucrados y atentos más allá de las bambalinas. Eso llevó en algún momento a la inercia o al exceso por falta de conducción y compromiso político con el proyecto. A veces sentimos que andábamos solos.

Otra conclusión de peso es la de que sin lugar a dudas la presencia inequívoca y desbordada de lo militar en ambos países, como actor principal o secundario en el ejercicio del poder, marcó la tensión permanente. El vecino como enemigo, primera hipótesis de guerra de sus ejércitos, fue y lo es aún, una de las mayores muestras de debilidad, foco de corrupción y expresión de la poca civilidad de ambas naciones. Aún en democracia las fuerzas armadas han jugado un excesivo papel monopólico en lo relativo al tema de la soberanía, la seguridad nacional y la frontera, pervirtiendo las agendas de los países. La historia de Colombia y Venezuela está llena de estos ejemplos, que permiten hablar de las "fronteras permanentemente acuarteladas" por razones de toda, de cualquier, índole.

Una de las enseñanzas que se obtiene del estudio y de la experiencia para los que vivimos en carne propia el proceso binacional de aquellos tiempos, es que para construir una agenda común de ciudadanía y progreso, en justa paz y fervor democrático, tendremos que tomar en cuenta una serie de elementos, de precauciones, previsiones y mayores arrojos de conciencia, para lograr los objetivos que se proponen y que no se tomaron en cuenta en su momento por falta de experiencia, estudio y conocimiento de ese mundo globalizado que nos permea.

Ojalá que estas reflexiones sirvan de insinuación pedagógica constructiva para el futuro de una prospera relación entre Colombia y Venezuela. Juntas dos una sola.

# BIBLIOGRAFÍA


AMPUERO, Roberto, *El Caso Neruda*, Editorial La Otra Orilla, 2008.

AREA, Leandro, y NIESCHULZ de Stockhausen, Elke, *El Golfo de Venezuela: Documentación y Cronología*, Tomos I, II y III, Instituto de Estudios Políticos, Facultad de Ciencias Jurídicas y Políticas, Universidad Central de Venezuela, Caracas, 1984, 1991 y 2001.

AREA, Leandro, y MÁRQUEZ, Pompeyo. *Venezuela y Colombia: Política e integración*, Editorial Panapo, Caracas, 1994.

AREA, Leandro, *¿Cómo negociar con los países vecinos? La experiencia colombo-venezolana*, Instituto de Altos Estudios Diplomáticos "Pedro Gual", Ministerio de Relaciones Exteriores, Serie de Investigación No. 4, Caracas, 2000.

AREA, Leandro, "A vuelo de pájaro: la delimitación de las áreas marinas y submarinas al norte del Golfo de Venezuela", en *La Diplomacia venezolana en democracia (1958-1998)*, Gerbasi, Fernando, compilador, Kalathos Editores, España, 2018, pp. 193-225.

_______________, "Venezuela y Colombia: una relación inconclusa", en *Venezuela y Colombia: Una relación de encuentros y desencuentros*, González Urrutia, Edmundo, coordinador, Abediciones Digital y Grupo Ávila, Caracas, 2021, pp. 29-41.

Banco Interamericano de Desarrollo, *Posibilidades de Integración de las Zonas fronterizas colombo-venezolanas,* Informe de la Misión del Banco Interamericano de Desarrollo presentado a los Gobiernos de Colombia y Venezuela, mimeo, 1964.

CARDOZO, Elsa, *Continuidad y Consistencia en Quince Años de Política Exterior Venezolana (1969-1984)*. Universidad Central de Venezuela, Caracas, 1992.

___________, "Colombia y Londoño, antes y ahora", en *El Nacional*, Caracas, 30 de diciembre de 2012.

Comisión Presidencial para Asuntos Fronterizos, República de Venezuela, *Lo fronterizo y la Integración Económica*, Caracas, 1993.

Corporación de Los Andes, Corpoandes, *Antecedentes de las Relaciones Fronterizas Venezolano Colombianas*, Tomos I y II, Maracaibo, 1982.

DEL ARENAL, Celestino, coordinador, *Las Relaciones de Vecindad*, Asociación Española de Profesores de Derecho Internacional y Relaciones Internacionales, Universidad del País Vasco, Servicio Editorial, Bilbao, 1987.

Entrevista televisiva con Alberto Zalamea, *Lusinchi: Diálogo con Colombia*, Tercer Mundo Editores, Bogotá, 1988.

GALINDO, Aníbal, *Alegato presentado por parte de Colombia en el Arbitramento de Límites con Venezuela, 1882*, Ministerio de Relaciones Exteriores, Bogotá, 1990.

GARRIDO, Alberto, *Documentos de la Revolución Bolivariana*, Ediciones del autor, Caracas, 2002.

GERBASI, Fernando, "De la confrontación a la cooperación: la relación bilateral entre Colombia y Venezuela", en *La diplomacia venezolana en Democracia 1958-1998*, Kalathos Ediciones, Madrid, 2018, pp. 251-268.

GÓMEZ BARRERO, Pedro, *Memorias*, Villegas Editores, Bogotá, 2021.

GRAY, John, *¿Otro apocalipsis?*, publicado originalmente en el diario *El País* de España, 23-05-2020.

HOBSBAWN, Eric, *Historia del Siglo XX*, Grupo Editorial Planeta, Buenos Aires, 2007.

LIPOVETSKY, Guilles, *La Era del Vacío, Ensayos sobre el Individualismo Contemporáneo*, Anagrama, Colección Argumentos, Barcelona, 1986.

LLERAS, Alberto, *Un Programa para la Tregua*, Fundación Universidad de América, Serie Educación y Cultura, Cuadernos de la Casa de los Derechos No. 1, Editorial Iris, Bogotá, s.f.

LONDOÑO PAREDES, Julio. *Cuestiones de Límites de Colombia*. Editorial Retina, Bogotá, 1975.

_______________, *La Frontera Terrestre Colombo-Venezolana (1492-1941)*. Banco de la República, Bogotá, 1990.

Ministerio de Relaciones Exteriores, República de Colombia, Colombia- Venezuela. Un nuevo Esquema bilateral, Tomos I y II, Bogotá, 1993.

Ministerio de Relaciones Exteriores, República de Colombia, *Comisiones Binacionales de Vecindad, Tomo I, Comisión colombo-venezolana,* Bogotá, 1994.

Ministerio de Relaciones Exteriores. *El grupo de los Tres en el Gran Caribe*, República de Colombia, Bogotá, 1996.

Ministerio de Relaciones Exteriores, República de Venezuela, Dirección General Sectorial de Fronteras, *Documentos Relativos a los Límites entre Venezuela y Colombia*, Tomo I, Caracas, 1988.

MUJICA BAUTISTA, Francisco Eudes, y APOLINAR ROJAS, Pedro O., *Nuevo Enfoque de las Relaciones Colombo-Venezolanas. Perspectivas a la Solución del Diferendo Marítimo en el Marco del Derecho Internacional y el Contexto Global de Negociación,* Separata del Anuario Hispano-Luso-Americano de Derecho Internacional, Volumen XIII, 1997.

NICHOLSON, Harold, *La Diplomacia,* Fondo de Cultura Económica, Colección Breviarios, 3ª ed. México, 1994.

OLAVARRÍA, Jorge, *El Golfo de Venezuela es de Venezuela*, E. Armitano, Editor, Caracas, 1988.

ORTEGA y GASSET, José, *Meditaciones del Quijote*, Publicaciones de la Residencia de Estudiantes, Madrid, 1914.

OTÁLVORA, Edgard C., *La Crisis de la Corbeta Caldas,* Rayuela, Taller de Ediciones, Caracas, 2003.

PARDO, Rodrigo, y TOKATLIAN, Juan Gabriel, *Política Exterior Colombiana. ¿De la Subordinación a la Autonomía?* Tercer Mundo Editores, Bogotá, 1988.

PÉREZ LUCIANI, Ramiro. *Con Colombia ¡ya basta!*, Caracas, 1988.

REY, Juan Carlos, "La delimitación de áreas marinas y submarinas con Colombia", en *El Futuro de la Democracia en Venezuela*, Serie Estudios, Colección IDEA, Caracas, 1989, pp. 201-216.

RIVERO, Mirtha. *La rebelión de los náufragos*, Editorial Alfa, Colección Hogueras, Caracas, 2010.

ROMERO, María Teresa, *Política Exterior Venezolana, El Proyecto Democrático 1958-1998*, Los Libros de El Nacional, Caracas, 2009.

RUG, Monika, "El diferendo colombo-venezolano durante el gobierno del presidente Virgilio Barco: el incidente de agosto de 1987 y la posición conservadora", en *Las Relaciones entre Colombia y Venezuela: Dos aproximaciones,* Universidad de los Andes, Centro de Estudios Internacionales, Bogotá, 1989.

SAINZ BORGO, Juan Carlos, *La Articulación de los Sistemas de Integración en América del Sur*, Edición del autor, Caracas, 1996.

Universidad Central de Venezuela, Centro de Estudios del Desarrollo, Cendes–Universidad de Los Andes de Colombia, Centro Interdisciplinario de Estudios Regionales, Cider, *Las Relaciones Fronterizas entre los Países del Pacto Andino*, Colección Luis Lander No. 3, 1ª edición, 1991.

Varios autores, *Colombia-Venezuela: Crisis o Negociación,* Universidad de los Andes, Centro de Estudios Internacionales, CEI, Fundación Friedrich Ebert de Colombia, FESCOL, Bogotá, 1992.

VÁZQUEZ Carrizosa, Alfredo, *Colombia y Venezuela. Una Historia Atormentada*, Tercer Mundo Editores, 2da. Ed., Bogotá, 1987.

# RESUMEN CURRICULAR

*Leandro AREA PEREIRA*,
Caracas, Venezuela, 1950

- Licenciado de la Escuela de Estudios Políticos y Administrativos en la Facultad de Ciencias Jurídicas y Políticas de la Universidad Central de Venezuela, "Primera Promoción". Ingresó en el escalafón universitario por concurso de oposición para desempeñarse como investigador y profesor de la misma escuela. Allí y en otros centros académicos ejerció durante 34 años. Ocupó la Jefatura de Cátedra y de Departamento de Teoría Política y fue subdirector del Instituto de Estudios Políticos. Actualmente jubilado.

- En el Ministerio de Relaciones Exteriores de Venezuela ascendió al rango de Embajador en 1993 y ocupó los siguientes cargos: Director del Instituto de Altos Estudios Diplomáticos "Pedro Gual"; Comisionado Presidencial de Integración y Asuntos Fronterizos con Colombia (COPIAF); Secretario Ejecutivo de la Comisión Presidencial para la Delimitación de las Áreas Marinas y Submarinas con la República de Colombia y otros Temas (CONEG); Jefe de Proyectos en la Comisión para la Integración Colombo-Venezolana (COPAF); fundador de la "Unidad Especial Colombia" del M.R.E.

- Además, miembro del Consejo Nacional de Fronteras y coordinador del Grupo "Desarrollo Fronterizo con Brasil". Profesor del Instituto de Altos Estudios de la Defensa Nacional; asesor del Consejo Nacional de Seguridad y Defensa (IAEDEN); y asesor de la Comisión Asesora de Relaciones Exteriores (CARE). Miembro de la Comisión de Asuntos Internacionales de Fedecámaras. Miembro de la Junta Directiva del Consejo Venezolano de Relaciones Internacionales (COVRI).

- Tiene obra publicada sobre temas colombo-venezolanos, relaciones internacionales y teoría política. Además, ha publicado varios títulos en el área de la poesía. Articulista en medios venezolanos e internacionales.

www.ingramcontent.com/pod-product-compliance
Lightning Source LLC
Chambersburg PA
CBHW061434150726
47987CB00001B/214